伟大的时代

深度解读价值投资

Deep Interpretation of Value Investment

联合出品

但　斌　梁瑞安　傅海棠　翟敬勇
石　波　张增继　林　园　张　峰
王　文　朱　雀　刘明达　李　驰
张婧雯　沈　良

中国经济出版社
CHINA ECONOMIC PUBLISHING HOUSE
· 北京

图书在版编目（CIP）数据

伟大的时代：深度解读价值投资 / 但斌等编著 .

—北京：中国经济出版社，2019.1

ISBN 978-7-5136-5435-7

Ⅰ . ①伟… Ⅱ . ①但… Ⅲ . ①投资—基本知识 Ⅳ . ① F830.59

中国版本图书馆 CIP 数据核字（2018）第 258904 号

责任编辑　叶亲忠
责任印制　马小宾
封面设计　华子设计、陆玉坤

出版发行　中国经济出版社
印 刷 者　北京富泰印刷有限责任公司
经 销 者　各地新华书店
开　　本　710mm × 1000mm　1/16
印　　张　22
字　　数　340 千字
版　　次　2019 年 1 月第 1 版
印　　次　2019 年 1 月第 1 次
定　　价　58.00 元
广告经营许可证　京西工商广字第 8179 号

中国经济出版社　**网址** www.economyph.com　**社址** 北京市西城区百万庄北街 3 号　**邮编** 100037

本版图书如存在印装质量问题，请与本社发行中心联系调换（联系电话：010-68330607）

谨以此书献给伟大的时代

谨以此书与价值投资者同行

目录
Contents

但斌

- 真正的好公司可以穿越市场动荡
- 价值投资的本质在于企业持续创造财富的能力
- 只有与伟大企业共同成长，才能够穿越时间的河流
- 投资的核心不是博弈，而是共赢

但斌

深圳东方港湾投资管理股份有限公司董事长

毕业于中欧商学院 EMBA，中国人民大学法学硕士，河南大学体育系学士。1992 年开始证券、期货研究与投资生涯，曾为君安研究所及国泰君安研究所研究员；大鹏资产管理公司之首席投资经理。在 2000 年获得国泰君安董事会办公室颁发的国泰君安证券投资研究奖励基金一等奖；另 2007 年出版《时间的玫瑰》。

长期致力于股票、期货等金融市场的基础研究，对投资哲学有一定思考，实践于中国证券市场。擅长把握结构性机遇及上市公司内在的价值投资。

2018 年 1 月 5 日，东方港湾荣获“证券时报 2017 年度金长江奖行业典范私募基金公司”、但斌荣获“证券时报 2017 年度金长江奖年度优秀私募基金经理”。

但斌：伟大的企业，承载人类财富的增长

（2018 年 1 月 2 日　沈良访谈整理）

精彩观点：

如果后续市场主要围绕前 100 个核心资产进行交易，那（A 股市场出现慢牛行情的）概率还是很大的。

Facebook、亚马逊、谷歌、苹果、微软这五家公司的市值占了纳斯达克总市值的 42%~44%。

在这 27 年中，真正的好公司是可以穿越市场动荡，获得较好收益的。

我见过很多领一时风骚的人物，但风吹浪打后就几乎都不见了，唯一长存的就是价值投资者。

时间是最好的试金石，经过试金石的试验以后，在十三四年前就伟大的公司现在变得更伟大了，投资也更集中了。

腾讯、阿里巴巴、百度、网易、好未来、微博等一些伟大的公司，能够体现中国经济活力的公司都在美国或者香港上市了。

应该把上市制度做适当的改进，让更多真正好的公司有机会在 A 股上市。

加入明晟 MSCI 指数会让中国的核心资产更加强化。

我们这么多年始终围绕着消费、互联网、医药、非银行金融以及高端制造这五个方向在布局。

从全球资本市场几百年的演变来看，真正能够穿越周期、拥有长达上百年商业壁垒的标的大多集中在消费类公司。

互联网是新时代的产物，它的护城河不亚于传统企业，且形成以后要击垮它是非常困难的。

茅台从 1951 年 1.28 元的出厂价提到现在 969 元，每年的复合提价是 11%，如果它能存续两百年的话，价格还会继续提。

大部分 A 股投资者的目光太短，很少从长期的角度看问题。

资本市场是很残酷的，剩者为王，大多数企业都会消失。

一百年前的世界 500 强到现在的存活率都只有不到 5%，就更不用说其他一般的企业了。

当大风大浪真正打过来的时候，只有航空母舰才不会下沉，小船都会被打翻。

价值投资的本质在于企业持续创造财富的能力。

只有与伟大企业共同成长，才能够穿越时间的河流。

对巴菲特来说，他就是一直在寻找可以持续创造财富的公司，然后牢牢抓住并坚持。

在 A 股市场上，很多人都认为买是徒弟，卖是师傅，但巴菲特的核心持仓是只买进不卖出。

对投资者来说，持续学习以及洞察世界的能力是最关键的。

拿破仑说，中国是一头沉睡的雄狮，一旦醒来，全世界都会为之颤抖。2008 年奥运会就是颤抖的那一刻。

在这么长、这么深、这么厚的雪坡中，我们理当滚出和巴菲特一样的雪球。

世界太平，理应有很多企业承载财富的增长。

2018 年可能会看到一万亿美元市值的公司诞生。

至于“大局观”的培养，我觉得还是要多看书，如芒格推荐过的《枪炮、病菌与钢铁》。

以酒类公司为例，它们的生命周期可达两百年甚至一千年。

生命周期足够久远就证明了你足够优秀，商业模式难以被颠覆，这就是好行业、好公司。

真正伟大的企业也会遇到周期性的问题，这时候往往需要坚持持有甚至继续买进。

茅台这类公司基本上没有周期，因为它们的产品永远供不应求，理当没有卖出那一天。

对很多企业家来说，站在人生巅峰时可能会遇到很多诱惑，这时能否坚守初心，好好运作自己的企业就显得非常关键。

刘元生先生400万投资万科最后变成57亿这个案例，就已经证明了A股市场是适合价值投资的。

如果完全是自己的钱在投资，其实完全可以不理熊市，甚至在熊市中加仓。

对于伟大的公司来说，熊市反而是展示其强大生命力和魅力的时刻。

对于好的公司还是应该以坚守为主，不要去过多考虑时机选择。

很多人买房是打算持有一辈子的，所以过去买房的人几乎都是赚钱的。

在一个长期向上的经济体中，寻找到一个有核心定价权的标的，买入持有。

从理论上来说，茅台这个企业是非常安全的港湾。

我认为投资的核心不是博弈，信奉的价值体系应是共赢。

真正的好公司的持有时间应是无限长。

高盈利行业的共同特征是商业模式简单、可靠，容易理解，有强大的商业壁垒，有持续创造财富的能力。

只要中华民族的白酒文化不变，赤水河还在流淌，糯米高粱还在生产，茅台就像一座金山一样。

茅台这家企业或许不应该上市，上市就是给大家送钱的。

茅台这个品牌我认为是“无价”的。

在所有家电的细分领域，你都可以看到美的是排第一第二的。

我们愿意跟随（特斯拉）马斯克，我们认为他是当代非常伟大的企业家之一。

央视50，涨了40%多，比港股涨得还多。2017年从全世界范围来看，中国的好股票涨得更多。

不管怎么样，中国重回世界第一是常识。

未来七年，茅台每年会有21%~24%的复合增长。腾讯我们现在看不到天花板。

腾讯、阿里巴巴、茅台、中国平安、招商银行、四大行、美的、吉利汽车、好未来、永辉超市、安踏等，这些可能会在同级别的竞争中超越其他公司。

能够被人工智能、大数据替代的行业都有危险。

巴菲特当年在美国面临的时代和我们现在在中国面临的时代是相似的。

任何一个时刻，我们都应该希望自己的祖国好。

百舸争流，不负时代。

我们公司和我个人 2017 年的捐款有 500 万元左右。

投资这个游戏就是用生命去换取财富。时间对优秀的人来说，会让生命升华。

人类本身是以指数级上升的，财富是越来越多的，但是毕竟要有一个载体，载体就是这些伟大的企业。

在最艰难的岁月里，我是背诵北岛的诗《回答》度过的。

《战争与和平》《论人类不平等起源与基础》《聪明的投资者》，巴菲特的《致股东的信》、芒格的《穷查理宝典》《伟大的博弈》《失控》。

没有什么特别的东西，平淡地去坚守自己所信仰的。

关于中国股市

问 1：但总，您好，感谢您和我们进行深入对话。您 1992 年就进入股市，这些年来亲历中国股市多轮牛熊。就您看来，中国股市以往的牛熊更替是否有一定的规律可循？这个过去的规律，以后会继续延续，还是会有所改变？

但斌：就我从业 26 年来看，中国股市每隔几年就会出现一次跌幅超过 50% 并持续 3~5 年的情况。A 股市场在过去的走势都是锯齿形的，上涨时只是蹭一下，下跌则往往都需要走三五年，这也算是过去 26 年的一个规律。**我们不知道 A 股市场未来会不会像美国一样出现慢牛行情，但如果后续市场主要围绕前 100 个核心资产进行交易，那这个概率还是很大的。**美国在过去出现过 2 次长达 15 年左右的牛市，这次已经是第三次牛市的第九个年头。**在美国，Facebook、亚马逊、谷歌、苹果、微软这五家公司的市值占了纳斯达克总市值的 42% ~ 44%。**也就是说，如果过去九年不买这五家公司，很可能就错过了美国的大牛市。我觉得，随着未来中国市场的日益开放，市场上的交易文化、投资者的心理以及结构变化都会对这个市场带来较为深刻的影响。**中国股市大概率会出现类似港股化和美股化的趋势**。事实上，2017年已经是个预示了，但因为中国的发行制度不是注册制而是审批制，所以在某种意义上供给关系还没有完全市场化。在审批制下，企业的估值是存在套利空间的。一家公司在上市之初并没有计入指数，真正计入指数的时候一般市盈率已经是50倍甚至100倍了，在这种情况下，大多数股票在高位震荡一下以后都会迎来漫长的下跌行情。这些股票对指数的贡献就是不断拖低指数的表现。这样来看，指数走牛还是会非常困难，仍旧会保持锯齿形的变换。

美国的指数是由成分股指数构成的，中国的上证50、央视50实际上就相当于美国的道琼斯指数。可能成分股指数更能说明中国的问题，如果看这些指数的变化，实际上中国A股市场早已实现欧美化或者说港股化了。但一般投资者还是喜欢看综合指数，从这个角度来看的话，A股整体股市走牛可能还需要相对长的时间。在过去二十几年中，A股市场有这么一个现象，就是所有的股票都有交易，且交易量较大，有时候甚至是越差的股票交易量越大，要改变这个状态可能还需要5~10年的过程。

问2：就您总结来看，从1992年到现在，中国股市大体可以分为几个阶段？各个不同阶段有何主要特征？每个阶段主要是哪些人赚钱，哪些人亏钱？有没有人在每个阶段都赚钱？

但斌：我觉得从大方向上来看，过去26年并没有什么原则上的区别，**股票的需求大于供给的局面始终没有变过**。过去A股市场的股票供给量较小，所以大家都喜欢高送转、喜欢炒新，市场的波动起伏大多也都与此有关。另外，**政策的调节也会给市场带来较大的影响**。以上算是A股市场26年来的一个主要特征。

但横穿这26年，我个人认为，如果你是价值投资，买最好的企业一定是没错的。1992年我刚从业的时候发生了股灾，指数从1429多点跌到387点，然后从387点涨到1558点，接着又从1558点往下跌到326点。当时哪怕你在1558那个历史最高点买了福耀玻璃，到现在也有47倍，如果是低点买入，则可能是167倍；如果你当时在最高点买到了云南白药，现在还有146倍，在低点买入的话大概是570倍。也就是说，**在这26年中，真正的好公司是可以穿越市场动荡，获得较好收益的**。这不仅仅是中国现象，在其他国家也是如此，我觉得**投资是一个世界语言**。比如说**我们去美国，会买Facebook、亚马逊、谷歌、苹果、微软等美国的核心资产。那么美国人来中国也是买茅台、美的、格力、海康威视等这样的中国核心资产**。所以说，核心的企业，是能够穿越市场变化的。在我二十多年的从业道路上，**我见过很多领一时风骚的人物，但风吹浪打后就几乎都不见了，唯一长存的就是价值投资者**。当然，并不是所有行业、所有公司都能够穿越时间，成为价值投资标的，**能真正做到的往往是具有护城河的公司，而这些公司通常出现在消费、医药、互联网以及科技等领域**。

问3：这些年来，中国股市的参与群体的组成情况，有没有明显的变化？

但斌：2006年到2007年那个牛市是公募基金大发展的时代，私募基金则在2004年左右开始萌芽，到2014年包括我们东方港湾在内的33家私募机构获得首批阳光私募基金管理人资质之后，阳光私募迎来了大发展时代。**现在私募基金的管理规模已经突破10万亿，超过了公募基金**。从2017年到2018年，**私募界两极分化的现象变得非常严重**，业绩优良的私募基金的管理规模有了突飞猛进的增长，表现一般的私募机构则越来越差。应该来说，A股市场的投资者结构变得更趋向于机构化和专业化。另外，随着QFII、深港通、沪港通以及A股纳入明晟MSCI指数等的深化，**海外那些以核心资产为标的的资金也会陆续流入中国，进而使机构化和专业化这一现象更加强化**。

问4：就您看来，2006—2007年牛市的核心推动力是什么？2014—2015年牛市的核心推动力是什么？2016—2017年白马股结构性牛市的核心推动力是什么？

但斌：我觉得**2006年那次上涨和2017年是比较像的**。实际上2006—2007年也是茅台涨得最多，大概是10倍左右，比这次还多，是第一波黄金时代。当时云南白药、万华、万科、招商银行等都涨了非常多。现在和当年是有点类似的，只是经过大浪淘沙以后现在比当时更集中了。**时间是最好的试**

金石，经过试金石的试验以后，在十三四年前就伟大的公司现在变得更伟大了，投资也更集中了。所以我觉得 2006—2007 年和 2016—2017 年乃至未来可能是相通的，或者说是一个逐渐验证的过程。

2014—2015 年的牛市是在大众创新、万众创业的时代背景下形成的。当时市场对所谓的新模式有一些想法，只是现在较多被证伪了。实际上“大众创新、万众创业”这个提法是没错的，可惜的是，中国能够体现这种想法的伟大的公司较多都在境外上市了。**腾讯、阿里巴巴、百度、网易、好未来、微博等一些伟大的公司，能够体现中国经济活力的公司都在美国或者香港上市了。**从回报率来看，网易从 2001 年互联网泡沫到现在涨了 2942 倍，这个回报相当惊人。有些朋友都知道过去几年我们在茅台、腾讯上赚了钱，但实际上我们单只股票回报率最高的是好未来，它是在美国上市的。这些**体现新时代的好公司，没有在 A 股市场中得到展现。**A 股市场中展现出来的有些是被证伪的公司，比如乐视网、全通教育等。当没有巨头存在的时候，这些股票可能短期还是可以的，一旦巨头冲进去，市场份额就会受到明显影响。这些公司在被证伪之后股价就纷纷暴跌，这里面我们也要反思一下上市体制。据说小米马上要到香港上市了，另外，陆金所、蚂蚁金服等都有可能要去境外上市。我们既然已经错过了第一次互联网的机会，如果再错过第二次就会非常遗憾。我觉得还是**应该把上市制度做适当的改进，让更多真正好的公司有机会在 A 股上市。**

问 5：2018 年股市的格局会不会延续 2017 年的特征，还是说会有明显的不同？

但斌：我觉得**延续 2017 年特征的概率比较大，**特别是 2018 年 6 月份加入明晟 MSCI 指数以后，表现会更加明显。从中国台湾、韩国的经验来看，加入明晟 MSCI 指数后海外的大钱都是围绕着两个市场中的核心资产来买的，那么我想，**加入明晟 MSCI 指数会让中国的核心资产更加强化。**2018 年最大的变化应该就是外资的进入，因为内资基本上能动员的力量都已经动员得差不多了。中国在 2018 年 6 月份加入全球市场，成为全球市场的一部分后，会对中国市场的核心资产带来很大的影响。

问 6：2018 年您看好哪些板块？为什么？

但斌：我们这么多年始终围绕着消费、互联网、医药、非银行金融以及高端制造这五个方向在布局。从全球资本市场几百年的演变来看，真正能够穿越周期、拥有长达上百年商业壁垒的标的大多集中在消费类公司。比如说像化妆品、软饮料、烟草、蒸馏酒，等等，**这些行业从长期看是拥有壁垒的，而且可以在时间长河中保持企业的活力、生命力和持久力。**在全世界最古老的十六家公司中，有五家是酒类公司，这一类的公司生命力更长久，所以我们比较关注消费类。

互联网是新时代的产物，它的护城河不亚于传统企业，且形成以后要击垮它是非常困难的。像腾讯也好、阿里巴巴也好，他们的商业壁垒一旦形成就会非常难击破。美国纳斯达克的五大金刚占了总市值的 42%，而且这个比例还在提高，没有放缓的迹象。如果人类的未来是由人工智能、大数据、无人驾驶决定的，那么，**谁拥有数据谁就拥有未来。现在的商业壁垒就是数据，**这些公司拥有巨大的数据，而且是后人无法突破或者后来的公司想超越但很难超越的。**这类公司的护城河更宽、更深。**但需要注意的是，我们主要是看互联网平台类的商业模式，并不是说互联网行业中所有企业都值得投资，只能说**互联网平台式企业的护城河非常宽。**

另外，高端制造方面，总的来说，**在一个国家经济长期上升的过程中，高端制造业的龙头企业也会获得一些长足的发展。**医药行业也是能够长期保持核心竞争力的。非银行金融方面，从 2018 年公布的 GDP 数据来看，已经突破 80 万亿，中国人均收入已经超过 9000 美元，如果再过几年突破中等收入线到 1.5 万或者 3 万美元的话，**保险这个行业可能也会获得长远的发展。**所以非银金融板块应该有比较大的机会。

问 7：有没有某些类型的股票，今后会持续涨几年？有没有某些类型的股票，后续可能很多年都不会再涨了？

但斌：我觉得很多好股票，就像生产万宝路香烟的菲利普·莫里斯涨几十年甚至上百年都有可能。假设茅台的生命周期和国外的酒类企业差不多，是几百年甚至一千多年的话，它也会一直涨下去。**尽管茅台在产量上存在天**

花板，但提价是没有天花板的。茅台从1951年1.28元的出厂价提到现在969元，每年的复合提价是11%，如果它能存续两百年的话，价格还会继续提。假设未来200年，它以每年2%～3%的提价率提价，最后的结果是很惊人的。所以**对那些伟大的公司来说，只要它们的生命周期足够长久，就可以持续增长。**当然，对很多公司来说这是很难的。大部分公司后续不仅不会涨，甚至可能就此消失了。因为很少有企业生命周期有那么长，可能在经营几年以后就会因为倒闭、被收购或者破产等原因就没了。

我们要从长远的角度去看待一家企业，**大部分A股投资者的目光太短，很少从长期的角度看问题。**美国的基金经理，像巴菲特88岁，芒格94岁，他们穿越的市场周期很长，所以能够知道什么样的企业可以穿越市场变化成为真正值钱的标的。但是回看中国，市场上的基金经理基本上都是年轻人，在市场待的时间并不长。**资本市场是很残酷的，剩者为王，大多数企业都会消失，**这个比例甚至可能达到百分之六七十。**一百年前的世界500强到现在的存活率都只有5%，就更不用说其他一般的企业了。**海外市场一直都是给蓝筹股企业溢价，给小股票折价，在A股市场却恰恰相反，这其实是不对的。实际上，**当大风大浪真正打过来的时候，只有航空母舰才不会下沉，小船都会被打翻，**而这也正是国内投资者亏钱的重要原因。

关于价值投资

问8：您是A股市场最早倡导和实践“价值投资”的人之一，就您看来，价值投资的本质是什么？

但斌：价值投资的本质在于企业持续创造财富的能力。伟大的企业始终能够在风云变幻的市场上保证自己产品的持续竞争力，**只有与伟大企业共同成长，才能够穿越时间的河流。**我们从来不分价值投资和成长性投资，对我们来说，最重要的就是寻找那些能够持续创造财富的公司。

问9：大部分价值投资者，都会研究巴菲特。您觉得巴菲特投资哲学的核心精髓是什么？

但斌：在我理解当中，**对巴菲特来说，他就是一直在寻找可以持续创造财富的公司，然后牢牢抓住并坚持**。另外，除了思想和理念外，商业模式也很重要。巴菲特收购的都是一些包括保险公司在内的能够产生巨大现金流的公司，**这种商业模式有利于坚持**。像我们这种基金化运作的商业模式就较难坚持，特别是有止损线的产品更是困难。去年，我们能够分红的基金都分红了。但是有些基金，比方说设定了8毛钱的止损位，赚到两元钱的时候分红分到一元一，可止损线并不会因为分红而下移。这时倘若出现一个较大的事件，市场瞬间下跌30%也是很正常的，这样就很可能会靠近8毛钱的止损线，这时候该卖还是得卖。**巴菲特就是想明白了这个问题，所以他找的资金大多不需要止损，这也就使得他更能在时间长河中坚持下去。**

我在《时间的玫瑰》里写过一句话："**巴菲特之所以伟大，不在于他在75岁的时候拥有了450亿美金的财富，而在于他在很年轻的时候想明白了很多道理，并用一生的岁月来坚守。**"当然，这个"坚守"除了他的思想以外，还有他的商业模式，甚至在碰到危机的时候，巴菲特还能够继续买入，这就是他与一般投资经理的最大不同点。

问10：巴菲特的成功是偶然的，还是必然的？他的成功是否有时代因素？是否和当年美国所处的发展阶段紧密相关？

但斌：在A股市场上，很多人都认为买是徒弟，卖是师傅，但巴菲特的核心持仓是只买进不卖出。买进一样东西以后不打算卖出，并通过自己的理念和商业模式去坚持，这对一般人来说是很难做到的。虽然说巴菲特认为自己是幸运儿，生在美国，但是生在美国且和巴菲特同时代的人太多了，只有他成为了现在的巴菲特。所以，我觉得**他的成功在于拥有了独特的思考方式，并寻找到了一个很适合自己思想的运作体系**。当然，美国成为了一个伟大的国家也是巴菲特成功的其中一个很重要的原因。**天时地利人和在巴菲特身上得到了较为明显的体现。**

回到中国市场，回头看改革开放的40年，资本市场也存在了28年，按道理说也应该有很多人挣了大钱，但事实却是大部分人都是亏钱的。实际上巴菲特当时面临的时代与我们现在相比更加动荡不安。做股票的人很容易因为害怕就把手上的股票卖掉，当时吓人的时刻比现在多，但巴菲特坚持下来了。所以我觉得巴菲特的成功是在偶然中存在着必然。所谓的“偶然”是他生在美国，“必然”是他拥有了这种独特的思想，拥有了可以体现他思想的商业模式和运作体系，所以他成为了最伟大的投资家。

问 11：巴菲特绝大部分的财富是他 60 岁以后赚到的，您觉得中国会不会也出现类似的投资家？中国现在和未来的投资环境有没有可能诞生“巴菲特现象”？

但斌：当然。这是一种复利，复利就是一开始小，后面越来越大。不过这和巴菲特的学习能力也有很大的关系。**就像芒格所说，巴菲特在 65 岁之后投资技艺突飞猛进。**有句话是“人过四十不学艺”，指的是很多人到了一定年龄就不读书，不愿意学习了，但巴菲特一直保持着学习的状态。**他是一个很谦逊的人，一生都在持续努力学习。**尽管他曾说不投科技股，但在投了 IBM 不太成功的情况下，还是投了苹果，现在苹果已经是他的第三大资产了。实际上，我觉得**对投资者来说，持续学习以及洞察世界的能力是最关键的。**

中国当然也有可能出现类似的投资家，中国这么多年的发展横跨了摩根和巴菲特两个时代。1912 年、1913 年的时候美国发生了金融危机，摩根靠一己之力拯救了华尔街。当时大家对美国肯定是持悲观态度的，但现在回过头去看，那时正是美国开始强盛的时刻。同理，2007 年、2008 年经济危机的时候，大家对中国也很悲观，但事后去看，2008 年奥运会开幕式上的巨大脚印，正预示着中华民族的崛起。**拿破仑说，中国是一头沉睡的雄狮，一旦醒来，全世界都会为之颤抖。2008 年奥运会就是颤抖的那一刻。**到 2025 年、2028 年，中国的经济体量大概率会超过美国，成为全世界最大的经济体。如果我们国家提出的两个梦想能实现的话，到 2049 年，中国的经济规模会是美国的两倍。**在这么长、这么深、这么厚的雪坡中，我们理当滚出和巴菲特一样的雪球。**尽管中国最好的企业不见得在 A 股上市，但如果从全球的角度去享受中国企业的好成果，我觉得是有机会的。

还有一点，中国投资者一定要保持世界的眼光，不仅要在中国这块雪坡上滑，还要嫁接到海外市场。总的来说，我觉得现阶段比巴菲特当时面临的时代要好得多，世界太平，理应有很多企业承载财富的增长。现在的财富增长都是几何级的，因为技术进步是几何级的。我估计2018年可能会看到一万亿美元市值的公司诞生，以后可能还会出现两万亿、三万亿甚至更高，人类的一个一个极限都会被技术进步突破掉。如果你能够持续不断地学习，保持洞察力，总的来说还是有很大机会的。

问12：和看着技术图形操作股票不同，做价值投资，需要有“大局观”，请问“大局观”在投资中体现在哪些方面？如何培养自己的“大局观”？

但斌：我觉得投资是需要天赋的，这就像NBA球员一样，你也许能够成为一名职业运动员，但要成为像乔丹、科比或者詹姆斯这样的球员还是需要天赋的，并不是单靠训练就能够实现的。当然，你也要有一定的学习能力。至于“大局观”的培养，我觉得还是要多看书，如芒格推荐过的《枪炮、病菌与钢铁》。

问13：就您看来，到底什么样的行业是好行业？什么样的公司是好公司？

但斌：以酒类公司为例，它们的生命周期可达两百年甚至一千年，所以最重要的一点就是要能在这个市场中长存。生命周期足够久远就证明了你足够优秀，商业模式难以被颠覆，这就是好行业、好公司。另外，如果具体到财务指标的话，要有创造持续现金流的能力，要有持续获取较高的净资产收益率的能力。某种意义上好行业和好公司可以划等号。真正伟大的公司往往都出在天花板较高、能够形成壁垒的行业中。好公司往往会给我们意外的惊喜，而且会越买越便宜，就像茅台一样，2017年是接近40倍的市盈率，到了2018年也就25倍。从某些角度来讲，它就又具备成长空间了。

问14：一个已经持有的好股票，当它的行业或公司发生什么变化时，它就不再是一个好股票，而应平仓？

但斌：真正伟大的企业也会遇到周期性的问题，这时候往往需要坚持持有甚至继续买进。真正有问题的公司，它的商业模式可能在最开始的时候就是有重大缺陷的，或者就是从周期性的角度去持有的。比方说像地产、银行、保险都是周期性行业中的胜出者，碰到经济危机，哪怕这些是伟大的公司，也有可能出现巨大的问题，所以如果大家要买这些公司就要事先想好这是属于周期性持有的。但是**茅台这类公司**就不一样了，**基本上没有周期，因为它们的产品永远供不应求，理当没有卖出那一天，所谓的塑化剂和反腐反而是给大家买进的机会。**

问 15：什么类型的公司，过去是一家好公司，现在是一家好公司，未来十年后，依然是一家好公司？

但斌：生命周期在 100 年以上的。实际上，**衡量一个企业是否伟大或者一种商业模式是否良好的核心就是时间**，只有时间能够验证一切。

问 16：一个伟大的公司，需要最优秀的企业家来领航，请问，您觉得一位企业家必须具备哪些特质，才能把企业打造成伟大的企业？

但斌：守心。我觉得**对很多企业家来说，站在人生巅峰时可能会遇到很多诱惑，这时能否坚守初心，好好运作自己的企业就显得非常关键**。然后再在这个基础上不断寻求突破。当然，所谓的突破要以增强自己企业竞争力为前提，而不是破坏原有的竞争力，也只有这样才有可能让企业不断地发展、壮大。有很多企业家到了一定阶段以后都会志得意满，他以为自己做了很正确的决策，但实际上可能已经将公司引入了毁灭的境地。

问 17：总的来说，A 股市场是否适合价值投资？

但斌：当然适合了。就像我前面说的，从 1993 年到现在，哪怕你在 1558 那个高点买到了福耀玻璃、万科、云南白药，如果拿到现在回报率也是非常惊人的。我觉得**刘元生先生 400 万投资万科最后变成 57 亿这个案例就已经证明了 A 股市场是适合价值投资的**。有些人认为 A 股市场不适合价值投资是因为他们被错误的理念引导了，认为 A 股是政策市或者资金市。另外，零和游戏的观点现在在 A 股市场中也很流行，在蓝筹股涨得很多的时候，大家不会从企业增长的角度去考虑问题。**投资理念不对，就永远都不会认为 A 股市场适合价值投资**。与现在相比，巴菲特当时面对的是更残酷的世界，市场跌幅更大，很多股票都就此退市不见了，A股市场上最起码还有“咸鱼翻身”的机会。所以要说中国不适合价值投资，肯定是错误的观点。

问18：在以往的几次熊市中，好的股票也会跌较多，为此，您有没有对价值投资产生过怀疑？您价值投资的方法有没有随着时间的推移，而有所变化？

但斌：巴菲特的伯克希尔在历史上也有三四次跌幅超过50%。特别是在二十世纪六七十年代美国滞涨期的时候，伯克希尔跌了50%，如果当时你就此把它卖掉，那岂不是很遗憾吗？**再好的公司都会有经济困难的时刻，都会有波动的时刻**，不可能是直线上涨，**一个正常的市场肯定会有起伏波动，要理性看待这个问题。**

问19：有人说，在中国A股市场“不能死做价值投资，而要活用价值投资，即便好的股票在市场疯狂时也要获利了结，并在熊市中保持休息状态”。对此，您怎么看？怎么处理好在熊市中的投资？

但斌：如果完全是自己的钱在投资，没有在运作基金的话，**其实完全可以不理熊市，甚至在熊市中加仓。**假设你持有腾讯，并有幸判断对了百年一遇的金融危机，在2008年的时候也不可能将其卖到70元的高点，可能60元就卖掉了。等到全球经济危机来临，腾讯跌到40元底部的时候你不可能买，可能会等到50元再买。判断对了一个百年一遇的金融危机，然后60元钱卖，50元钱买又有什么意义呢？而且很可能你还会因为判断对了经济危机就沾沾自喜，在你沾沾自喜的时候，腾讯已经触底反弹回升到70元钱，等危机真正结束的时候，它已经到了100元甚至160元。这样的话，你判断对了这次金融危机又有什么意义呢？所以对不需要承受很大外在影响的资金来说，熊市没有意义，除非你买的公司受熊市影响很大。**对于伟大的公司来说，熊市反而是展示其强大生命力和魅力的时刻。**比如说在2015年的危机时，茅台只是短暂地从270元跌到170元，现在已经涨到了近800元。实际上从市场的角度来看，这场危机还没有结束，现在还处在熊市的阶段。所以我觉得**对于真正的好公司来说，应该放弃从市场牛熊的角度去选择。**

我们做基金的毕竟有20%的平仓线，跌了20%就要止损，这在某种程度上限制了我们对一些理念的运用。但总的来说，**对于好的公司还是应该以坚守为主，不要去过多考虑时机选择**。除非是遇到系统性风险，基金因为有止损线，需要稍微考虑一下风险。但对个人投资者来说，基本上不需要考虑这个问题，应该把熊市、时机选择等都摒弃掉。这也是巴菲特的投资理念，巴菲特的核心持仓是只买进不卖出的。

一般老百姓去世之后留下的最大一笔财富就是房子。房子怎么买的？如果是按揭，付了首付以后，不管经济环境怎么变化都要付月供。类比到买股票，比如说茅台，不管怎么样每个月买一点，碰到2008年金融危机买，碰到2015年的动荡也买。但是往往很多人只会这么想，一旦真正碰到金融危机就害怕了。巴菲特的伟大在于他从年轻的时候就想明白了这个问题。也正是因为**很多人买房是打算持有一辈子的，所以过去买房的人几乎都是赚钱的**。从全世界看，老百姓死的时候最值钱的是房子。但是很少有人这么做股票，所以你可以从买房的角度来看价值投资的魅力。**在一个长期向上的经济体中，寻找到一个有核心定价权的标的，买入持有**。买房，特别是在核心城市，核心地段就能体现投资的价值，买股票也是选择最优质的企业。大家买房的时候还知道去看看地段、周围学校、环境等，但是买股票很多时候都是听别人说的消息，也不去研究一个企业背后的商业模式能不能持续，能持续多少年，一下子就买入，就寄希望于这个股票能上涨。

问20：在有效的金融监管下，中国股市变得越来越健康，一些不良的现象也日渐减少。就您看来，“价值投资”会不会逐步成为A股市场的主流投资方式？

但斌：我觉得现在有这个趋势，至少2017年表现出的就是这种趋势。2018年开始，很多价值投资风格的基金都是超额认购。所以我认为这种力量越来越壮大，那么趋势自然而然就产生了。

问21：前不久，您有一次主题演讲，题目是“穿越时间的河流与伟大企业共成长”。请问，如果始终坚持“与伟大企业共成长”，普通人能否成长为成功的投资家？

但斌：如果善于学习当然有机会。投资就是个持续学习的能力，每个人都是从小做大的。

问22：贵公司网站上有一句口号“我们的投资，就像安全的港湾”。大家都知道投资行为总有风险伴随，如何才能找到“安全的港湾”？如何才能把投资的风险最小化？

但斌：我个人认为这些**伟大的公司，比如茅台，它们就类似银行，你把钱存在这些企业里，能帮助你实现复利增长。**2017年有个消息说，一个阿姨在1973年在银行存了1200元，2017年银行还给她2684元。但是如果她在1973年用这些钱买了200瓶茅台，存到现在，加上五年酿造，差不多是200瓶50年的茅台了，一瓶大概可以卖50万左右，总价值在1亿左右。所谓茅台的金融属性或者说企业价值就在这时可以充分体现。但是当时茅台没有上市，如果茅台1973年就上市了，把这1200元放到茅台股票里，我相信现在价值也是超过1亿的。所以**从理论上来说，茅台这个企业是非常安全的港湾。**伟大的企业就像是安全的港湾，可以让普通投资者、机构获得价值回馈。

我认为投资的核心不是博弈，信奉的价值体系应是共赢。比如茅台上市是3.47亿净利润，假设在2019年实现了347亿净利润的话，所有人都是赢的，国家赢，企业赢，员工赢，经销商赢。当未来，仅仅是短期的量涨三倍，出厂价提一倍，茅台就能达到1620亿净利润的时候，大家也都是共赢的。如果是在长达两百年的时间当中，茅台就是个现金奶牛，就像买个房子靠房租生活一样。**所以真正伟大的企业是很安全的，而且是创造财富的。**很多人在过往一年的资本市场是亏损的，因为他们买的是毁灭财富的标的，而不是创造财富的标的。**这些伟大的能不断创造财富的公司，就像安全的港湾一样，是能够给投资人提供稳定、可持续，甚至可以传承子孙的财富，否则就没有伟大的巴菲特了。**

问23：贵公司的投资理念是“发掘杰出的企业，以合理的价格投资，并长期持有！”。请问，如何判断一个股票的价格是合理的或是不合理的？“长期持有”是指多长时间？

但斌：从我们的思考来说，我们觉得**真正的好公司的持有时间应是无限长。**至于价格，可能会有阶段性高估，比如说2007年的茅台，动态市盈率达到101倍的时候，严重透支未来五年、十年的利润增长空间，这种情况下适当卖出也是可以理解的。但是只要整体估值水平合理，像茅台这样的企业，在全球任何一个市场里，给30倍市盈率都是可以接受的。在这样的情况下，我们愿意坚守，而且随着每年利润的增长，估值就会下降。只要它能保持一定的估值水准，每年的增长利润就会体现在市值上。

问24：在选择公司时，有可能会选错。请问，如何评判选择的公司选错了？选错了，是否应该立刻平仓该公司的股票？

但斌：那当然。我们当年买过张裕，但是当洋酒冲击很激烈的时候，只好卖掉了。**选错了，就是你以为它拥有“护城河”，但是其实没有，**很快就被击垮了，那你直接卖掉就行了。

问25：一个杰出公司的股票，以“合理的价格”买入了，但后续又下跌了，应如何处理头寸？

但斌：继续买入。

问26：您一般会选择“高盈利的行业”，请问“高盈利的行业”有何明显的特征？

但斌：高盈利行业的共同特征是商业模式简单、可靠，容易理解，有强大的商业壁垒，有持续创造财富的能力。

问27：您还会进行“动态的资产配置”，请问，如何“动态”调节？

但斌：我们会避免犯2008年的错误。比如在价值严重高估的时候，适当做出卖出的决定。如果碰到系统性危机的时候，我们也会适当做出卖出决定。因为我们毕竟是资产管理公司，是运作基金的，所以这和很多个人投资者是不一样的。

问 28：在贵公司“2017 半年回顾与展望”的文章中，你们认为：“确定性是 2017 年制胜的关键”。请问，这里提到的“确定性”是指哪些方面的确定性？2018 年制胜的关键又会是什么？

但斌：2018 年的关键还是“确定性”，所谓确定性是指伟大的企业。2017 年东方港湾除了在 A 股取得了比较好的成绩外，在港股和美股都有良好的收益。海外的基金 2017 年大概有 73.86% 的收益，在香港 500 只对冲基金中排名第六。2017 年全世界的确定性现象都表现得很出色，在中国我们看到了各个行业的行业集中度都在快速提升，美国除了一些核心资产，其他也是很难赚到钱的。不光 2017 年是这样，未来好几年大概率都是这个现象。

关于贵州茅台和相关行业、相关企业

问 29：您很多年前就看好贵州茅台（据说已经持有十四年），当年，您为何看好这家公司？

但斌：不仅仅是 14 年，我在大鹏证券负责资产管理的时候，当时我们公司领导问我投资怎么做，我就跟领导建议，我们去买茅台、五粮液。但是领导说这两个公司的盘子太大了。当时茅台市值八十多亿，41% 流通股比例的话，也就三十多亿，我们公司可以买一半流通股，但是公司当时去买了所谓的有消息的小股票。如果从那时候起，大鹏真的去买了茅台，持有到现在茅台已经快有一万亿的市值了。后来大鹏因为各种原因倒闭了，这是个非常遗憾的事。所以可以看到理念有多么重要，对于一个公司来说，走正路和走歪路命运就完全不一样。

我之所以在那时就有这么强的信心，是因为我认为**只要中华民族的白酒文化不变**（要改变一个民族的文化是很困难的，需要一百年到一千年），**赤水河还在流淌，糯米高粱还在生产，茅台就像一座金山一样**，毛利润 90%，净利润 50%，别人想模仿还模仿不了。而且这个企业的品牌可以再造，比如过去几年比较热销的飞天茅台，比飞天茅台还热销的生肖酒。马年的生肖酒在没有提价前价格是 15000 元，羊年 18000 元，猴年 5000 元，鸡年翻了一番。

2017 年我跟茅台高管交流的时候，我说能不能再出春夏秋冬，他说他们打算出百家姓酒。百家姓里 538 个姓氏，一个姓氏给 20 吨就是 10760 吨，给 200 吨就是 10.76 万吨。2017 年的销量才约 2.7 万吨，如果大家去抢百家姓酒的话，出厂价到 2000 元一瓶，只改个包装就能使价格从 969 元提到 2000 元，另外哪个企业能拥有这种能力？

茅台之所以有这种能力是基于它一千多年的工艺，有巴拿马获奖，有红军四渡赤水结下的情谊，有历代领导人的认同。像爱马仕那些包，可能只是被皇室用了一下，就被包装成这样。但是像我们领导人去俄罗斯访问，送给普京的就是贵州茅台，送奥巴马的也是茅台。所以这个品牌再造需求的能力是非常强的，全世界都很少有这样的企业，茅台的“护城河”是非常宽的。可以这么说，**茅台这家企业或许不应该上市，上市就是给大家送钱的。理论上来说，茅台根本不需要融资，它的利润完全可以自己创造，所以这才是最伟大的公司。**

问 30：请您谈谈中国高端白酒行业的现状和未来可能的变化。

但斌：虽然很多人说年轻人不喝白酒，但是从数据上看，量还是增加的，所以很多人的担心从数据上是不支持的。现在我觉得就是**茅台一枝独秀，其他都成了陪衬，**但是白酒行业还是非常好的行业，不管怎样还是很少有企业倒闭的。因为原料成本就水和粮食，毛利润和净利润都有保障，只要销得出去就能赚钱。**现在最强烈的变化就是茅台独占鳌头，其他品牌在进行残酷的竞争。**

问 31：撇开企业利润、净资产等因素，就您看来，“茅台”这个品牌值多少钱？

但斌：茅台这个品牌我认为是“无价”的。**因为一个一千多年的公司，甚至能和中华民族同生死的公司，品牌价值是无穷的。**我活不了这么久，如果我能活到一两千年那么久的话，我们才可以看到它的价值。这些话如果成了文字，就可以交给几千年以后的后人来给出答案。

问32：2017年，您也看好美的集团，这个企业哪些方面的亮点吸引了您？您觉得这家公司还有多大的成长空间？

但斌：**在所有家电的细分领域，你都可以看到美的是排第一第二的**，宽度很宽。此外，它们第二战线的开辟也是比较成功的，比如说**机器人**。机器人行业这几年很景气，它们能去并购第三大的机器人公司库卡，就像吉利收购沃尔沃一样，可能会给它们带来第二个大的市场空间。

问33：您是否看好新能源？对特斯拉这家公司怎么看？

但斌：我们在美股市场持有特斯拉，但是持有的不是很多。因为它们公司毕竟还没有盈利，但是**我们愿意跟随马斯克，我们认为他是当代非常伟大的企业家之一**，他应该是有机会创造奇迹的。而且我也问过买过特斯拉的朋友，买过特斯拉之后还愿不愿意换其他品牌，他们都说不愿意换。所以我觉得这个企业虽然还没有盈利，但是应该有机会成为汽车界的“苹果”。

问34：科大讯飞这家公司的商业模式您是否看好？它是否有被取代的风险？

但斌：这个企业**有领先的技术，但是并不垄断**，没有“护城河”。比如像国外的谷歌、亚马逊，国内的阿里巴巴、腾讯，所应用的技术都是自己的技术。科大讯飞和它们差异不大，谷歌要出个耳机同声传译，它们就会面临很大压力。**而且现在200多倍市盈率，风险还是挺大的。**

问35：人工智能的发展空间有多大？您看好人工智能在哪些领域的应用？

但斌：人工智能当然是很看好的，应用可能会非常广泛，人类所能达到的应用可能都会涉及人工智能。但是这个**领域里领先的公司都是大公司，拥有巨大数据、研发能力、推进能力，可能会更有优势。**

关于美股、港股

问36：2016—2017年来，港股的行情比A股好，主要是什么原因导致的？港股好于A股的总体格局会不会延续下去？

但斌：我觉得这是个误区，看上证50和央视50，尤其是**央视50，涨了40%多，比港股涨得还多**。港股是成分股指数，大陆的成分股指数不亚于香港，都是好的股票在涨，内地的还涨得更多。**2017年从全世界范围来看，中国的好股票涨得更多。**

问37：美国股市从2009年到2017年，9年时间涨了8年，您觉得成就美国这一轮牛市的核心动力是什么？美国股市的上涨能否延续？

但斌：美国的大公司拥有的都是全球核心资产。如果认为人类的未来是由VR、人工智能、大数据、无人驾驶等决定的，那么现在这些领域的大公司主要就由中美两国拥有。中国是由本身人口决定的，规模比较大。美国是世界级公司。如果未来的方向是这样，那这些公司还会取得长久的发展。所以**我认为美股涨势延续的概率大一些，巴菲特也说道琼斯指数会涨到100万点。**

问38：特朗普减税会对美国股市和全球商品带来哪些影响？最受益的将是哪些类型的企业？哪些板块的商品？

但斌：商品我不懂。特朗普的减税主要对大企业会非常有利，包括苹果公司把利润从国外拿回来。**近期这一波涨势是减税直接促成的。**

问39：您也有参与美股和港股的投资。请问，美股您后续最看好哪些板块？港股您后续最看好哪些板块？

但斌：港股、美股我们都一样，都看好互联网，以互联网平台类的企业为主。像我们买了腾讯、Facebook，相当于买了全世界的社交、通讯；我们买了阿里巴巴、亚马逊，相当于买了全世界的网购、电商；我们买了谷歌就买了除中国以外的搜索广告业务；我们买了苹果，相当于买了手机工业；我们买了微软、亚马逊，再加上阿里、腾讯、谷歌，相当于买了所有云计算的增长潜力；我们买了英伟达，无人驾驶的芯片技术未来可能给我们带来利润。**有一个共同的特征是，我们买的是世界级公司。**

关于伟大的时代

问 40：您认为“中国在 2025 年会超越美国成为最大的世界经济体，在 2049 年的经济体量会是美国的 2 倍”。您是基于怎样的逻辑做出这样的预判？如果真的实现了，像茅台、腾讯、阿里巴巴这样的公司还能成长多少倍？

但斌：这是由中美两国经济增长的数据推算的，因为中国经济增长更快，美国还是 2%、3% 的增速，随着时间的流逝，中国迟早会超越美国。**如果没有大的变化，可能在 2025 年前后超越美国，在 2049 年中国经济规模可能会是美国经济的两倍。**而且在有记载的历史中，中国有 90% 的时间是全世界最大的经济体，在北宋时期，中国经济占到全世界的 60%~70%，**不管怎么样，中国重回世界第一是常识。**因为中国人口多，赚钱又是中国人的信仰，所以这是大概率事件。

我们自己算过，**未来七年，茅台每年会有 21%~24% 的复合增长。腾讯我们现在看不到天花板，但是我们觉得它会大得像一个国家一样，不排除到 10 万亿的可能性。**

问 41：到时候，全世界最伟大的 100 个公司中，中国能占据多少比例？就您的分析来看，目前中国哪几家公司，有可能在 10 年后、20 年后，会在全球最伟大的 100 个公司的名单中？

但斌：我估计可能得占一半。**我觉得腾讯、阿里巴巴、茅台、中国平安、招商银行、四大行、美的、吉利汽车、好未来、永辉超市、安踏等，这些可能会在同级别的竞争中超越其他公司。**

问 42：就您看来，腾讯和阿里巴巴这两个公司，哪一个发展前景更大一些？为什么？

但斌：我觉得是腾讯。能够把 14 亿人紧紧联系在一起，而且使用频率最高的东西，更有价值，而且像绑定身份证这样的事情也只有腾讯能做。

问 43：百度、网易还有没有机会重新追上腾讯和阿里巴巴？百度和网易的各自的突破点可能在哪里？

但斌：我觉得很难。过去很多大企业会倒闭，现在运作更加平台化。比如腾讯的王者荣耀可能内部两三个团队同时做，微信也是两三个团队同时做。**扁平化运作容易基业长青，过去大企业犯的毛病一般不容易犯了。**比如以前柯达，它发明了数码相片，但它不积极推广，就被淘汰了。还有诺基亚，也是一样，在平板手机向智能手机转变过程中，它丧失了原有的技术优势。现在这些大公司都吸取了这些教训，不会止步不前，所以说不是没有机会，而是更难了。**现在的竞争是数据的竞争，企业越大数据越多。**

问 44：哪些类型的公司或哪些板块的公司，可能在未来 10 年、20 年的经济发展中，逐渐衰老？而哪些类型的公司则能保持成长？

但斌：我们主要关注的都是最好的企业，衰老方面没有太过关注。**能够被人工智能、大数据替代的行业都有危险，**比如标准化的服务人员行业。

问 45：中国的各个一线城市、二线城市中，您最看好哪一个或哪几个城市未来的发展？为什么？

但斌：中国的核心城市都会发展，只要人口净流入的地方都可以。美国就一个硅谷，但是中国的核心城市可能每一个都是硅谷，因为中国人愿意去创造财富，而且中国的活力是非常强的。所以我认为每一个省会城市都不错，但是**考虑到气候因素，我个人觉得南方城市更好一些。**

问 46：一个普通的中国人，应如何理解这个时代？如何把握这个时代的投资机会？

但斌：巴菲特当年在美国面临的时代和我们现在在中国面临的时代是相似的，只要对自己的国家有信心，不要犹豫彷徨，选择最好的资产和它们在一起就行了。

问 47：对一个社会精英来说，是用经营企业的方式参与这个伟大的时代，还是用投资成长型企业的方式参与这个伟大的时代，会更有社会意义？更有人生价值？

但斌：都有意义，这与个人的性格、特点、才能相关，没有什么高低之分。社会上老是有一种错误的想法，认为职业有高低，其实并没有。

问 48：5 年后、10 年后，回头来看，您做了哪些事情，到了什么位置，才会觉得自己对得起这个时代，对得起自己？

但斌：我觉得现在就可以，沿着现在的逻辑往下走就行了。有些人后悔，是因为他们不停地在变。

问 49：您的微博中有这样一句话“凡是不希望自己祖国好的，我都视其为垃圾！”。这是您当时一时兴起说的，还是您内心强烈的呼喊？

但斌：我经历过非常艰难的岁月……但是我觉得**任何一个时刻，我们都应该希望自己的祖国好**。所以我说，凡是不希望自己祖国好的，我都视其为垃圾。现实生活中也是，一个人可能因为一些事情导致生意失败，人生失败了，他就对自己的国家充满愤懑和怨恨，怪国家腐败等。但是其实像美国也存在这样的问题，全世界都一样。肯尼迪曾经说过：年轻人，不要问这个国家能为你做些什么，不要只考虑国家的弊端，你们扪心自问，你们能为这个国家做些什么？你们都为这个国家贡献了什么。用怎样的价值观看待自己的国家非常关键。

关于私募基金行业

问 50：您和您的公司近期获得了一些私募基金的奖项，这是各个平台对您 2017 年投资业绩的肯定。2017 年能取得好的成绩，您觉得是因为自己在这一年中做对了什么？

但斌：选择最伟大的企业，跟它们在一起。

问51：近几年来私募机构数量越来越多，但水平参差不齐，有些私募机构管理资金500亿以上，而另一些则管理规模不到1亿。您如何看待两极分化的现象？

但斌：我觉得这很正常。私募基金公司的商业模式很简单，就是几个人聚在一起就可以做了，我认为也应该给这些人以机会和梦想。其实**任何行业都是两极分化的，做得好的会不断壮大，做得不好的就会退出市场，这是中国市场有活力的象征**。中国从来不缺乏创业的能力，只要给一个口子。所以我认为应该给这样的现象以鼓励，**百舸争流，不负时代**。公平竞争是很好的，千万不要去设置一些条条框框，不让人参与竞争。不过，最终私募基金行业会两极分化，像房地产行业一样，房地产行业也有几万家公司，2004年万科销售收入大概76亿，2007年500亿，2017年已经5200亿了，房地产市场的集中度越来越高，估计，私募基金行业也会如此，优胜劣汰，2028年估计会出现5000亿以上的私募基金。

问52：东方港湾成立于2004年3月，是国内最早成立的私募基金之一，也是中国首批获得私募基金管理人资质的33家机构之一。贵公司刚刚获得证券时报“2017年度金长江奖行业典范私募基金公司”，您本人则获得“2017年度金长江奖年度优秀私募基金经理”。请问，您觉得私募基金管理人应承担怎样的社会责任？

但斌：在东方港湾的14年中，我们也参与了一些慈善事业。我本人也是海惠慈善基金的董事长；《时间的玫瑰》这本书的版税收入也都捐给了澜沧教育基金；**我们公司和我个人去年的捐款有500万左右**，包括我们现在也在不断支持慈善事业。从另一个角度来说，我们觉得**在中国传播价值投资本身就是最大的慈善**。

问53：什么样私募基金经理才是真正为客户负责、为客户着想的基金经理？

但斌：对于客户的资产要担负起信托责任，不能冒险，要坚持自己的理念，坚持全世界最好的核心资产，跟这些企业一起成长。包括我自己的钱都是投在基金里的，在最艰难的情况下，也要对投资人负责。

关于《时间的玫瑰》

问 54：您在 2007 年出版《时间的玫瑰》一书，我读过两遍，书中讲得最多的一个词，应该就是“时间”。每个人一生中最宝贵的就是时间，任何物质财富和精神财富都需要用人类的时间去换取。在您的理解中，“时间”是什么？对“人”来说，“时间”的最大价值是什么？

但斌：投资这个游戏就是用生命去换取财富。每个人的生命都很短暂，要善待自己的 70 年，时间是会说明一切的东西。**时间对优秀的人来说，会让生命升华。**

问 55：哪些东西会随着时间的推移而升值？哪些东西会随着时间的推移而贬值？一个企业价值的不断成长，本质上来讲，其增加的价值来源于哪里？

但斌：好的企业随着时间的推移能够创造出更多的价值和财富。**人类本身是以指数级上升的，财富是越来越多的，但是毕竟要有一个载体，载体就是这些伟大的企业。**随着时光的流逝，这些企业会更好。不能体现价值、毁灭财富、阻碍效率、虚假的东西会随着时间的推移而消逝。

问 56：在《时间的玫瑰》一书中，有这样一句话：“一个人在市场里的输赢结果，实际上是对他人性优劣的奖惩”。请问，市场奖励人性中的哪些“优”？市场惩罚人性中的哪些“劣”？很多生活中的“好人”为什么在市场中亏钱？

但斌：资本市场奖励有巨大远见，有智慧，有洞察力，又能够身体力行，持之以恒的人。所谓善良的人不见得有智慧，甚至有些愚蠢。人性上有什么弱点，市场就往哪里攻击你。贪婪、恐惧这些劣根是肯定会被市场惩罚的，几千年不变，这也是资本市场波动的缘由。

问 57：在书中还有这样一句话："巴菲特之所以伟大，不在于他在 75 岁的时候拥有了 450 亿的财富，而在于他年轻的时候想明白了许多事情，然后用一生的岁月来坚守。"请问，您觉得他年轻时想明白了什么，并用一生的岁月来坚守？您本人会用一生的岁月来坚守的，又是什么？

但斌：围绕拥有核心资产、创造财富的公司，知道这些公司的可贵之处，紧跟它们在一起。**很多人都是事后看到，而巴菲特是事前看到**。我会用一生时间来坚守的也是这个。

问 58："时间的玫瑰"是北岛一部文集的名字，请问您是北岛的粉丝吗？

但斌：是的，**在最艰难的岁月里，我是背诵北岛的诗《回答》度过的。**

问 59：除了巴菲特和北岛，还有哪些中外名人是您欣赏的？主要欣赏他们哪些方面？

但斌：太多了，**芒格、马斯克、乔布斯等。他们以正能量改变世界，世界上人人受益。**

问 60：您比较喜欢看书，您觉得世界上最好的几本书是哪几本？您最近在读哪一本书？

但斌：好书太多了，文学、艺术各方面都不太一样。像**《战争与和平》《论人类不平等起源与基础》**这些对我年轻的时候都有很大启发。投资类的好书像**《聪明的投资者》**、巴菲特的**《致股东的信》**、芒格的**《穷查理宝典》《伟大的博弈》《失控》**等。最近在看一些科学技术类，推动人类世界变化与进步的书。

问 61：除了投资和阅读，您生命中最精彩的内容是什么？

但斌："八九"是个生命的转折点，其他就是生命的延续，**没有什么特别的东西，平淡地去坚守自己所信仰的。**

问 62：您曾赞助一些贫苦的学生，这类慈善举动，您如今还在做吗？就您看来，哪些类型的慈善举动，对社会的意义最大？

但斌：治疗女性乳腺癌的“粉红中国”，扶助贫困农民的薪火相传的项目，澜沧教育基金是专门针对贫困教师做定向慈善的，还有一些精准扶贫学生的项目等。我觉得做慈善时，有时候特别感觉无助，能力太有限了，我只是力所能及做自己应该做的事情。

6

梁瑞安

- 行业决定商业模式
- 我希望它是老大，而且希望它十年后还是老大
- 钓越大的鱼，折腾的时间越长
- 一定要抓住主要矛盾才能看到本质
- 将军赶路，不追小兔

梁瑞安

上海砥俊资产管理中心总经理

北京大学光华管理学院金融系硕士。2002 年起在期货公司做研发四年。2006 年起在某大型对冲基金任职七年。历任研究主管、商品期货执行董事。十六年股票投资经验，专注价值投资，十五年期货投资经验，坚信供需决定价格，连续九年盈利。

砥俊资产荣获“证券时报 2017 年度金长江奖——快速成长私募基金公司”“2018 金斧子第二届私募大会至尊新锐奖”。

梁瑞安：寻找躺着赚钱的公司

（2017 年 12 月 28 日　沈良访谈整理）

精彩观点：

不超过十年，中国 GDP 总量就会超过美国，达到全球第一。

2017 年股市行情最大的特征就是走势二八分化。

过去两年（2016—2017 年），我觉得可以称为一个结构性的慢牛。

这两年大家说牛市也不像牛市，但它是白马股的大牛市。

我觉得 2017 年最大的驱动因素是业绩，还有估值修复。

什么叫好的行业？好的行业需求逐年稳定增长，比如说未来一二十年要稳定增长。

好行业里面找个龙头，有可能就是好公司。

未来一二十年看好的公司，我认为是好公司。

行业决定商业模式。

我们要关注的就是这些行业：未来一二十年要持续成长的，最好是不要有波动的，就是要稳定成长。

企业要处在这个行业里什么江湖地位？我希望它是老大，而且希望它十年后还是老大。

市占率越高，就有定价权。

我 2016 年见到一些好朋友，就说你们有钱不要躺银行，买点茅台酒放在家里，未来十年慢慢喝。

2018 年我不会碰创业板。

茅台是百分之九十多的毛利率，这叫液体黄金。

腾讯能把人圈起来就变成一个主流媒体了，它可能比很多电视台都牛很多。

腾讯往外投了一千多亿，投一些创业公司，所以我也把腾讯当成一个科技的指数来投。

全民炒股，一定是顶。

我觉得业绩差的，估值高的，三五年不要碰。

未来我们都是盯着这几个板块：大消费、非银金融、高端制造业、新能源、医药。

最看好高端白酒，中端不看。

新能源是非常重要的一个板块，在未来三五十年很有前途。

中国的医药股还可以等一等。

我只买龙头，一般不买老二老三，多便宜都不要。

我现在一般定义长期是三五年，我跟研究人员说，如果这个股票你觉得拿不了三年，就不要摆在桌子上讨论。

个股的发展跟大盘没关系，是跟它的业绩有关系。

做投资，都是少数人赚钱，你跟着大多数，我看肯定赚不了钱，所以我从来不跟大多数人走。

国企和民企，我倾向于选择民企。国企有些是资源垄断性质的，我会买。

我们更看重支撑梦想背后的商业模式，我们只相信抽屉里边有多少现金流，再预测你未来十年、二十年能赚多少钱。

寻找躺着赚钱的公司。

商品的全面大牛市应该一去不复返了，只剩下中小的行情，局部的行情。

金融市场，短期受情绪影响，这是千年不变的。

有浮亏就不加仓，无论我判断对错。

止损其实是一个很傻瓜的系统，机械式系统，就是说累计亏了多少钱，到了位置，一刀砍，毫不犹豫。

我不是根据我挣多少钱来平仓，而是根据整个基本面的条件，所有做多的条件还在，我就拿着。

套利是我做期货资产管理的一个辅助手段。

钓越大的鱼，折腾的时间越长。

以供需研究做商品交易的人赚钱的可能达 20% 以上。

2017 年是真正意义上的价值投资元年。

（基金经理）第一，要理念端正。第二，要踏实做研究。第三，要有本事。本事指的是已经摸索出一套成熟的盈利模式，有了这三点，你就可以给客户创造价值了。

目前私募发展刚开始，鱼龙混杂，五年后，可能会淘汰一半。

投资是个经验活，所以我整天看别人的传记，如巴菲特、索罗斯、彼得林奇有关的书籍。

（写交易随笔）我想把我整个投资人生的轨迹客观记录下来，定格在那一刻，永不改变。

成功者有几个共同点。第一，非常有思想。第二，眼光独到，能一眼看到事物的本质。第三，非常有魄力，敢想敢干。

我见过能做大事的，挣几百倍、几千倍甚至上万倍的人都是敢想敢干的。首先要敢想，而且要对，一眼看到事物本质。

我不喜欢关注别人的结论，我喜欢关注他推导出这个结论的逻辑或论据。

一定要抓住主要矛盾才能看到本质。

策略分散是一种中庸策略，最后也只会得到平庸的业绩。

怎么发现大机会？商品期货供需严重失衡的时候，一定会产生大机会。

“将军赶路”里的“赶路”指我对财富稳定增长的追求；“不追小兔”中的“小兔”则主要指小机会，抓小机会会浪费你的精力。

在品种的选择上，我是不断切换的。我就想抓住大机会，小机会就不要了。

人人都懂的东西是没有壁垒的，如果你长期待在里面，业绩一定很平庸。

要想在一个行业里做出与众不同的成绩，理念和方法也一定要与众不同。

我经常想，我做的东西有多少人懂，如果有很多人懂，今后就不做了。

人生其实蛮短暂的，咱们来到这个世界，就要对其有所认识。

我们现在正站在一个伟大时代的开端，未来三十年，一定是中国的盛世。

我是比较热血沸腾的，每天起来都会觉得现在这个时代的机会太好了。

你要做的就是找各行业的龙头，然后在里边享受中国这个盛世给你带来的红利。

十年以后回看现在，如果你没在 2017 年、2018 年买中国的股票，一定会后悔，因为你错过了一个伟大的时代。

关于股票

问 1：梁总，您好，感谢您和我们进行深入对话。2016 年开始，似乎您投资方面的主要精力放在股票上了。您觉得投资股票和期货的最大不同点是什么？

梁瑞安：我觉得股票和期货最大的不同点有三个：**第一，市场规模**，A 股 + 港股和期货的规模应该是两三百倍的差距。**第二，股票市场是一个正向博弈的市场，期货市场是一个负向博弈的市场。**股票长期看，每年大概会涨百分之十几，然而期货每年交易手续费损耗大概有百分之十几，这样算大概会差 30% 左右，所以如果纯博弈不考虑杠杆，股票应该更简单一点。**第三，对投资者要求不一样**，股票价值投资需要你看上市公司看得越远越好，比如看这个公司五年、十年、三十年，而不是一两年，因为我们买股票就是买一个公司；但是商品期货的价格是由供需决定的，所以只需要你看懂未来几个月的供需平衡状况就好了。

问 2：现在的股市很多人表示看不懂，虽然 A 股从指数来讲，2017 年指数还挺红火的，但是据说这个市场上面百分之七八十的人都是亏钱的，所以越来越多的人看不懂。您觉得 A 股市场最大的基本面是什么？行情最大特征是什么？现在能不能把它叫作结构性的慢牛？

梁瑞安：**我觉得目前 A 股最大的基本面就是中国的迅速崛起。**不超过十年，中国 GDP 总量就会超过美国，达到全球第一。所以在这个过程中，各行各业都会出现伟大的公司。**2017 年股市行情最大的特征就是走势二八分化**，大市值白马股受海内外资金追捧，基本上是一骑绝尘，中小股票仍然在调整过程中。过去两年（2016—2017 年），**我觉得可以称为一个结构性的慢牛。2019 年有可能会是一个全面的牛市阶段，那时候散户应该会跑步进场。**

问 3：也就是说您觉得 2016—2017 年以及 2018 年散户都不够积极？

梁瑞安：这两年大家说牛市也不像牛市，但它是白马股的大牛市，然后机构是先知先觉的，散户现在还不知不觉，所以我觉得散户 2018 年可能还会不知不觉，因为这是由散户的周期决定的。我观察过去一二十年散户的周期，大概都是机构已经炒得很 high 了，散户后面才会进来。

问 4：刚才您说是白马股的牛市，那么您觉得现在的股市，不管从白马股也好，还是整个股市也好，最大的驱动因素是什么？

梁瑞安：我觉得 2017 年最大的驱动因素是业绩，还有估值修复。2017 年涨的股票，业绩都很好，你看到这些股票业绩都增长了 30%~50%，还有它的估值在 2016 年蛮低的，2017 年估值提升了 30%~50%，业绩又提高 30%~50%，所以 2017 年有些股票涨了 50% 或更多。

问 5：这样的驱动因素在 2018 年还会延续吗？

梁瑞安：我相信还会延续两三年。

问 6：可不可以透露一下您现在，您个人还有您管的基金产品，股票仓位是多少？是满仓还是留有余量？

梁瑞安：我只能讲产品，因为到年底了，资金比较紧，我们也把仓位收缩到六成左右。

问 7：六成仓位您还是相对看好市场是吧？

梁瑞安：六成仓位可能代表着我 2017 年保住已有的业绩，因为我 12 月份不太激进，一有波动我就减下去了。**根据后市行情的发展，**我会在适当的时候加回来。

问 8：您股票已经做了 16 年了，这 16 年来，您觉得什么样的公司是好公司？什么样的股票是好股票？

梁瑞安：**我觉得一个好公司，一般要出现在一个好的行业里面，什么叫好的行业？好的行业需求逐年稳定增长，比如说未来一二十年要稳定增长**，如果需求是零增长或者萎缩的话，我认为不是好行业。**好行业里面找个龙头，有可能就是好公司**，所以我对好公司的定义如果用一句通俗的话讲：**未来一二十年看好的公司，我认为是好公司。**我们有一套指标去定义，然后去不断地论证这个公司是不是可以一二十年看好，因为我们买这个股票是要买它未来三五十年，但是我们看不了那么远，我们只好说要看好它一二十年。

问 9：也就是选股票或者选公司更重要的是先选行业，是这个意思吗？

梁瑞安：对的。因为我觉得**行业决定商业模式**，比如钢铁公司，它主要是由于钢材的盈利，这个是周期波动的，所以它属于周期股。然后它周期背后是什么？这个行业充分竞争。另一个，比如上海机场，它处在长三角，就没什么人跟它竞争了，可能只有高铁跟它竞争，所以它处在长三角独一无二的地位。还有比如像腾讯，我们的社交几乎都放在腾讯，它也是唯一的。所以，我觉得商业模式是很重要的。

问 10：就看一个行业是否比较集中？这个行业是否一直在成长？是这个逻辑吗？

梁瑞安：我觉得这是大的方向，但有些行业成长了二三十年也会不成长，所以我们要关注的是什么？**我们要关注的就是这些行业：未来一二十年要持续成长的，最好是不要有波动的，就是要稳定成长。**如果这个企业有一年，比如零增长了，-10% 了，股价可能就腰斩，这对我们做资产管理是很致命的。所以我们希望企业的业绩、利润能稳定增长，就是每年增长十几、二十几，它能坚持十年、二十年，这是我们最喜欢的标的。

问 11：您刚刚也提到过，用一系列的指标去分析一个行业是不是好行业或者一个公司是不是好公司，能否进一步稍微透露一下，大概是什么样的指标？比如是利润还是市盈率，还是企业领导人？

梁瑞安：**首先我觉得一个行业要看竞争格局，企业要处在这个行业里**

什么江湖地位？我希望它是老大，而且希望它十年后还是老大。所以我们要找这样的企业，它如果今天是老大，它为什么是老大，我们把这个基因给捋出来，这个基因在未来还能不能持续？所以**我们很多指标都是论证它这个江湖老大的基因还在不在？**里面涉及管理团队是不是稳定？激励够不够？然后我们落实的指标很简单，今天是多少市占率，明年是多少，未来十年我们看到多少，**市占率越高，就有定价权。**

股票跟期货有点不同，股市中不同公司卖的产品是差异化的，比如空调，我格力卖这个空调，你卖那个空调，我就毛利率可能 40%，你可能就 14%，这就是公司的价值所在。所以说，**如果市占率排到第一，它就有定价权，就有品牌溢价，我们就喜欢这类公司。**然后从财务报表看，毛利率要稳定，还有管理费用、财务费用最好是稳定或者下降的，ROE 一定是要稳定，比如说绝对值最好超过 15% 或者不断攀升。

主持人：比如茅台这样的公司，它的利润率是稳定甚至是不停地还在上涨的，这样的公司可能就算是好公司了。

梁瑞安：对的。如果毛利率稳定说明竞争格局很好，别人抢不了它的饭碗，就是你造不出和我茅台竞争的产品，没有替代品，我想卖多少价就卖多少价，我喜欢 1 月 1 号提价就提价，因为我说了算，它不像电解铝，你说 1 月 1 号提价，可能是很搞笑的一个笑话，但是茅台就可以提价。

主持人：茅台提价虽然是市场需求，但是最终是一个企业能决定的事情。

梁瑞安：因为它的量可以自己慢慢控制，然而需求很旺盛，所以导致它严重供不应求。在这个背景下，它想什么时候提价其实都是可以的。我 2015 年就想明白了这个道理，我觉得未来十年，理论上它什么时候想提价都可以。

问 12：您私下有没有买一些茅台的现货？

梁瑞安：2016 年夏天，我买了几十箱，然后跟朋友说，今天的茅台酒可能是未来十年的最低点，你们尽情买，八百多元钱、九百元钱一瓶，尽情买，我说三年五年后，你们买到这个价格的酒不可能，为什么？补库周期一开始三五年，2019 年那时候最缺货，所以大家一定是在 2016 年抢。**我 2016 年见**

到一些好朋友，就说你们有钱不要躺银行，买点茅台酒放在家里，未来十年慢慢喝。

问 13：您在 2016 年 1 月 11 日就判断“创业板 80% 的股票会腰斩”，当时您何以做出这个判断？从今天来看，创业板的股票还会继续下跌吗？

梁瑞安：这个基于我 2014 年 9 月做多了股指，大概做了十个月，2015 年 6 月 16 日全部平掉了。**这波牛市其实是资金推起来的，如果你观察很多资金的指标，会发现是资金市**，企业业绩跟不上，但股价炒这么快，市盈率很多都是上百倍。上百倍市盈率买股票，**根据海外股票经验，要修复基本要三五年，我保守说三年时间调整，三年怎么算？2016 年、2017 年、2018 年，2018 年还得调整。**所以 2016 年、2017 年坚决不能碰那一类股票，买那种八十倍、一百倍市盈率的股票，基本是要赔钱的。

主持人：也就是说您认为 2018 年创业板还是不好。

梁瑞安：2018 年我不会碰创业板。

问 14：您从 2016 年 1 月就开始看好高端白酒，当时为什么坚定看好？

梁瑞安：我看了彼得林奇的书，选股很简单，从衣食住行，怎么捋出茅台？衣服，因为人们追求多样化，很难出现一个很牛的公司，因为多样化，服装公司很累，很难迎合消费者。食，有油盐酱醋、白酒，我们再慢慢捋过来，发现白酒挺好，因为我们把葡萄酒、啤酒都捋过一遍，发现白酒最好。白酒大概一千三百万吨的量，里面高端白酒比较少，比如说茅台，一年可能占整个中国白酒的产量也就千分之三，千分之三的话是很稀缺的。

因为我们做十几年的商品期货很清楚，**稀缺的东西都是宝，所以你一查财务报表，茅台是百分之九十多的毛利率，这叫液体黄金，一瓶的成本不到一百元钱，能卖一千多元钱，这是液体黄金。**这个液体黄金怎么来的？它品质很好，喝过茅台的人，喝上几回，很可能就喝不了别的白酒了，黏性很高。然后历史又很悠久，美誉度应该是首屈一指的。它还有很强的壁垒，体现在它的不可复制性，它在茅台镇，比如遵义那里想复制茅台，复制不了，我估计很多人都复制过，但是没复制成功，所以它就会有很强的壁垒，有定价权。

这就是茅台本身的优点。

做商品期货的，用商品那套也观察一下。怎么观察？你看2012年反腐之前，茅台不是2200元一瓶吗？2016年到多少？八百多元钱，这什么概念？跌了60%，大家想想，库存肯定被清掉了，因为一跌肯定抛库存，所以渠道库存抛得很彻底，抛了三年库存。我一算，2015年是供需平衡的一年，我们再往后，再算十年，怎么算？我们看到政务需求从百分之三十多几乎降为零了，民间的需求，商务需求也好，老百姓的消费也好，加起来每年增加百分之十几，结果它的产量供应增加是个位数，**一个产量个位数增长，一个消费百分之十几增长，未来十年肯定是严重供不应求。有了这个预期，大家肯定会囤酒，一囤酒就不得了了，严重供不应求的锁就解不开了。**唯有提量，它的产量到2023年可能要提到五六万吨，目前是两万多吨，还能翻一倍。提价是供不应求推导出来的，提量是为了让大家能喝上茅台。提量提价，原来估值可能十几倍，那提量提价之后可能估值就三十倍。我站在2015年的角度来看，往后看五年十年，那不是戴维司双击吗？这是我当时的逻辑，所以我当时买了茅台。

问15：在2016年，甚至是更早的时候，您已经看好腾讯了，腾讯这个公司您又是基于什么样的逻辑，认为它是一个很好的公司呢？

梁瑞安：我觉得中国跟别的国家有不一样的地方，就是我们中国人多，将近14亿人口，最近一二十年来，我们进入了一个互联网时代，人多的地方能把人绑在一起，社交这个工具我觉得威力不得了。比如我2000年使用QQ，大概几年前我就用微信了，腾讯把人给圈起来了，**它能把人圈起来就变成一个主流媒体了，它可能比很多电视台都牛很多，**为什么？它里边一弹出信息，可能半个中国都知道。微信现在应该有十亿用户，可能有八亿是大陆的，还有两亿是海外的。**有了那么多人圈在一起，变现的能力就会来了。**

腾讯往外投了一千多亿，投一些创业公司，所以我也把腾讯当成一个科技的指数来投。未来这个时代应该是科技的时代，我们一定要投科技股。但是如果你要押注小公司，你可能押一百个对二十个，但是我押一个指数，这不是百分百对吗？因为我是追求确定性，我押它就确定了，一年挣20%我也满意，挣 10% 我也满意，我也不需要黑马，我只是押一个指数。

问 16：2017 年整个股市只有小部分股票上涨，您觉得何时会出现大部分股票都上涨的行情？

梁瑞安：这就是大家所谓的怎么定义牛市的问题。我自己定义牛市就是大家都发疯了，就是牛市，比如 2007 年，还有 2015 年，它们相差了八年，为什么大家发疯了？就是后知后觉的人都跑步冲进去，全民炒股，一定是顶，所以你把这个顶数一数，我觉得大概五到八年会出现个顶，我们股灾在 2015 年，所以比较危险的大概是 2020 年，我掐指一算应该是 2019 年他们会全面进场，见什么买什么，那时候我估计就是丈母娘比基金经理业绩厉害的时候，大家发疯了买股票。其实很多股票不应该涨，但是也会普涨，这就是所谓的疯狂牛市。

问 17：总体来说，哪些类型的股票先涨？哪些类型的股票后涨？哪些类型的股票不涨？哪些类型的股票持续涨？

梁瑞安：您问的问题有点难，板块轮动是我最不擅长的，因为我觉得买股票就是买公司，假如市场是理性的话，我可能拿了三五年八年都能拿着，市场非理性咱们就减半或者全平掉，您提到哪个公司、哪个股票先涨，哪个后涨，这个确实有点复杂。

我觉得业绩差的，估值高的，三五年不要碰，千万不要摸这种估值特别高的，估值高的我指的是超过 50 倍的，连看都不要看。

问 18：之前我们讲的都是您过去看好的板块，那么 2018 年，您还比较看好哪几个板块？

梁瑞安：其实未来我们都是盯着这几个板块：大消费、非银金融、高端制造业、新能源、医药。

问 19：大消费里边，您最看好的还是高端白酒？

梁瑞安：对，**最看好高端白酒，中端不看。**

问20：是不是中端白酒的竞争特别激烈？

梁瑞安：您说得没错，因为很多中端白酒都有地域性，比如在安徽是中端的，而要打到河南就费劲了，为什么？河南也有个中端。

问21：非银金融是非银行类的金融公司吗？

梁瑞安：非银金融，为什么叫非银，银行我看不懂，也不是说不看好，我觉得保险不错，还有一些资产管理，我认为**资产管理未来十年也会蓬勃发展，还有信托**，这些应该是不错的。

问22：新能源分为好多板块，有新能源制造汽车，有的是提供零配件的，有些可能是提供软件系统的。您主要看好是直接造车的还是提供配件的，或是提供服务的？

梁瑞安：我觉得**新能源是非常重要的一个板块，在未来三五十年很有前途**。新能源汽车，整车还是零部件，还是软件服务，我们都在找。还有就是直接替代动力煤的，比如风电、水电也是清洁能源，但是水电已经开发得差不多了。还有光伏，**光伏我们摸索了十几年，可能已经到了飞速发展的前夜，我们也是相对看好的**。

问23：有人特别看好5G，就是移动通信的5G，您对这个有没有什么看法？

梁瑞安：2G到5G一直在变，一直在变的话，它背后其实是资本推动。我个人的倾向是，**对变的东西不太感冒，为什么，你老变的话，你要投入很多钱**，资本开支很大，而且竞争很激烈，所以我不太投这类东西。虽然我知道，5G对大家生活很好，但是我觉得要投入很多，所以我在这一块没找到好标的。

问24：您如何看待医药股？

梁瑞安：我觉得我们**中国的医药起步比较晚，目前竞争力还比较弱，其实好的标的大多在欧美，但是前景是很好的**。五年十年后，老龄化会比较明显，今天大家可能没怎么感觉，五年后，你会感觉到很明显。但是短期又面临着医疗改革，药价都是不断往下降的，企业要出业绩，其实蛮难的，所以**我觉得中国的医药股还可以等一等**，观察观察，毕竟估值也很高，而且它的竞争力还不是很强，所以我们一边研究，一边观察。

问 25：您选股票要么选唯一，要么选第一，如果第一太贵了，比如某个股票太贵了，能不能买点另外一个类似公司的股票？

梁瑞安：我是这样看的，**十年后，今天的龙头还是不是龙头？**如果我能想明白，未来十年它还一直当龙头，**我只买龙头，一般不买老二老三，多便宜都不要**，这是我的性格。为什么？因为龙头有可能市占率从 20% 到 80%，你买老二，十年不涨，结果龙头翻了十倍，这个时候我们就错过一个时代了，所以说，我就是**坚决抓住龙头，抓住未来的龙头**。

问 26：您做股票讲究长期持有，对做期货的人来说，这个品种我长期持有，结果三天之后就卖掉了，因为他认为一分钟是短，三天是长。那么我们做股票的话，您说的长期是指多长？

梁瑞安：其实我一直假设这个世界上没有股票市场，我们会怎么交易。如果市场都没有非理性因素，长期可能是拿一二十年，这是长期。但是有了股票市场，有了交易平仓，每天波动之后，你本来预期它三年翻倍，结果三年它翻了五倍，可能早就平仓出去了。长期怎么定义？**我现在一般定义长期是三五年，我跟研究人员说，如果这个股票你觉得拿不了三年，就不要摆在桌子上讨论**。我们讨论的是这个公司未来一二十年是不是很好，然后拿三五年。因为里边隐含着一个期权，大概等非理性的人一进去抬高，那我可以执行这个看涨期权。

问 27：假设我们现在手上已经有准备长期持有的股票，那么应该什么时候去平仓。比如这个公司出现了什么情况，或者大盘出现了什么情况，我们就应该把这个股票平掉？

梁瑞安：要平仓，平仓的条件是什么？比如**看错了，第二天就平掉**。还有，你原来看得比较短，结果有些意外的事情使得基本面变了，也要减仓或者平掉。还有就是到预期了，比如估值从五百亿已经变成四千亿了，如果觉得差不多了，也可以平掉，见好就收。决不会因为大盘动荡来处理我的个股，因为我觉得**个股的发展跟大盘没关系，是跟它的业绩有关系。**

主持人：您好像跟普通人是反着来的，普通人是最近大盘回调我先平一下，回调之后我再买回来。或者最近虽然我的股票在跌，但是大盘好像一直在涨，所以我就先不平。

梁瑞安：做投资，都是少数人赚钱，你跟着大多数，我看肯定赚不了钱，所以我从来不跟大多数人走。

问 28：以前大家区分上市公司的时候还没有特别区分民营企业或者国有企业，今年就会特别愿意去区分一下上市公司是国企还是民企。如果您选国企，要选什么类型的国企？选民企，选什么类型的民企？

梁瑞安：国企和民企，我倾向于选择民企，因为民企激励制度比较灵活，一般对管理层激励得比较到位。所以同样一个行业，一个国企和民企，你会发现民企跑得很快。为什么？比如说管理层有股权激励，他干活就非常积极，在竞争很激烈的行业里就能脱颖而出。所以**我一般在一个行业，先优先选民企。**国企有些有垄断资源的，不是民企能参与的，比如说长江电力，咱们也不能造一个那么大的水电站，那是国企，它有资源优势，而且是垄断的。茅台，赤水河流过去，酿成酒就是液体黄金，也不是咱们俩开个公司能参与的，这个资源也挺好，我把它看成资源型国企。所以**国企有些是资源垄断性质的，我会买。**

主持人：也就是说，我们选民企最好是竞争中效率很高，能够长期胜出的公司；如果我们选国企的话，最好没有人跟它竞争。而有些国企看上去资产很大，但是和它竞争的公司全国还有很多家，市场价格也不是它说了算，还是先不碰。

梁瑞安：是的。

问 29：乐视跟贾跃亭成了我们的一个很大的话题。您是怎么看待乐视跟贾跃亭这个现象？会不会出现下一个乐视？看上去很好，突然怎么又不行了，我们怎样去预防？

梁瑞安：我们资本市场还是很年轻的，大概二十多年，二十多年放在全球范围是特年轻的。**年轻的市场最会出现一些财富神话，大家追逐一种财富梦想，然后就踩地雷了。**我们对公司的要求是非常高的，过去几年一定要非常赚钱，而且现金要很充足。用这个指标一看，乐视显然不满足条件。但是，很多人相信所谓的梦想，就会买。因为**我们更看重支撑梦想背后的商业模式，我们只相信抽屉里边有多少现金流，再预测你未来十年、二十年能赚多少钱。**所以说，**像乐视这种公司以后还会出现，我们能做的就是什么？围绕价值，做足功课，严格选股，过滤掉这种不符合我们标准的公司，避免踩雷**，我们能做的就是这些。

主持人：就是我们要去选过去能赚钱、现在能赚钱、未来能赚钱的公司，而不是他过去是亏钱的，现在还没赚钱，跟别人说未来我会赚很多钱。

梁瑞安：对，总的来说就是**寻找躺着赚钱的公司**。

关于期货

问 30：2013—2015 年您看空商品，甚至在业内有人称您为“坚定的空头”，请问当时您看空的最大逻辑是什么？您是什么时候改变空头思路的？

梁瑞安：其实我当时是看到整个中国经济要转型，**房地产、基建、固定资产投资这些增速要下降，下降的话，对原材料需求会下滑。**所以觉得黑色系品种应该有机会，那时判断钢铁的消费增速要下来，而铁矿石从几十美金最高涨到 180 美金，价格涨高了一定会刺激产能，所以你看 2009 年往后有好几年，澳洲、巴西投了很多新的铁矿石的产能，那时我就等产能投产，我从 2013 年春天等到了秋天，到 2013 年 12 月我才重仓做空铁矿石。为什么？因为我当时判断 2014 年中国的钢消费大概是零增长，加上海外的铁矿石新增产能，全球会过剩一亿吨铁矿石，一亿吨，根据我们的供需模型，价格应该会腰斩两刀，时间大概两三年。这是我当时重仓铁矿石的理论，而且我正儿八经空了它 21 个月，从 120 美金大概空到 30 美金。我是看到它腰斩两刀，而且也做到了。后来为什么改变了思路，因为空到位了，空到什么程度？空到全球铁矿石的价格已经跌入成本线了，很多地方已经亏损了，而且当时的螺纹钢1600元钱，也是大白菜价格，一斤不到一元钱，很多企业亏了。一个商品，或者产业，你碰到各个环节都亏损之后，该离场就离场。离场之后，商品我就不知道怎么做了，所以供给侧改革带来的上涨，我也没做上。

主持人：也就是说您错过了供给侧的上涨，但是抓住了这波白马股的上涨。

梁瑞安：是的，因为我做完商品就觉得，我们不确定能做多商品，但确定可以做多股票。

问31：今天来讲，大宗商品最大的基本面是什么？您如何预判大宗商品未来一段时间总体的走势？

梁瑞安：关于商品的基本面，我记得2002年、2003年的时候，大家都说是中国因素，中国的需求拉动了整个大宗商品。铜从当年的一万八涨到八万一，铁矿石也是几十美金涨上去，那时候是一轮中国因素。到了今天你会发现，其实它背后是这样，**中国因素慢慢淡了**，为什么？因为**中国经济从高速增长变成了高质量增长了，对原材料的需求增速是下滑的。这就是我们未来十年主导大宗商品的一个核心原因，应该是主线**。如果我这个判断成立的话，那么**商品的全面大牛市应该一去不复返了，只剩下中小的行情，局部的行情**，就是没有严重的供需失衡，只有局部的供需失衡，所以行情会变得小一些。

问32：即使是中小级别，有百分之三五十也不错了，因为商品有杠杆。那么2018年哪些商品或者哪些板块品种有可能会出现您刚刚说的这个中小级别，比如百分之二三十、三五十的级别？

梁瑞安：我觉得**过去两年和未来两年，商品的主线还是供给侧改革，而供给侧改革最受益的是黑色**，所以我觉得机会在黑色，像焦炭、螺纹钢的机会还是比较多的。

问33：您说的机会还是阶段性向上的吗？

梁瑞安：向上向下的都有，因为利润高了也可以做空的。

问34：现在螺纹钢的05合约、10合约相对现货贴水严重，10合约20%的贴水，您怎么看待这个现象？有没有一个修复贴水的上涨机会？

梁瑞安：我觉得目前期货博弈越来越高端了，都是**机构跟机构的博弈才会导致大幅贴水**。为什么？因为机构认为螺纹现货的利润不可能维持那么高的暴利，所以把利润下降提前预期了。做空其实也挺难做的，做多也面临着现货利润下降，所以多空都难受。这就是因为**做期货剩者为王，剩下的人都太聪明了，所以定价一步到位了**。所以有可能是现货先跌一跌，现货来补贴水，现货靠拢期货。

问35：您经常讲供求决定价格，这应该是您的核心理念。但是，有时候交易者的情绪、资金的博弈会引起短期的波动，甚至出现百分之十几的波动，对此您怎么理解这样的现象和应对这样的现象？

梁瑞安：我觉得**金融市场，短期受情绪影响，这是千年不变的**。我们能做的，比如商品期货里，要选一些大行情来做，比如说供需严重失调导致上涨或下跌百分之三五十以上的行情。如果做中小级别行情，你一定会受情绪影响，如果你没有掌控情绪的好方法，肯定会吃亏。坦率讲，**我也没找出掌控情绪的好方法，所以，我尽量只做中大级别的行情，把投资的性价比提高。**

问36：如果某个品种，我们通过供求面的分析得出要涨的结论，而且单子也做进去了，但是这个时候价格跌了3%、5%，这能不能算是一个更好的买入价格？

梁瑞安：这是一个关于建仓的问题。说一下我的做法，跌下来虽然是更好的价格，但是我的做法是这样的，跌下来不是有浮亏了吗，**有浮亏就不加仓，无论我判断对错**。就是有浮盈才有资格加仓，先别说你的理论好不好使。如果你认为方向是对的，可以等有浮盈再慢慢加，而不是跌下来，咱们觉得捡个便宜货继续加，为什么？期货是杠杆交易，还没等太阳出来，你可能就死在里面了，经常会发生这种事。

问37：我们做商品趋势投资，如果说是单子不对，就会亏钱。那么我们怎么去判断这个单子错了呢？错了是不是马上就平掉，还是再等等？对的单子要怎么退出？因为对的单子有可能涨20%、30%，如果不平，还可能会涨40%。

梁瑞安：首先说这个止损问题，**止损其实是一个很傻瓜的系统，机械式系统，就是说累计亏了多少钱，到了位置，一刀砍，毫不犹豫，**无论你原来推导多么完美，那是推导，事实上你已经赔钱了，要砍掉，这叫止损。

止盈我稍微宽一点，毕竟挣钱了，浮盈加仓我可能还用三个月、六个月。如果我看好的那些条件，12345还在的话，我就拿着。假如条件少掉两个了，我可能平一半。可能四个、五个条件没了，就全平了。其实**我不是根据我挣多少钱来平仓，而是根据整个基本面的条件，所有做多的条件还在，我就拿着。**

问38：您对套利也有深入研究，你以前是否经常做套利，现在还有没有做？如果做，做什么类型的套利？

梁瑞安：套利其实是我做商品期货的入门方式，2002年北大毕业，我就开始做套利，天天套利，埋头套利，也蛮有意思，辛辛苦苦套一年，大概能赚百分之二三十。2006年，我到上海之后，学会了做单边，我当时觉得单边特别好，抓住了时代，因为这个时代会造成大宗商品严重失衡，里面有很大的机会。2012年的时候，我用大杠杆来做交易。

所以，套利是我的看家本领，我做得比较多的是跨期套利，比如做中短线套利来平滑收益曲线。跨期背后也主要看供需关系，比如进口盈亏、库存的变化和升贴水变化。这些背后都反映供需，我根据这些消息反过来做点短差，让收益更加平滑。**套利是我做期货资产管理的一个辅助手段。**

问39：您经常把做期货比作钓鱼，您觉得期货和钓鱼有什么相似性？

梁瑞安：我很喜欢钓鱼，从小学就开始钓鱼。我觉得**做投资和钓鱼都是经验活儿**，要钓到鱼，**首先要找到鱼多的地方**，做期货和做股票也一样，先**要找到赚钱机会多的地方。其次，还要有耐心**，比如钓鱼，你不可能一竿子下去就有鱼，可能需要等半小时、1个小时，钓越大的鱼就要越有耐心。其实我当时悟出这两者的相似之处，主要在期货止盈上，我以前做一个头寸可能做五到十倍杠杆，然后持有几个月，盈利有5倍到10倍。那么怎么出场止盈？很多人只要资金翻倍就觉得发财了，赚两倍就很满意了，我不是这样的，我觉得这就像钓鱼，**钓越大的鱼，折腾的时间越长。**做铁矿石，我可以折腾21个月，因为钓一条鱼，一下就把它弄上岸，竿子是会断的，所以一定要收收放放，加仓减仓，折腾，这条大鱼才能捞上来。如果做期货大行情，没有这个过程，大鱼是捞不着的。我以前钓鱼，想一竿子把一条大鱼弄上岸，结果竿子断掉了，那一次后我发现，把一条大鱼弄上岸需要遛，需要时间，需要耐心。

问40：您曾经把期货分为七大派，消息派、政策派、阴谋派、跟风派、技术派、供需派、综合派。您本人属于哪一派？您觉得哪一派比较容易赚钱？哪一派比较容易亏钱？哪一派虽然容易赚钱，但也容易亏钱，大起大落？

梁瑞安：我本人肯定属于供需派，这是毋庸置疑的，我也认为，这一派比较容易成功。我觉得**以供需研究做商品交易的人赚钱的可能达20%以上。**至于哪一派比较容易失败，这不好说，我觉得其他几派都很容易遇到滑铁卢。至于大起大落，我觉得做期货都容易大起大落，听消息做交易会大起大落，以供需做交易也会大起大落，这取决于是否有科学的资金管理。

问41：就看大起的时候，能不能把钱留下？

梁瑞安：对，还有就是怎么样不大亏，我觉得**做期货最关键的是怎么控制亏损，不大亏。**段位高的投资者，就是赚大钱之后能拿出来。

问42：您觉得最好的方法是供需派，但是您也表示供需派的成功率只有20%左右。

梁瑞安：其实做期货的成功率就1%~5%，供需派的成功率高达20%已经很不错了。

关于基金

问 43：2017 年，您管理的基金产品在各个基金的宏观策略类排名上名列前茅，业绩比较好。2017 年您主要抓住了什么样的行情才有这么好的表现？

梁瑞安：2017 年是真正意义上的价值投资元年，应该是中国价值投资最好的一年。白马股涨得很好，我们都重仓在里面，所以给我们贡献了较好的收益。

问 44：您未来管理的产品，在股票、期货和固收这三方面上，资金是怎么分配的？

梁瑞安：我是这么规划的，股票机会多就多分配资金。期货因为是保证金交易，最多使用百分之二三十的保证金，剩下的现金可以配股票和固收。比如再过几年，股市很火爆，市盈率太高，我们就会大幅提升固收的资金比例。总体上还是要安全起见。

主持人：股市疯狂的时候，可能固收的利息会比较高。

梁瑞安：您说得没错，其实做投资，就是对收益率的追求，50 倍市盈率，我们收益 2%，那时候有些企业债收益可能在 12%、15%，我们就可以把资金拿去配企业债，不一定要配企业的股票。所以，我们的资金分配很灵活，可以投资股票，也可以投债。

问 45：现在市场上的基金经理很多，随便有人拿名片出来就是基金经理，有的甚至是全球基金经理。这么多的基金经理，您觉得怎样才是称职，并且是对得起投资者的基金经理？

梁瑞安：称职的基金经理得持续地给投资者创造价值，所以要看他足够长的历史记录，比如说一二十年，他都给投资者创造价值，我认为他就是称职的。

问 46：除了稳定盈利方面，在其他方面，比如人品、素质有哪些要求？

梁瑞安：第一，要理念端正。第二，要踏实做研究。第三，要有本事。本事指的是已经摸索出一套成熟的盈利模式。有了这三点，你就可以给客户创造价值了。

主持人：理念端正就是说这个人没问题，他努力做研究，他的赚钱的方法没问题。

梁瑞安：对，他已经摸索出了成熟的盈利模式，因为每个人的盈利方法不一样，可能有一千种、一百种。但是，他确定自己已经摸索出了一条长期正确的路，这样就可以给投资者赚钱了。

问 47：现在的私募机构比较多，您觉得哪些私募机构未来会被淘汰，哪些机构可能会长期胜出，持续发展？

梁瑞安：我觉得**目前私募发展刚开始，鱼龙混杂，五年后，可能会淘汰一半**，因为水平确实参差不齐。至于哪些机构能胜出？还是刚才谈到的，要理念端正，潜心研究，并且长期的业绩非常好。我们看别人怎么赚钱，就看他的逻辑，跟基金经理沟通半个小时，大概就知道他是怎么赚钱的，这个赚钱方式你是否认同，你认同，他可能就是好的基金经理。而且还要言行一致，有些人讲得很好，做又是另外一套，言行一致和理念匹配，这些都要对得上。

关于理念

问 48：前几天我又看了一遍您 2012—2017 年的交易随笔，大概有六万字，发现您是一个善于总结、精于学习、敢于判断的人。您经常写交易随笔的原因是什么？您在写的过程中是否自己也收获了一些东西？您希望别人用什么态度来看您的随笔？

梁瑞安：投资是个经验活儿，所以我整天看别人的传记，如巴菲特、索罗斯、彼得林奇有关的书籍。我发现很多人到了五六十岁会写回忆录。投资是我想做一生的事业，其实在 20 年前，我就想自己要成为什么样的人，因为看到索罗斯做空泰铢赚了很多钱，我的理想职业就是做一个投资家。到了 2012 年，我已经在期货股票行当混了十年，我想该写点东西了。所以，我一边交易，一边写，交易时候的思想火花我都能记录下来，若没有记录，二十年后我再回忆，可能味道变了。所以**我想把我整个投资人生的轨迹客观记录下来，定格在那一刻，永不改变。**我 2012 年怎么想，2013 年怎么想，未来回过头来看，可笑也好，英明也好，都无所谓，就是记录我的轨迹。

这对我有什么好处？我觉得如果我走歪了之后，我能找到记录，比如当时是怎么回事，每一波行情，我做三到六个月也好，21 个月也好，我边做边写，这样以后出点儿什么差错我还能检查，如果自身能力提高，我也会从文字里看到。

这几年移动互联网发达了，我就把自己写的交易随笔放在微博上，这是一个颠覆性的事情。如果放在十年或二十年前，我写的这些东西，只能放在抽屉里。我写的微博大家可以转发，可以评论，我大概知道，我的方向有没有错，我总结的东西有没有总结到本质，这对我自身是一个提高。然后，别人怎么看，我观察下来，大概有 1% 的人能看懂我写的东西，90% 的人可能看不懂，其实也没关系，我觉得这个东西本来就是写给自己的，别人如果是有缘人，分享给有缘人，他能看懂，我也挺开心的。所以，有时候我到全国各地交流，碰到看我写的东西的人，大家平时交流，也蛮有意思，以文会友。也许十年后，有二十万字了，我可以出本书，也当成自己投资人生的一个阶段性总结，给自己的一个礼物。

问 49：就您看来，不管是股票还是期货，但凡能做出大成就的人，有没有一两个明显的共同点？

梁瑞安：我觉得**这些成功者有几个共同点。第一，非常有思想。第二，眼光独到，能一眼看到事物的本质。第三，非常有魄力，敢想敢干。**

主持人：我在想，是不是有很多人第一和第二点都做到了，但是第三点不够，所以只能持续赚小钱。

梁瑞安：您说得没错，做投资，有魄力，敢想敢干很重要。很多人事后诸葛亮，懂理论的人很多，号称有思想的人也很多，但是真正能做大的还真没有几个，凤毛麟角。所以**我见过能做大事的，挣几百倍、几千倍甚至上万倍的人都是敢想敢干的。首先要敢想，而且要对，一眼看到事物本质。**

问50：您说过一句话，“别人做多做空其实我不太关注”，那么您跟他们交流的时候主要是关注什么信息？

梁瑞安：做多做空是别人的结论，**我不喜欢关注别人的结论，我喜欢关注他推导出这个结论的逻辑或论据。**他跟我讲123，这123我很感兴趣，我会想到底是否成立，另外这个123的排序对不对，所以，我会重新再过一遍，重新梳理数据，然后得出自己的结论。别人的结论我是不看的，最关键的是自己认为是做多还是做空，是不是要重仓。

主持人：就像同样看螺纹钢的价格，有人把钢厂放在第一位，有人把原料放在第一位，有人把政府的政策放在第一位，123去排列。不同的排列导致的结果可能完全不同。

梁瑞安：对，所以**一定要抓住主要矛盾才能看到本质。**

问51：您认为“大机会不常有，所以策略应该分散。但是，一旦发现大机会，应该马上踢掉中小机会，集中去投这个大机会。”关键问题是，像我这样的普通人，我们不知道大机会什么时候来，所以什么时候分散，什么时候集中，我们很难搞清楚。您这方面能不能跟我们分享一下？

梁瑞安：**策略分散是一种中庸策略，最后也只会得到平庸的业绩，**所以我不太喜欢分散。平时，如果找不到大机会，我就分散回避风险，一旦发生大机会，就把中小策略平掉，全力以赴把精力都投入到大机会上。**怎么发现大机会？商品期货供需严重失衡的时候，一定会产生大机会。**比如2012年，大豆南美减产了，北美播种的时候碰到百年干旱，这个干旱要影响多少产量，马上通过历史模型看，所以这就是机会。百年干旱放在大家面前该怎么做？那就是重仓，这就是机会。

还有一个是铁矿石，2009年开始，澳洲、巴西开始投资新的铁矿，几年后什么时候集中投产，我们就重仓空它，这也是机会。很多机会需要我们谋划，像豆粕等品种，需要对机会的应变速度很快，因为它和天气一起出来，你无法预测，遇到百年干旱你就立刻做。铁矿石的产量是可以预测的，你2010年、2011年就能预测它什么时候投产，什么时候新产能第一船运出来，这些可预测，可预测的更容易做。

主持人：其实最终还是看研究的功底和研究的体系是否完善。

问 52：您也认为，“要关注长期，忽略短期，这样才会更加的富有。”那么关注长期主要关注什么，忽略短期必须忽略什么？

梁瑞安：其实这句话我是从其他投资家的语录里摘下来的，很有感触。主要运用在股票价值投资上。**为什么要关注长期？因为我们买一只股票等于买一个上市公司，**买一个上市公司你就要思考这个公司未来三五十年的命运，至少要思考一二十年，不然我们买一个公司做什么？所以要关注长期。很多分析师天天跟你说三季度业绩、四季度业绩，一会儿超预期，一会儿不足预期，这是短期。

短期的东西我现在不听了，因为我们 DCF 模型就研究未来自由现金流，比如这个企业能永续百年，未来百年自由现金流贴现等于今天股价的估值，如果我们的眼睛总盯着明年、后年，这叫短视，**我不太谈短视的东西。我们谈五年后，十年后会怎么样，**我们从常识、从定性讨论，所以我对短期的数据要求不高。这句话用在期货上怎么看？比如**期货我总想做三个月、六个月，**你天天跟我说，今天下午螺纹钢收盘价多少，我可能关心不多，我主要关心螺纹钢三个月是不是供不应求，六个月是不是供不应求，如果总关心今天的库存涨跌，这叫短期。**不管做商品也好，股票也好，我比较倾向于关注长期的因素，这才是我们做中长线的法宝。**

问 53：2014 年 4 月份，您说过这句话，“我是一个长线交易者，一直很厌恶波动，但波动又客观存在，所以从今往后，我要主动拥抱波动，利用波动。”我们想问一下，要如何利用波动？是不是用顺大势，逆小势的方式去建仓或者加仓？

梁瑞安：这个波动要怎么处理也是我做期货十几年来一直没解决的问题，后来是通过加减仓，顺大势、逆小势的方式来做。就是有一部分仓位冲上去，我可能会见好就收，有时候被打得难受了就再买点，但一定要顺大势的方向。比如说看多我就只做多，冲高了再减掉。**主要是加仓、减仓，还有就是用另一个策略来配合，即做一些跨期套利，**通过一两天、三五天这种周转很快的跨期多赚点钱，平滑曲线。但是，做下来我发现效果其实也不是很理想，**主要还是得通过大趋势赚钱，锦上添花的东西对我来说并没有什么成就感。**可能我在这上面花了百分之七八十的时间，但却只赚到10%的钱，性价比并不高。

问54：您曾多次提到过，“将军赶路，不追小兔”。第一次听到这句话的时候我就眼前一亮，记在了自己的笔记本上，后来又多次在您的随笔中看到这句话，您能否为我们诠释一下这句话的意思？

梁瑞安：这句话其实不是我总结的，是我的一个北大校友，在和我打羽毛球的时候说我的交易风格可以用八个字来总结，就是“将军赶路，不追小兔”。我觉得这句话说得很妙，后来就找了一个书法家将其写下来，挂在了自己的办公室里。这几个字要怎么理解呢？**“将军赶路”里的“赶路”指我对财富稳定增长的追求；“不追小兔”中的“小兔”则主要指小机会，抓小机会会浪费你的精力。**

我们可以从三个层面来讲小机会。首先是交易周期的层面，我也做过短线，当时做短线套利也曾一个月挣百分之十几，但后来还是果断放弃了。因为我觉得天天盯着盘做，虽然挣了钱，但是人很空虚，我应该用一个月的时间来发现一个大机会，让我的财富翻倍，于是就放弃了短线。**后来我做了一个策略，还真把财富翻了几倍，从此我就基本不碰短线了。**当时我就觉得，凡是让我经常操作的东西我都不想做了。

其次是品种切换层面，**有些人熟悉农产品就天天做农产品，我不这样。**比如我做了几个月农产品，收益翻了几倍，后面我就不会做它了，为什么？因为老天爷给的机会都是十年一遇、百年一遇的，未来两年可能就只是小机会了，天天守在那里也没有什么用。你不能说一段时间挣了大钱就天天猫在里面，我不会这样，小的机会我就直接不做了。我那时候在微博上说，我五年不做这个东西了，我不做就是意味着没有大做，有时候会娱乐性地小做一下。我品种切换比较快，比如我某一年做多豆粕，下一年可能就空植物油，空完植物油做菜粕，做完菜粕又空铁矿石，空完铁矿石，中间有浮盈又马上买股指，股指平仓之后又空铝，**在品种的选择上，我是不断切换的。**我就想抓住大机会，小机会就不要了。

第三个层面是市场的切换。2002—2015 年，我主要做期货，但是 2015 年以后，我觉得机会应该在股票，就把主要精力放在了股票上，这也是一种切换。**老是做小机会，业绩哪儿来？我们做资管的目标就是赚钱，不是对什么熟悉就做什么。**我 2001 年开始做股票，2002 年才开始做期货，我家里的书只有几本是期货的，剩下的都是股票的，为什么？我觉得股票需要不断学习，期货主要就是供需，咱们数来数去已经数了十几年了，已经很清晰了，不会有什么大花样。我需要在更大的市场里学习、交易，让委托的资产稳健增长。

主持人：这就需要敢于判断不同品种和不同领域的机会。

梁瑞安：我觉得根据我们的理念，长期来看，在期货和股票两个市场中其实都是能找到大机会的。**有时候，三五分钟就可以看出来的就是大机会，**不需要开会讨论，开会研究一两个小时我不太爱听，特别是有争论性的都不会是大机会。**大机会一般都只需要三句话就能讲清楚的，扯上一两个小时说不清楚的绝对不能做。**

问 55：您前面提到会稍微做一点短期的套利，现在还做吗？

梁瑞安：主要还是做中长线趋势，短线做得很少很少，有时候遇到很明显的机会会做一点。套利是没有门槛的，任何人培训一个月都会懂什么是套利。人人都懂的东西我不太喜欢玩，但是实在看不过眼了也会进场做一下。

问 56：是不是人人都懂的东西您就觉得不够刺激？

梁瑞安：在我看来，**人人都懂的东西是没有壁垒的，如果你长期待在里面，业绩一定很平庸，**我想做一些大家看不懂的盈利模式。就像大家都知道把钱存银行会有利息，所以大家都会去存银行，这里面的收益就很薄。**要想在一个行业里做出与众不同的成绩，理念和方法也一定要与众不同。**人人都做金属内外套，我做不做？坚决不做。为什么？本科毕业生就可以做的东西我们来做并不存在什么优势。人家天天盯夜盘，你能盯吗？那是比体力，不是比脑力，当然不做，对吧？那 200 元钱一股的茅台，咱们比比脑力，我觉得五年后会涨到多少，那样的能力我就拥有，这是刚毕业的人做不了的事。咱们要做自己有优势的事，**想得远一点，我觉得要想得越远越好。**

我经常想，我做的东西有多少人懂，如果有很多人懂，今后就不做了。人人都懂，那我们还挣什么钱，对不对？

问 57：您也说过，“这个期货市场上赚大钱的人，90% 是猛干几年冲出来的，很少是通过稳定的复利来实现的”，这是不是意味着做期货要实现长期稳定的复利是不可能的，做阶段性的暴利反而更容易？

梁瑞安：期货是可以实现长期稳定复利的，比如说肖国平先生就是长期稳定的。但是有几个人能学会呢？这是凤毛麟角的。**期货不是不可以长期稳定复利，而是不合适，为什么？因为性价比不高。**收益率增加百分之二三十人却累个半死。我们去股市里边买个优秀的上市公司拿五年八年，每年也有二三十的收益。人家一动不动，而我天天日盘夜盘地盯，也只挣二三十，性价比太低。所以在期货里边，我真的不适合做长期稳定复利。期货怎么做？期货是有杠杆的，要做就是图暴利，不图暴利就不要做了。一波赚几倍，然后歇一段时间再找另一波行情，我觉得这才是做期货最好的方式。

另外，我觉得**暴利不一定是可复制的**。有些人取得暴利只是赌对了，可他自个儿认为是自个儿的能力，但客观来说是靠运气，这些在以后都是不可复制的，甚至还会赔回去。有些高手是看对了，重仓以后也押对了，这是可复制的，因为他自个儿明白这个钱是怎么赚的，就不会再赔回去。所以，暴利就算结果好了也是凤毛麟角，这就是期货。

关于人生和时代

问 58：您爱好摄影，也十分喜欢旅游，我经常关注您的朋友圈，有时候也会给您点赞，请问摄影和旅游给您带来了怎样的乐趣？您本人又向往着什么样的生活状态？

梁瑞安：我在二十年前上大学的时候就喜欢上了摄影和旅游，假期里都会到处走走。当时我还有个海鸥相机，拍黑白照，然后自个儿冲洗出来。我喜欢到处去看一些精彩的东西然后将其记录下来与大家分享。

我为什么喜欢旅游？我觉得**人生其实蛮短暂的，咱们来到这个世界，就**

要对其有所认识。后来我发现，以后如果做投资实现财务自由就可以有时间环球旅行。现在做了股票，我可以去别的国家到处看看，深入了解他们的历史文化，体验当地老百姓的生活，然后再回过头来与中国进行比较。**我可以从中发现中国在全球的定位是怎么样的，中国目前又存在着哪些机会，这也能使我更坚定地看好中国。**

问 59：近几个月来，您多次在公开和私下的交流中明确表示非常看好中国，认为中国目前正处在一个伟大的时代。那么请问，您觉得我们正处在一个怎样的伟大时代？

梁瑞安：这几年确实出国看过一些国家，澳洲、欧洲、日本、东南亚等国，**我发现整个世界中经济最有活力的国家还是中国。**我今天从上海过来（到杭州），坐高铁只用了一个小时，这在十年前怎么敢想象，以前开车也要几个小时。所以说，中国通过将近 40 年的改革开放，让老百姓的生活发生了巨变。**20 世纪 80 年代我们是解决吃的问题，90 年代是解决穿的问题，21 世纪前十年解决住房问题，到了最近十年，则进入了信息化的时代，给我们的生活带来革命性的变化。**想要什么商品，只需要手机上点一点，可能不到 24 小时就可以送到家。这些都得益于智能手机以及在线支付的发展。我们现在在线交易是全球第一，是处于领先地位的，很多人可能都是身在福中不知福。我们应该客观看待整个信息革命时代，中国的基础设施，像高速公路、高铁等都是排世界第一的。这些年物流网络以及电信网络的发展加速了各行业的企业创新。今天的企业和十年前是不一样的，现今企业的效率提升非常快，包括管理效率和供应链效率等。我们可以发现，很多行业的龙头都已经在出业绩了。

我自个儿感觉，**我们现在正站在一个伟大时代的开端，未来三十年，一定是中国的盛世。**如果在这个盛世我们没有识别它，就是辜负了这个时代，所以我投资中国。**我是比较热血沸腾的，每天起来都会觉得现在这个时代的机会太好了。一旦人人都想到这一点，股市就是大牛市，**然后可能用五年时间透支未来三十年。你一定要在这五年里边做进去才能享受到未来几十年的红利。很多股票二十多倍、三十倍的市盈率你不买，等一疯癫的时候，就五六十倍了，那时候你想要买，等你 60 倍的时候刚冲进去就被套一年，为什么？这就是二级市场的规律。但是这个时代的伟大是确定的，未来二三十年一定是中国盛世。**你要做的就是找各行业的龙头，然后在里边享受中国这个盛世给你带来的红利。**

问 60：是不是要相信政府，相信党？

梁瑞安：我是非常相信政府，非常相信党的。改革开放几十年来，在党的带领下，中国经济出现了奇迹般地增长，而且这几年的切换也很顺利，从**高速度增长变成高质量增长，这是非常伟大的。**

问 61：可不可以这么说，世界上能干成这么伟大的事情的，也就只有中国？

梁瑞安：可以这么说，我现在真找不到第二个国家可以做到这样。我透露一个数据，在海外留学以后回国的人数大概有 260 万，其中有 70% 是最近五年回来的。他们出去走了一圈以后发现还是中国好，所以又回来了。这个数据让我很震惊，但同时也让我感觉到中国非常有希望。

主持人：所以拥抱中国就是能拥抱未来。

梁瑞安：对，而且要非常坚决，毫不犹豫，慢了就是后知后觉，我估计 2019 年可能就是后知后觉。我们在 2015 年年底的时候想明白了这个问题。

问 62：如果站在今天回顾十年前，我们可以说没买房子的人会后悔，买了房子的人则不会后悔。那么，假设我们站在十年后回顾今天，没做什么事情会后悔？

梁瑞安：十年以后回看现在，如果你没在 2017 年、2018 年买中国的股票，一定会后悔，因为你错过了一个伟大的时代。这个伟大的时代反映到 A 股里面可能就是未来三五年的大牛市。

问 63：能否和我们说一下应该买哪些类型？

梁瑞安：各行各业的龙头，比如**消费**、**高端制造**等。中国将从制造大国变成制造强国，这里面一定会出现很伟大的公司。还有就是前面讲到的**科技**、**新能源**、**医药**等。

傅海棠

- ✧ 真正的价值投资就是低于成本，越低于成本越有价值，就是范蠡说的“贱取如珠玉，贵出如粪土”
- ✧ 中国崛起的原因，说一千道一万，就是有一个强大的政府走着一条正确的道路
- ✧ 除了战争和自然灾害，任何经济萧条，都源于通货紧缩
- ✧ 马化腾的微信都是我们在用，宗庆后的娃哈哈都是大众在喝

傅海棠

东方经济学理论体系创立者

鹤翔大宗商品贸易有限责任公司、智博商品信息咨询有限公司董事长

拥有最纯粹、最朴素的经济学思想和投资逻辑。有“朴素哲学家”的称谓，对中国崛起的奥秘有深入的剖析，对经济的研究独树一帜，对“劳动创造财富”的财富论有深刻的见解。

是国内投资界的传奇人物，深谙大宗商品供求法则。不看任何技术图表、不做任何技术分析，倡导和实践产业调研、基本面分析，用“天道”思想理解分析市场、指导操作方向和节奏。2000 年进入期货市场，2009 年到 2016 年在期货市场实现 5 万到 10 亿的投资回报。

傅海棠：世界经济第三次腾飞，中国模式适合全球

（2018 年 2 月 5 日　张婧雯、沈良访谈整理）

精彩观点：

一切经济的核心和本质就是围绕生产财富去进行。

导致经济危机的原因，第一是货币，第二是政策。经济萧条的主要原因就是通货紧缩。

不懂经济就不能很好地投资，投资也是经济的一部分。

经济学也属于哲学的范畴，经济学和管理学都是哲学。

中国崛起的奥秘就在于四个支柱、一个核心。四大支柱为：强大的政府、正确的道路、勤劳的人民、自主的货币，一个核心为：劳动创造财富。其中的关键点是，要有一个良好的“劳动创造财富”的环境；而首要的因素则是要有一个强大的政府。

这条道路是否有利于劳动者创造财富、拥有财富，从而有效改善劳动者的生活条件，实现劳动者对美好生活的向往和追求。

中国走的这条路符合任何国家，不管是资本主义还是社会主义，全面符合。

西方经济学的漏洞是较多的。按照西方经济学的假设前提，经济学就变成了“动物经济学”，我们要研究的是“人的经济学”。

西方经济学经常用片面的、错误的规律推导结论，用不合理的、错误的假设推导因果。

传统西方经济学最大的问题就是认为要对市场的“放任自流”，要“小政府，大市场”。

管理出效率，政府的有效管理才能让市场效率更高、运行更健康。政府的管理是“纲”，市场是“目”，纲举则目张。我们要的应该是“大政府，大市场”。

中国崛起的原因，说一千道一万，就是有一个强大的政府走着一条正确的道路。没有这个前提，其他一切都是白搭。

大海航行靠舵手，汽车运行靠司机。

长远来看，有利于财富（物质财富和精神财富）创造的经济措施，都是对的；阻碍财富创造的措施，都是错的。

中国特色的市场经济是政府有效管理下的市场经济。

市场不是万能的，而政府的管理是有效的。市场不能解决所有的问题，而政府能，政府没有解决不了的问题。

财富是劳动者的有效劳动创造的。财富的本源不是货币，而是生产和创造，是劳动。

工作有分类，劳动无贵贱。

不管是脑力劳动还是体力劳动，只要是有效的劳动，都创造价值，创造物质财富和精神财富。

货币的本质是政府信用支持的劳动凭证。货币的核心功能是促进财富的创造。

货币是经济的血液，货币是发展的命脉。

货币是一切经济活动的总轴，货币是一切财富的容器。

历史早已证明，除了战争和自然灾害，任何经济萧条，都源于通货紧缩。

通过货币政策和财政政策的调节熨平经济周期，维持经济繁荣。

经济“过热”时的正确选项是扩大生产满足需求，让加速的经济列车保持高速，而不是一棍子打死让经济降速变成萧条。

我对全球经济的看法还是很乐观的，尤其对我们中国经济的看法更乐观。

中国经济不可能走不动，增长动力还是在制造业，只有制造业是最接地气的。

新时代就有新事物，就有新需求，提前布局的人，例如马云、马化腾，就属于新时代最受益的一批人。

在各行各业里面，通过创新，让消费者获得水平更高、质量更高、速度更快的服务，这样的人就会获得新时代的奖励。

目前来讲，中国财富总量远远超过美国，只是在统计上，表现为美国第一大，中国第二大。

在中国的钱都是中国人民的，钱投出去发展生产，最终还是人民受益。

中国模式在全球全面覆盖。中国模式是未来全球经济发展的标杆。

布局不可再生资源，逢低就买进肯定是有机会的，当然，要找到那个低点。

高端加上生产量受限，这样的行业不是太多。

能够提高行业效率的企业也会不断发展壮大。

伟大的企业就是为社会创造价值最多的企业。

华为、腾讯是伟大的企业，中国中车、中国银行、工商银行这些也是伟大的企业，是伟大的国家管理之下的伟大的企业。

为社会多创造财富的企业家是最伟大的企业家，把自己本身的企业做大利润的企业家是第二伟大的企业家。

企业壮大是自己人生价值的体现，创造的财富不是他们自己在消费，而是社会在消费。马化腾的微信都是我们在用，宗庆后的娃哈哈都是大众在喝。

房子的数量不够，供不应求，所以价格才比较高。

各种商品的价格，买不起的原因表面看好像是因为价格高，其实背后的核心原因是生产量不足。

如果不建设这么多房子，无房可买，我们的存款有何用处？

土地是最大的财富、最基础的财富，土地公有，就是人人有份，土地增值带来的好处全民共享。

市场运动遵循天道规律，价格趋势源于供求动力，在我看来，供求决定价格波动是交易中的核心和本质。

是行情决定了技术怎么走，而不是技术决定行情怎么走，行情怎么走的背后的真正原因就是供求。

我盯盘的时间很少，更多的是去实体企业、田间地头做调研，也会和大型贸易商交流。

“台上三分钟，台下十年功”，交易是很快就能完成的，重要的是自己在背后花的功夫。

现在一般都是交易所组织调研，联系企业，组成一个团过去。

如果不能精准出击，就采取轻仓的策略。

右侧交易就意味着你已经失去了最好的价位。

我一般都比较喜欢做长期机会。

如果期货贴水幅度相对比较大，而现货不但不继续下跌，反而拐头向上涨，出现买货难的情况，像这样的商品就值得重仓去做。

我现在主要做铁矿和豆粕，打算长期做多持有三年。

期货市场在不断变化，唯一不变的就是供求决定价格波动。

真正的价值投资就是低于成本，越低于成本越有价值。所谓价值，就是价格值不值。

现在很多人把具备投资价值说成价值投资了，其实这是错的。真正的价值投资其实就是范蠡说的“贱取如珠玉，贵出如粪土”。

商品的价格是在成本基础上再结合供需的反映。

特朗普的减税会对未来的需求直接产生影响。

短周期还不太好说，中长周期看，农产品板块上涨的概率会比较大。

我为什么说要逢低做多？因为牛市比较好确定，历史上从来都有底没有顶。

长期看，中国的股市，尤其大盘蓝筹往上涨几乎是毫无疑问的，当然短期的波动还是不好判断。

未来如果我发现某些股票有价值，拿个一两年甚至十几年都是有可能的。

资源型、生产制造型中市盈率比较低的企业的价值还是比较大的，如钢铁、煤炭等。

短期内我还没有进入股市的计划。

蓝筹本来就是好股票，市盈率低，企业又稳定，如果是我也会投资这些股票。

关于《中国崛起的奥秘——财富论》

问 1：傅总您好，感谢您和我们进行深入对话，您的著作《中国崛起的奥秘——财富论》即将出版，这是一本关于经济学的著作，您是做投资的，为什么会想到出一本经济学的书？

傅海棠：虽然我没有专门进修过经济学的课程，可是我隔三岔五也会听到或者看到一些经济学家对经济的看法。我觉得很多人的观点不太接地气，偏离了真正的经济学本质和核心，他们根本就没有理解什么是正确的经济学。

所谓发展经济就是要发展生产，生产财富，保障人民的生活，提高人民的生活水平，建设强大的国家。这样一来，**经济发展的核心和本质就是围绕生产财富去进行。**怎样采取措施和想尽一切办法保证正常生产和快速生产，提高生产力，解决生产过程中出现的矛盾和问题是经济发展中的关键。政府可以通过采取针对性的措施促进生产的正常进行。

目前主流的传统经济学认为经济存在周期性规律，繁荣之后必然走向萧条，我觉得这个不太靠谱。这就好比说如果我们种地的时候遇到干旱就必然要旱死。这叫什么？不破不立，推倒了重来。犹如无稽之谈。**天不下雨我们就浇水来保证农作物的正常生长和高产；雨下多了我们就排涝；风刮大了我们就把农作物扶起来。**我们采取的一切措施就是要保证农作物的丰产和高产，最好是年年丰收，多点粮食，保障大家的吃饭、穿衣问题。经济也是一样的道理，出现了问题以后我们要做的是想办法去解决它。

问 2：您对经济的这一套总结就是通过种田、贸易等一些平时生活的积累得出的吗？

傅海棠：对，**我们要从本质和根上去看待和研究问题，不要飘在半空中，或者因为结果而找结果。**要找到原因，明白到底是什么原因导致了这个结果。我举个农作物的例子，比如说玉米第一年产量八百斤，第二年八百斤，第三年八百斤，突然有第四年变成了五百斤，然后发生危机了。你不要以前几年的结果来推导后面一定会发生危机，这就大错特错了。你要找到为什么玉米前面连续三年的产量都是八百斤，后面突然变成五百斤的原因。如果说后续又出现了导致产量变成五百斤的原因，那我们就采取措施，让玉米的产量恢复到正常水平，这样经济就稳健了。

问 3：您举的玉米的例子是一个很小的点，我们的世界经济体系相对来说更大、更复杂，那以小去概括这么大的东西会不会不全面？

傅海棠：这个没有以小概大，只是为了说明问题举的例子。世界经济体系虽然很大，不过它也有原理。主要原理，像经济的问题就主要出在货币上。**导致经济危机的原因，第一是货币，第二是政策。经济萧条的主要原因就是通货紧缩。**知道因为通货紧缩导致经济萧条，以后就好办了，那就对症下药，采取相对宽松的货币政策，并且把钱投向生产端，经济马上就会繁荣起来。欧洲央行采取了宽松的货币政策以后，欧洲经济的复苏就超出了预期；美国现在的经济也不错，其实就是从奥巴马在任的末期就采取了货币宽松的措施。

问 4：农民、商人、投资家、哲学家、作家、经济学家，这些身份标签中您本人最认同哪一个或哪几个？为什么？

傅海棠：**我个人最认同的身份是经济学家，因为经济是一切问题的根本，比如投资，不懂经济就不能很好地投资，投资也是经济的一部分，包括商人的经商也是经济的一部分。**我主要做投资，不是专门从事哲学研究的，其实**经济学也属于哲学的范畴，经济学和管理学都是哲学。**

主持人：您对经济的敏感性特别高。

傅海棠：**我的敏感性是对症下药，要明白什么政策导致什么结果。**

问 5：您是否有总结，政策出来后，一般多久能反映到行情中？

傅海棠：期货市场很快，股票市场稍微慢一点，因为股票的周期比较长，一点一点往上涨，盘中看着很慢，拉出图形来看，一直在上涨。**我觉得要做蓝筹，不要买小盘股，一买就上当。**

问 6：对中国崛起的原因，众说纷纭。就您看来，中国崛起的奥秘是什么？

傅海棠：就我的切身体会和研究而言，**中国崛起的奥秘就在于四个支柱、一个核心。四大支柱为：强大的政府、正确的道路、勤劳的人民、自主的货币，一个核心为：劳动创造财富。**

简单来说，就是在强大政府领导下，选择了正确的道路，通过自主发行和调控货币等手段，激励人民高效劳动，使市场效率大大提高，由此创造的财富越来越多。

其中的关键点是，要有一个良好的“劳动创造财富”的环境；而首要的因素则是要有一个强大的政府，有了强大的政府才能让四个支柱中其他三个支柱成立，才能创造人民安居乐业、积极劳动创富、不断提高效率的环境。

那么什么样的发展路径才是正确的道路呢？我们或许可以有很多指标判断道路选择的正确性，而其核心指标必然是：**这条道路是否有利于劳动者创造财富、拥有财富，从而有效改善劳动者生活条件，实现劳动者对美好生活的向往和追求**。进一步分解，则包括政治上是否有利于高效正确的决策并予以执行，经济上是否有效地进行宏观规划和调控市场、微观上是否有利于企业和个人发挥劳动积极性。只要能高效决策，政府的形成模式就不那么重要。只要能对市场进行规划和调控，就比放任自流要好。只要全体人民是在辛勤劳动创造财富，国家崛起就有了希望。

问7：您觉得中国走的这条路，其他国家能否借鉴？

傅海棠：中国走的这条路符合任何国家，不管是资本主义还是社会主义，全面符合。中国的这条道路追寻了市场经济的原则，当然，有些经济学家不认可，认为我们不是市场经济。他们所认为的市场经济是没有政府管理的经济体，其实**世界各个国家对经济都有管理，只是管理的方式方法和管理的措施、力度不同**。这也是主流经济发展的一个误区。

问8：我们发现《中国崛起的奥秘——财富论》一书中，对传统西方经济学多有批判，您觉得传统西方经济学有哪些明显的漏洞？

傅海棠：西方经济学的漏洞是较多的，比如西方经济学有几个假设前提：理性人假设、自我利益最大化假设、信息完全假设、市场出清假设等，这些假设前提都不是真实的、不是确定的，和现实不相符的。**按照西方经济学的假设前提，经济学就变成了“动物经济学”，我们要研究的是“人的经济学”**，“动物经济学”显然不能指导和解释人的经济世界。

西方经济学经常用片面的、错误的规律推导结论，用不合理的、错误的

假设推导因果。因采取错误的经济措施而导致的结果，却当成了“经济规律”，还认为那是客观规律、是必然，那就大错特错了。**根本没有找到本质规律、本质原因。**研究经济学的方法，应是先找到本质原因，再推导结果。

西方经济学的分析方法，常把错误的观念当成必然的前提。比如西方经济学认为经济的兴衰周期是必然的，认为繁荣之后必然萧条，认为萧条是不可避免的，然后以这样的前提去研究经济学，非要找一切的原因和说辞去对应这个前提，去分析和预测经济，制定经济政策，指导经济活动，当然难有好的结果。由此指导经济，采取的措施往往是放任自流、引发危机、带来萧条，而不是对经济加强管理，根据经济发展过程中出现的问题和矛盾，辨证施治、对症下药地采取措施，预防危机、维持繁荣。

西方经济学认为经济周期必然循环，经济危机不可避免。谁说周期是必然的？现在冬天都能吃上新鲜水果和蔬菜了，说明某些自然周期都可改变，更何况所谓的经济繁荣和萧条周期是因为人的参与而产生的。过去所谓的经济周期是因为不恰当的货币政策和财政政策造成的，经济萧条开始于货币紧缩、经济繁荣源于货币宽松，知道了原因，就能对症下药，解决问题。

西方经济学理论预测经济经常南辕北辙、啼笑皆非，一次次地出现错误，这说明西方经济学理论用来研究和预测经济的指标、公式、理论本来就是错的，如果是对的，那为什么预测的结论经常是错的呢？

传统西方经济学最大的问题就是认为要对市场的“放任自流”，要“小政府，大市场”，市场出了问题，政府不要管，最好让市场的参与者自生自灭，死了重新来过。这明显是有问题的，**管理出效率，政府的有效管理才能让市场效率更高、运行更健康。政府的管理是“纲”，市场是“目”，纲举则目张。我们要的应该是“大政府，大市场”。**

西方经济学非但不能指导中国经济，就算用来指导西方经济也未必行得通。近二十年西方各国经济停滞不前，与西方经济学理论没有突破是有关系的。不能指导经济发展的经济学，就是无效的、无用的，甚至对经济还是有害的。

种庄稼的道理很简单：旱了浇水，涝了排水，有虫要用药，有稗草要除掉，这才能保证丰收。自己家的孩子，大家都知道好好培养。饿了给他饭吃，从来没有说饿了就要让他挨饿！病了要给他治疗，从来没说病了就让他自己痊愈而不去看医生。奇怪的是，很多人说经济坏掉了，就要让它自行修复，或者让它自己烂掉也好，烂掉之后就好了，这叫不破不立。天下哪有这样的道理？难道你的孩子生病了，就要让他病死算了？人生病要治，而经济生病却要放任？这是哪门子经济学理论！

我们为什么要研究经济学呢？当然是为了促进经济发展，解决经济问题，使经济平稳、快速、健康、高效地发展。

问9：较多专家、学者认为“政府”不应该管“市场”，而您认为应该“在政府的有效管理下进行市场竞争”，并且认为“强大的政府是一国经济发展的第一要素”。您为何如此看重政府的作用？

傅海棠：中国崛起的原因，说一千道一万，就是有一个强大的政府走着一条正确的道路。没有这个前提，其他一切都是白搭。我们已经在正确的道路上走了几十年，即便按照惯性去发展，也会越来越好。

其实中国是这样，外国也是这样，如果没有强大的政府作保障，根本不可能有英美国家的所谓崛起。它们自己依靠强大的政府崛起了，却告诉其他国家“政府没什么用，市场才是最伟大的”，这要么是真的不懂，要么是故意糊弄人。

大海航行靠舵手，汽车运行靠司机。没有舵手的轮船怎么航行？没有司机的汽车怎么前进？车子不会自己跑，经济不会自动好。万事俱备，还欠东风。而经济发展的东风，只能是那个开车的人。在经济运行的这辆车上、这艘船上，开车的人是谁，掌舵的人是谁呢？翻遍西方经济学的典籍，也找不到答案。

有了强大的政府，才有经济的发展。正如有了好的企业家，才有企业的发展；有了好的老师，才有孩子更好的学习和成长；有了韩信将兵，才有百战百胜；有了高水平的农田管理者，才有粮食的连年大丰收、高产稳产；有了袁隆平，才有杂交水稻的诞生，才有水稻单产的大幅提高……

一切经济发展的要素，都是在强大政府的组织、管理、协调、规划之下，才能发挥出各要素的功能和效率。所以**强大的政府是一切经济发展要**

素的首要要素，有了强大的政府，才有国泰民安、安居乐业，国家稳定了、社会安定了，一国才能打造一个劳动创造财富的良好环境，才能把主要精力和资源投入到经济发展的事业上。也只有在强大政府的有效管理之下，市场才能有序和高效运行，离开了政府的有效管理，市场将变得无序和低效。

我们并不否认经济增长的过程中需要有资源、劳动、资本、技术和制度，但有了这些要素，却未必就能带来经济的增长。还需要一位技艺高超的大师傅——强大的政府来整合、协调、管理、调度这些要素，才能实现这些要素作用的倍乘效应。

问 10：政府管理市场的“目的”应如何设定？就是说，如何评价政府是管好了市场，还是没管好？

傅海棠：政府管理市场的目的在于提高市场运行效率，让经济健康发展，让劳动者创造和拥有更多财富。评判一个国家经济好坏的标准，是经济是否平稳健康快速发展、是否实现了国泰民安。而评判国家强弱的标准，则是财富的多寡。社会创造的财富越多，国家就越强大、社会就越安定、政治就越能清明、民众生活和精神面貌也就越好，所谓仓廪实而知礼节，就是这个道理。反之，社会财富不足，老百姓衣不遮体、食不果腹，生活都无以为继，国家就不会富强、人民就不会富有，社会就不会安定。**长远来看，有利于财富（物质财富和精神财富）创造的经济措施，都是对的；阻碍财富创造的措施，都是错的。**

市场需要管理，需要呵护。**政府的管理是为了市场运行得更好，不是反市场。**政府管理是为了市场更高效、更稳定、更有活力、更好地发展，解决市场经济发展中的矛盾和问题。

其实，

市场这个体系的建立，是政府规划的。

市场这个体系的制度，是政府制定的。

市场这个体系的完善，是政府推进的。

市场这个体系的有效运行，是靠政府监督、指导、组织和调控的。

市场这个体系的效率，是政府管理出来的。

市场这个体系的维护，是靠政府完成的。

中国特色的市场经济是政府有效管理下的市场经济。

所谓“站得高，看得远”，需要有一定的高度，角度也要对。**所谓正确的高度和角度，是指应更多站在全体人民、国家和管理者的角度，而不是只站在个体的角度。**即不要时时处处仅仅算自己的家庭、企业的账目，而应该站在国家发展的高度来冷静看待社会现象。应从管理者的角度，全面、客观地谋求公利、谋求发展，而不是从个体的角度，片面、主观地谋求私利。

比如看待种地这件事，应站在玉米地管理者的角度，而不是一棵玉米的角度。管理者更多考虑的是整片玉米地的高产，尽量让每棵玉米都茁壮成长，而一棵玉米更多考虑的是自己长得好不好、如何长得比别的玉米好，希望浇水、施肥最好从自己这里开始，并且得到比别的玉米更多的水分和肥力。一棵玉米想的最好是自己多得一些好处，但管理者不可能满足每棵玉米的优先级需求和个性化需求。

实际上，一棵玉米好了，整片玉米地不一定会好，而只有整片玉米地好了，每一棵玉米才会好。玉米地的管理者要考虑水够、肥够、阳光充足，让每一棵玉米都得到水分、肥力和阳光，而至于具体哪一棵长得最好，则在考虑和满足每棵玉米基本需求的前提下，要看每一棵玉米的自己的努力和各棵玉米之间的公平竞争。

问 11：就您看来，有没有中国政府解决不了的问题？

傅海棠：市场不是万能的，而政府的管理是有效的。市场不能解决所有的问题，而政府能，政府没有解决不了的问题——如果水库的水源源不断，就不怕天旱。市场只能解决相互博弈、相对平衡的问题，付出惨痛的代价，形成兴衰周期的循环，但解决不了公平、效率和稳定的问题；政府的管理规划和有效干预则能让市场更公平、更高效、更稳定，并且保持良性发展，保持持续繁荣。

过去几十年的实践证明，中国政府对于经济的干预和管理，就是最好的经济学教科书。中国过去几十年的发展，与西方经济学理论关系不大，中国经济不是靠西方经济学理论，也不是靠哪一位经济学家的理论，而是在党的领导下依靠广大人民群众的辛勤劳动创造出来的，这就是新时代中国特色的社会主义理论体系。其中的经济理论是创造中国奇迹的关键因素。如果能总结出这一套理论，并将之系统化，就能进一步指导未来中国经济不断创造奇迹。

中国经济不会有大问题，我们不必担心，不管什么样的问题，都能解决，没有不能解决的问题，只有不想解决问题。**中国政府是伟大的，没有政府解决不了的问题。**

问 12：对“什么是财富”，您是如何定义的？财富从何而来？

傅海棠：财富是劳动者的有效劳动创造的。财富的本源不是货币，而是生产和创造，是劳动。对人类来说，有使用价值的物质、知识、服务、技术、文化都可以称为财富。

能满足人们衣食住行用等生活和生产需求的物质资料，是物质财富。这些财富，看得到摸得着，实实在在，让人心生满足感。

对个人来说，房子、车子、衣服、食品、家具以及各种用品，都是财富。而对国民来说，公路、桥梁、铁路、机场是财富，花园、广场、楼堂馆所也是财富，为方便人民生活的管网、电线、电缆和网络设施，也都是财富。

能促进物质财富生产有益的无形资产，是精神财富，包括文化制度、知识专利、文学影视作品，等等。媒体传播、体育娱乐等虽然不能直接促进财富生产，但它们起到了愉悦劳动者身心的作用，间接有利于未来的财富生产，也是精神财富。知识财富、服务财富、技术财富、文化财富都属于精神财富。

在这里，我们要特别注意，所谓的精神财富，是有前提条件的，就是它要能促进物质财富的生产，而不是损害这个生产过程。所以，**一切消极厌世的思想，无论外形多么华丽，都只是糟粕而不可能是财富。**比如，宣传虚无和末日的邪教，鼓励分裂和内乱的文化等。对人的精神和肉体产生损害的思想，也不是财富，甚至不能纳入文化的范畴。

问 13：是否只有工人和农民在创造财富？商人、企业家、科学家是否创造财富？

傅海棠：无论是种地的农民，工厂上班的工人，还是企业的管理者、商人、科研人员、文化工作者、国家工作人员等，他们全都是劳动者。

劳动分为两种：一种是体力劳动、一种是脑力劳动。随着经济的发展、科技的进步、效率的提高，很多原本需要人从事的体力劳动由机器替代或部分替代，这类机器如汽车、收割机、纺织机、挖掘机等；也有一些原本需要人从事的脑力劳动由机器替代或部分替代，这类机器如电脑、医疗仪器、智能手机等。机器的广泛应用和不断创新改良，使得人类的体力劳动和脑力劳动的效率大大提高，可以减少人类直接从事体力劳动的时间和数量，可以让更多的人从繁重的体力劳动转为相对轻松的体力劳动和脑力劳动，可以让脑力劳动的经济效应和社会效应几何级增长。

虽然工作分类不同，但**工作有分类，劳动无贵贱**，“三百六十行，行行出状元”，每个行业都在为社会做贡献，而且每个行业的人都可能取得很大的成就，所以我们不能贬低任何一个工种，不能鄙视任何一种劳动。因为**不管是脑力劳动还是体力劳动，只要是有效的劳动，都创造价值，创造物质财富和精神财富。**

商人是创造财富的。我们可以想象一个没有商人的场景：在一个小山村里，张三种玉米，李四织布。张三的玉米吃不完，就去卖给李四。李四买下玉米，再卖衣服给张三。如此，张三李四完成交易，两个人过着幸福的生活。此时，张三李四两个人的小村庄，合计年产玉米 1000 斤、布匹 10 米。

但是，如果商人出现，他知道远处有需要玉米的也有需要布匹的人，于是，他下订单给张三和李四，两个人加大工作量，最后年产玉米 1 万斤、布匹 100 米。出售这些产品给商人后，他们换回货币，并以此去购买远方人的土石、砖瓦和劳动力，让别人帮助他们盖起了漂亮的房子。搬进新房去住，再娶妻生子，生生不息，日子越过越红火。

仅仅由于商人的出现，张三李四的劳动产出量就增加到原来的 10 倍，社会财富极大膨胀，这是一个比以往二人世界更“好”的社会。那么，在这个过程中，商人有无贡献呢？显然是有的。商人的出现，促进了财富总量的增加，它挖掘了生产者的潜力，扩大了社会劳动量和财富生产量。比如，我们可以说，商人通过间接生产多产出了2000斤玉米和20米布匹。

不止如此，商人把张三李四的产出运输到远方，远方的消费者可以享受到9000斤玉米和90米布匹，消费者得到衣食满足，开始从事其他生产，生产总量进一步增加。于是，远方这些消费者的劳动创富的部分也应算是商人的功劳。

企业家也是创造财富的。机器设备和原材料不会按照流水线自动来到厂区。生产什么、销售什么、销售到哪里去、以什么销售价格等无法由销售员独立完成。最关键的是，企业的战略制定、制度设计、人才招聘、员工培训、日常管理、组织生产、组织销售等环节都需要企业家直接或间接参与。

亚当·斯密的《国富论》第一章就是谈分工的，他指出，如果让工人们不经过全程职业技能培训的情况下独立工作，每个工人可能一天连20枚针也制造不出来。但经过劳动分工，全部的18项流程分别由不同的18个人来完成，结果18个工人每天可以生产针4800枚，劳动效率极大提高。

如果要用量化来计算，平均来看，单个企业家或商人创造的财富规模远远大于单个普通劳动者。即便按照亚当·斯密的制针数字来衡量，18个工人一天本来只能生产360枚，但因为企业家的出现，可以生产4800枚。新增加的4440枚，有多少应该归功于企业家呢？如果我们把其中的一半即2220枚算给企业家，那他的创富能力也远大于普通工人。

当然，科学家也是创造财富的。推动人类进步和发展的劳动，价值相对更高。既利己又利他的劳动，比只利己的劳动价值高，能够广泛利他的劳动价值很大。某些类型的脑力劳动创造极高的价值，比如袁隆平发明杂交水稻，比如中国高铁技术的研发和应用，比如支付宝的发明和应用。国家应在鼓励科技创新、推动设备更新换代上下大力气。

问14：就您看来，货币的本质是什么？在经济活动中，货币起着怎样的作用？

傅海棠：货币的本质是政府信用支持的劳动凭证。货币是交换的媒介，是财富的象征，而其本质是劳动的凭证，其核心功能是促进财富的创造。

劳动者通过劳动获得劳动凭证，也可以用获得的劳动凭证去交换别人的劳动产出（物质产出或服务产出）。理论上来说，劳动效率越高，劳动强度越大，劳动时间越长，获得的劳动凭证（收入）越多。

在经济活动中，货币的作用非常重要：

货币功能

- 货币是经济的血液。
- 货币是发展的命脉。
- 货币是各个经济环节的纽带。
- 货币是推动财富创造的源泉。
- 货币是一切经济活动的总轴。
- 货币是一切财富的容器。
- 货币是记账的工具。
- 货币是交换的媒介。
- 货币是劳动凭证。
- 货币能促进财富创造。
- 货币可以平滑贫富差距。
- 货币能促进生产和消费。
- 货币的收和放是关键。
- 货币适度宽松能维持经济繁荣。
- 利息是货币的租金。
- 货币的信用由财富支撑。

货币是经济的血液，货币是发展的命脉。货币有序运行，则经济血脉畅通，经济就会发展，国家崛起就有了根基。反之，如果货币无序，经济发展就会有阻滞，轻则经济萧条，重则国破山河在。货币是各个经济环节的纽带，是推动财富创造的源泉。货币适度宽松能维持经济繁荣，离开了货币，经济就成了无源之水。货币不但有交换媒介和标价的功能，还有促进劳动创造、调节贫富差距、平滑经济周期、稳定经济发展、连接生产消费等作用。

货币是一切经济活动的总轴，货币是一切财富的容器。货币，货币，有货就有币，有币就有货，货币通过生产劳动的方式进入我们的收入，自然有币就有货了。货币和财富相辅相成，既相互促进，又相互制约。如果货币不够多，就容纳不了那么多的财富；如果没有那么多的财富，这么多的货币就不值钱了。就像车和路的关系，货币就像路，财富就像车，只有路多了、路宽了，车才能多、才能通畅运行。否则，车多了，路不够宽、不够多，就会塞车、堵车，不畅通，通行受阻。如果货币供应不足，通货紧缩了，生产不能正常进行，销售困难，需求低迷，企业亏损，债务升高，萧条和危机自然而来。

货币政策执行得好，财富创造效率就高；财富创造越多，货币的价值就越坚挺。

问 15：西方经济学认为经济危机是不可避免的，经济周期是必然循环的。而您认为可以通过“货币的收和放”避免经济危机，平滑经济周期。请问，如何收放货币，才能避免经济危机，平滑经济周期？

傅海棠：路况良好，正常行驶中的车辆，是因为司机踩了刹车而停下来，不能说是因为车辆高速行驶而停下来。**历史早已证明，除了战争和自然灾害，任何经济萧条，都源于通货紧缩**，或者说是因为货币的增长无法满足经济发展的需要。成也萧何，败也萧何，因货币宽松而经济繁荣，又因货币紧缩对经济发展造成严重打击而陷入萧条。

在所谓的经济周期中，货币政策、财政政策失当，引发通货紧缩，导致经济萧条的基本传导路径是：

经济萧条——放松银根——提振需求——扩大投资——价格上升——企业盈利——产能扩张——经济“过热”——收缩银根——经济继续繁荣——减少投资——继续收缩银根——需求下降——物价下跌——企业利润降低——企业亏损、员工收入下降——银行坏账增加——经济形势恶化——居民收入继续减少——银行控制风险、抽贷限贷——消费水平下降、全面萧条开始……

1. 经济萧条。最初的经济萧条，表现形式为需求低迷、价格下跌、企业亏损、劳动者收入下降、失业高企。

2. 放松银根。政府为了摆脱经济困境，开始采取放松银根的措施，提振需求，一般来说会降准、降息、扩大投资。而在降准、降息的初期，经济指标还会继续下滑，原因之一是经过较长时间的物价下跌，企业和消费者对经济失去了信心，在羊群效应、从众心理的影响下，形成了“经济不会好起来、物价会继续下跌”的固化思维，难以短时间扭转；二是降准、降息的力度不够，释放的增量货币对冲不了物价下跌、企业账面财富缩水、流通货币不足的幅度。（比如企业亏损、经济低迷会导致企业的支付和偿还能力下降，从而引发企业的“信用缺失”，“信用”良好的情况下，可以先发 200 万货，货款后续再给，而“信用”缺失的情况下则必须先付 100 万订金甚至要全额付 200 万货款，才能发货，所以若“信用”缺失，同等货币量的购买能力就会下降。）

3. 心理通缩。这时，由于社会对未来充满悲观预期，政府降准、降息、扩大投资的措施被认为无效或力度不够。（认为降准、降息、扩大投资的救市措施无效，或边际效应递减，这是经济学误区。没有无效的降准、降息，只有力度不够。）

4. 扩大投资。经济继续恶化，国家继续放松银根，降准、降息持续进行，继续加大投资的力度。一个时期后，经济好转，价格上升，消费提升，企业持续盈利，一般三至五年后企业有了一定的利润积累，又因产品供不应求，扩大再投资。（比如企业积累了 5000 万利润，再建生产线需要 1.5 亿，向银行申请贷款 1 亿，因为企业盈利良好、产品供不应求，银行经过对企业经营状况、资产状况的调查审核，批准了这 1 个亿的贷款，企业把钱投进扩建项目中。）

5. 经济繁荣。在此经济阶段中，原生产线的生产量本就处在供不应求的状态，由于企业扩建新的生产线，新生产线建设过程中光有需求，没有产出，于是供不应求进一步拉大。此前本就有逐步通胀的过程，也有声音反映要控制通胀，由于通胀水平不高，走出萧条的时间不长，政府为了保持经济的发展，没有采取控制通胀措施。

6.“经济过热”。而在新生产线建设过程中只有需求，没有产出，推动了物价上涨，通胀加剧，被视为经济过热、过度投资等（实为经济繁荣，应该采取相应措施维持繁荣）。此时，控通胀的声音越来越强烈，“泡沫”之声不绝于耳（实为杞人忧天），政府终于采取措施，开始了加息、提准、减少投资等措施。

7. 心理通胀。在加息、提准、减少投资的初期，物价并未下降，甚至继续上涨，原因一是经过较长时间的物价上涨，企业和消费者对经济信心满满，在羊群效应、从众心理的影响下，形成了“经济不会变坏、物价会继续上涨”的固化思维，难以短时间扭转；二是加息、提准的力度不够，对冲不了物价上涨、企业账面财富增值、信用货币增加的幅度。

8. 需求逐步透支。经济继续繁荣，由于物价上升、消费旺盛、贷款增多会透支人们未来的购买力，同时高物价的交易使得税收也在增加，这也是减少消费者未来购买力的因素（此时不控通胀，未来随着人们的购买力的下降，供应的增加，物价自然也会平稳；其实越是繁荣，经济运行过程中的税收就越多，即国家收回的货币越多，市场越可能因为缺少货币而无法维持原有的运行速度和质量，这时若国家减少投资、加息提准，等于雪上加霜，经济繁荣就不可维持）。

9. 持续紧缩。可这时，政府的加息、提准持续进行，继续减小投资的力度，控制需求。殊不知新生产线建成后商品供应加大（注意，前期投资热情高涨，生产能力快速上升），本应匹配相应的新的需求量，可是因为控通胀，收缩银根，投资下降，有效购买力下降，原有的需求量都减少了，可是供应在增加，由此造成了供应和需求的巨大偏差。供大于求，貌似商品严重过剩，实为需求不足（因为控制通胀，通货减少，投资下降，造成需求急剧下滑）。

10. 需求下降。物价下跌，人们的预期发生改变，由超前消费、愿意消费变成了滞后消费、不想消费，坐等价格下跌。

11. 经济恶化。由此，加剧了商品的“过剩”，企业销售受阻、库存上升，进一步降价销售，企业盈利减少或亏损，企业经营资金减少，需要资金维持经营，而银行本在收缩贷款，又发现企业的经营状况恶化，就对企业催账、收贷、限贷，企业融资难度越来越大，资金周转雪上加霜，只能大幅亏损抛售库存商品。

12. 新的萧条。企业的大面积亏损造成工人收入水平下降，社会购买力进一步下降，由此进入恶性循环。引发经济危机，经济长期萧条。

其中，通货紧缩引发经济危机的过程可以简单用下图来描述：

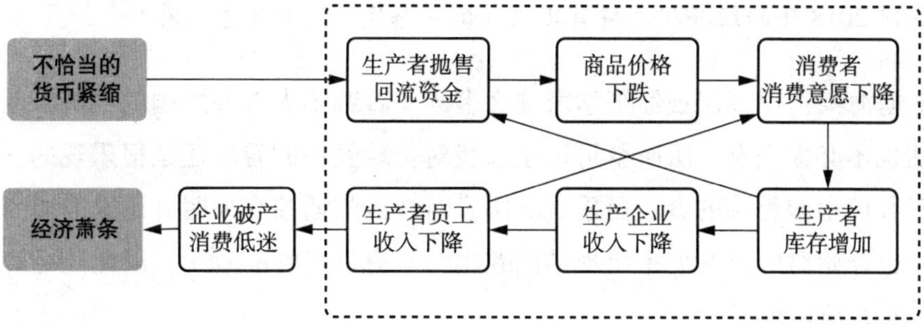

通货紧缩是通向萧条的最便捷的路径。如果要祸乱一国经济，最好的政策建议就是通货紧缩。如果不想看到国家经济衰退和萧条，那么，任何可能引致通货紧缩的政策工具都应十分谨慎地采用，这包括：加息，提高准备金率，限制贷款规模，大量抛售债券，减少投资，货币投放速度慢于财富增长所需货币流通量增长的速度，等等。

所谓的经济的周期是因为货币的宽松和紧缩引发的，可以**通过货币政策和财政政策的调节熨平经济周期，维持经济繁荣。**

不要担心货币宽松，宏观政策不应该简单盯住物价，而是应该在生产貌似过剩的时候扩大需求、在需求急剧增长的时候扩大生产。

于是，经济周期路径就变成了如下流程：

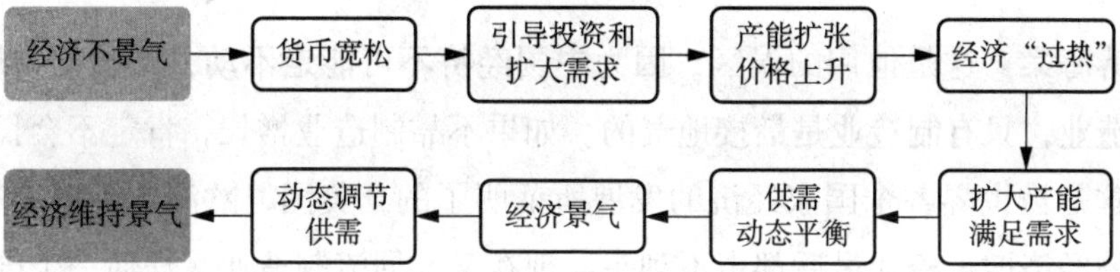

由此可见，**经济“过热”时的正确选项是扩大生产满足需求，让加速的经济列车保持高速，而不是一棍子打死让经济降速变成萧条，**重新再来。我们可以好了再好，好上加好，而不是好了一定要坏，坏了再好。

可以接受微观层面的行业竞争中的自我调整；而整体经济保持繁荣、保持发展是可以持续的，而且是可以做到的。

问 16：您现在怎么看我国的经济？很多债券投资人以及宏观经济学家都

对国内2018年的经济状况持有比较谨慎的态度，您对此怎么看？

傅海棠：很多宏观经济学家这么多年一直都不太看好中国的经济，他们的话也不必太当真，听听就可以了。**我对全球经济的看法还是很乐观的，尤其对我们中国经济的看法更乐观。**国家对经济的调控水平明显比以前提高很多，也开始对经济发展中出现的问题出台具有针对性的政策，以此让经济正常、平稳地运行。

关于新时代

问17：您如何理解新时代的四个自信（道路自信、理论自信、制度自信、文化自信）？

傅海棠：中国的发展证明了我们是对的，事实胜于雄辩。这四个自信主要来自于我们中国实质的发展，**之前质疑中国的很多问题，最后证明都没有问题。**

问18：有些人会担心中国经济未来的发展，认为中国制造业大国再往前走就走不动了，您觉得现在的中国经济增长的核心动力来源于哪些方面？

傅海棠：这是他们的误区，因为**中国经济不可能走不动，增长动力还是在制造业，只有制造业是最接地气的。**如果不靠制造业增长，肯定不会长久，因为这是被世界各个国家经济的发展所证明了的，美国、欧洲走不以制造业为主的经济增长模式最后都走不到头，现在又要回流制造业。**任何一个国家，不发展制造业，经济增长都是不可持续的。**最终还是靠制造业，长久、实在，制造就是生产。当然，制造业的升级换代，生产效率的不断提高，也是必要的。

问19：哪些类型的人，会成为新时代的宠儿？（即新时代会奖励哪些人）

傅海棠：得到奖励的是走在时代最前沿的那一批人，因为**新时代就有新事物，就有新需求，提前布局的人，例如马云、马化腾，就属于新时代最受**

益的一批人。在这个新时代，我们有需求，他们正好在新需求出现以前大量布局。高速公路、高铁也是新需求，也是时代的需要，是时代发展的一个标志。

问 20：除了刚才说的互联网、高速公路和高铁以外，还有哪些新需求可能会产生？

傅海棠：不管哪一个方面，只要能够提高效率，都会有需求。新需求在任何一个行业都会产生，只要这个东西比原来的东西更好，效率更高，速度更快。**在各行各业里面，通过创新，让消费者获得水平更高、质量更高、速度更快的服务，这样的人就会获得新时代的奖励。**

问 21：中国什么时候能够在经济总量上超过美国？什么时候能在综合国力上全面超过美国？

傅海棠：目前来讲，中国财富总量远远超过美国，只是在统计上，表现为美国第一大，中国第二大，这只是一个统计，统计和实际还是有很大差别的。

从标价来看，名义 GDP 目前美国第一，而从财富的生产量来看，实际 GDP 中国已大大超过美国。

比如中国的钢产量是美国的十倍左右，两国的钢材基本都是本国消费，这意味着中国的整个钢铁的下游产业链，如建房子、基建、机械制造等的财富生产量就是十倍于美国。如果上海建了 1000 栋楼，而纽约建了 10 栋楼，平均每栋楼的建筑面积、建筑水平和质量基本上一样，请你告诉我，谁的 GDP 多？如果中国每天 300 万人理发，美国每天 100 万人理发，每个人理发的时间和档次差不多，请你告诉我，谁的 GDP 多？

标价高不等于 GDP 高，同样生产一个馒头，在中国卖 0.5 元人民币，在美国卖 2 元人民币，如果以价格计算 GDP，这个馒头在美国产生的 GDP 是中国的 4 倍，而实际 GDP 是没有区别的。

所以，美国的 GDP 是虚的，它的数值高，只是更多反映了它的人力成本高而已，并不意味着它每年创造的物质财富多。

我们设想一个场景：甲为乙提供律师服务，收费10万美元；丙为甲提供医疗服务，收费10万美元；丁为丙提供按摩服务，也收费10万美元。这些，都算是服务业，在GDP统计中，扣除成本之后结余的部分全部纳入服务业统计中。于是，这一部分的GDP就可能高达20万美元以上。但是，如果定价不是10万美元，而只是1万美元呢？那么，GDP的规模就只有2万美元而已——虽然GDP的统计相差10倍，但它们不都是代表一次服务吗？你说说看，这种GDP的内涵是什么？

按照世界银行2014年的数据，美国的第三产业占GDP的比重高达78%。由于劳动者报酬居高不下，美国的第二产业规模甚小。一个国家创造物质财富的能力不及中国的十分之一，能说它是一个多么了不起的强国、大国吗？

至于说到服务业，中国的人口比美国多10亿人啊！或者说中国的人口规模是美国的4倍多啊！无论从哪个角度说，中国人的服务业规模必然是远远超过美国。如果按照服务的次数来算，只怕我们的规模是美国的N倍！我们的GDP统计数量低，只是因为我们的定价低而已！还有很多没有进行统计而已。

事实也正是如此。2016年，中国的钢材产量连续第三年处在10亿吨左右（统计的数据比这小一些，还有部分没有进行统计），而钢材是工业的血液。美国呢？过去10年，美国每一年的粗钢产量始终徘徊在8000万～9000万吨之间。单就钢铁产量而言，中国这方面的工业规模早已是美国的10倍以上。

如果我们换一个统计方式：如果中国的工业产出是美国的10倍、中国的服务业产出是美国的N倍。那么，你能说中国是第一强国还是美国是第一强国呢？

这就可以解释很多人的疑惑：中国人的创富能力世界第一，中国人的生活水平的提高比日本人和美国人都快，难道不应该吗？根本的原因在于，中国人每年创造的财富远超过那些国家，这也就注定每年中国人的财富蓄积总量远超过它们。

财富无非就是衣食住行，包括基建，中国的基建比美国的好，中国的房子比美国的多，水平也不比美国的差。在物质上我们已经远远超过美国，我们只是在军事上比美国差一点，不过很快会迎头赶上。在不久的将来，在军事上，中国会有很大的提高。我们全面超过美国不会用太长的时间。

问 22：您觉得大概需要多少年？

傅海棠：十年左右。

问 23：您认为，在中国的引领下，全球经济正在进入第三次腾飞。您觉得在第三次腾飞里面，除了中国以外，还有哪几个国家可能会获得比较好的发展？

傅海棠：目前来看，**除了中国，可能会获得最好发展的国家是印度**，因为它的体量比较大，人口和中国相当，国土面积也比较大。

问 24：可是印度贫富悬殊超级大，比中国大很多，印度能发展起来吗？

傅海棠：在纸币和数字货币时代，贫富对社会的危害不大。**在中国的钱都是中国人民的，钱投出去发展生产，最终还是人民受益。**生产的东西都是我们在吃我们在喝，只是没有记在我们的名下而已。王健林，前几年的中国首富，建了很多万达广场，都是我们在享受，只是名头是他的。印度也是这样。

主持人：我们现在处在新的时代，刚才您也说了，第三次经济腾飞，全世界都会有好的发展，中国带头、印度跟随，其他国家也会好。

傅海棠：其他国家效仿，**中国模式在全球全面覆盖**。现在都是中国模式，特朗普采用中国模式，印度也采用中国模式，东南亚也采用中国模式，都在借鉴。中国的这一套模式，在全球全面覆盖，原来世界各国是模仿美国模式，现在是中国模式，只是西方国家不愿意承认而已，并且也有很多中国人不自信。**中国模式是未来全球经济发展的标杆。**

问 25：对投资者来说，处于当下这个时代，最大的投资机会来源于哪些方面？

傅海棠：我们要抓住全球发展的历史机遇，寻找机会，因为很多行业都有机会。比如**布局不可再生资源，逢低就买进肯定是有机会的，当然，要找到那个低点。**

农产品一直丰收，就要关注它，如果再丰收两年，随着丰收时间的加长，它受灾害的概率就会增加。

如果你把握不准，觉得不会马上出现干旱，可以轻仓布局，持有 3 年。当然，如果你不怕错失机会，可以等它出现问题以后再进场。但是现在的人都很聪明，一出现问题，就不是这个价位了。这不像以前，以前做基本面研究的人少，现在做基本面研究的人多，大家都懂了。以前问题出完了行情都不动，现在不行了，做技术分析的很多都在逐步转向供求研究。

关于优秀的企业

问 26：就您来看，未来三五年或一二十年，哪些行业会持续发展？哪些类型的企业会不断壮大？

傅海棠：发展比较快的行业，应该是比较高端的，又不容易加大生产量的，这样的行业会发展较好。**高端加上生产量受限，这样的行业不是太多。**

还有一个是刚才谈到的提高行业效率，**能够提高行业效率的企业也会不断发展壮大**，例如马化腾、马云的企业。

问 27：我们都在说财富，您觉得一个企业的财富是靠谁创造出来的？是企业家、员工、用户还是其他？

傅海棠：企业的财富是由劳动者创造出来的，劳动者包括所有的科学家、企业家、工人，包括领导干部，也就是政府。当然，创造财富最多的是政府，其次是科学家，管理和科技都能提高效率。**其实科学技术不一定是第一生产力，管理才是第一生产力，没有管理，也就没有科学技术。**

问 28：那一个企业怎么样才能够加快财富的创造？

傅海棠：要么提高效率，要么就符合时代发展的需要。

问 29：现在做股票的人都在说要寻找伟大的企业，他们可能会有他们自己的标准，就您来看，什么样的企业才能称之为伟大的企业？

傅海棠：伟大的企业就是为社会创造价值最多的企业。“伟大”不能单从赚了多少钱来定义，当然从投资的角度来说也无可非议。如果从利润的角度来看，赚得多只能体现一个企业自身的成绩，不是为社会创造了多少财富。我们的高铁、中车，虽然赚钱不是最多的，为社会创造财富却是最多的，可能只创造了一分利润，却创造了十分价值。甚至亏钱都没事，他们为我们的社会提高了效率，促进了经济的创造，很多情况下都创造了无法估量的价值。不少人对银行有意见，但其实银行为整个金融系统的稳定，为整体经济的发展都做出了重大贡献。所以**华为、腾讯是伟大的企业，中国中车、中国银行、工商银行这些也是伟大的企业，是伟大的国家管理之下的伟大的企业。**

问 30：一个好的企业是要由企业家来领导的，您觉得什么样的企业家可以算得上是伟大的企业家？

傅海棠：为社会多创造财富的企业家是最伟大的企业家，把自己本身的企业做大利润的企业家是第二伟大的企业家。以这个标准去衡量，**袁隆平就是最伟大的“企业家”**，培育水稻，让大家吃饱饭，能够尽心尽力去工作。以前，邓小平是最伟大的“企业家”的领导，是社会的总董事长。现在，习主席也是最伟大的“企业家”的领导，他不光心系中国的发展，还心系全球，是充满正能量的。

问 31：您表示马云、马化腾都是身价上千亿，但是这些财富都是记在他们的账上，本质上是全民的财富。其实一般人很难理解，请您解释一下。

傅海棠：这些资金只是归他们运作而已，他们劳心劳力经营，实际上是为社会创造财富，保障群众的生活需求。睡觉不过一张床，吃饭不过一张嘴，他们本质上就是获得一个“名”，**企业壮大是自己人生价值的体现，创造的财富不是他们自己在消费，而是社会在消费。马化腾的微信都是我们在用，宗庆后的娃哈哈都是大众在喝。他们的价值，是用服务了更多人来证明的。**

关于房地产

问32：有人认为，房子的价格上涨，主要是因为货币越来越多的原因，您怎么看？如何才能让大家都买得起房子？

傅海棠：主要原因不是货币数量问题，而是房子的数量问题，也就是说**房子的数量不够，供不应求，所以价格才比较高。**

我们对身边的事物稍作观察，就会发现：**凡是家家户户都买得起的商品必定是数量非常多的**，比如衣服、手机、电视、汽车，等等。当初手机、电视、汽车比现在房子还稀缺，价格昂贵。甚至普通的一辆车比一套房子还贵，后来生产技术革新、成本下降，生产数量飞速增加，逐步达到了户均数量，所以汽车就进入了普通平常百姓家。**手机、电视、汽车，一开始时也只能是少数人可以拥有的商品，只有生产量充分了，才能进入家家户户、万户千家。**

各种商品的价格，买不起的原因表面看好像是因为价格高，其实背后的核心原因是生产量不足。就像现在的房子，某些人买不起，那是因为现在城市中的房子的生产量级还达不到家家有房的程度，还需要时间积累、加快生产速度和提高生产效率。多生产房子，就要多生产建材，钢筋、水泥、玻璃，等等。所以一是要增加生产建材，二是通过技术革新提高建筑行业的单位劳动产出效率。只要综合生产量级达到了户均数量，自然而然地就会家家都能买得起房。未来，房子的生产速度会越来越快，直到所有家庭都买得起房。就像现在的轿车，二十年前看似天价，普通人不可能买得起，等生产量级达到了，就轻而易举地进入了平常百姓家。

房地产市场，最好的调节方法是：**如果房价涨了，那就引导开发商多盖房**（增加土地供应和房企贷款），**如果房价跌了，那就引导购房者多买房**（降低按揭比例和利率，扩大购房人群），由此实现房地产供需的动态平衡，维持房地产市场的景气，最终实现家家住上好房子、社会财富充裕的幸福场景。

我们要解决问题就是要促进数量的增长，天天在价格上纠结，最终不解决问题。有人希望让房价大跌，那开发商就亏损了，钢厂就亏损了，开矿的就亏损了，明天谁还给你盖房？没房的人更住不上房了。让开发商赚点，开矿的赚点，钢厂赚点，有积极性去生产，房子还能多一点，我们还能买上房，这才能解决问题，我们要正确地看待这个问题。

问33：您认为“人人有一亿不一定有用，家家有房子一定有用”，这句话应如何理解？

傅海棠：如果我们腰包都很鼓，家家都有一个亿、几个亿，都没人愿意去劳动了，到餐厅吃个饭炒个大白菜也要15万一盘，那就麻烦了，所以买房钱回去了，大家继续劳动，商品的供应才会源源不断。我们的动力来自于赚钱，干活儿感觉赚钱了，农民工赚了50万他感觉也挺幸福的，他买个车、买个房，这样他还去劳动。他要是赚了50万，买个房就只花10万，明天不干了，很多人都不干了，你吃的菜、吃的馒头也没了。

回头去看，1978—1998年间，居民储蓄/M2的比例从20%增长到50%。如果没有住房的消耗，这个比例在2018年前后达到100%也是完全可能的。那时候，想一想居民储蓄不是60多万亿元而是160万亿元，**如果不建设这么多房子，无房可买，我们的存款有何用处？**那我们的存款就变成了真正数字而已，存款有商品可买才是真正的存款。我们辛辛苦苦劳动，存下的钱，到底为了啥？不就是为了买房买车、改善生活吗？若无房无车可买，放着一个存款的数字有何用处？到头来可能一场空。

所以，**土地财政，是中国最重要也是最大的货币蓄水池，它有效吸纳了居民收入新增加的货币，让居民的储蓄直接转化为实物的财富，提高了生活水平，抑制了物价过快上涨，在国民经济保持稳定增长的过程中发挥了巨大的作用。**

问34：您认为土地国有的政策是伟大的，还认为土地财政促进了社会公平。请您解读一下。

傅海棠：如果中国改革开放之初实施土地私有化，根本不可能有今天的发展速度和成就。仅仅征地一项，效率就可能低得令人发指、成本可能高得令人无法接受，从而大大延迟基础设施建设的进度。土地转让过程中，贫富差距扩大，那些靠土地增值的人就会坐享其成、不劳而获，会成为社会发展中的障碍，不利于共同富裕。从这一点来说，土地国有化的制度设计，恰巧化解了这些矛盾。

土地国有的前提下，国家可以确保房价保持长期的稳定或者相对的上涨，也可以通过土地供应调控房价，实现房地产的可持续发展；也可以通过土地出让金回笼社会中的货币，从而**实现房地产的蓄水池功能，再通过公共建设、二次分配等形式促进社会公平**，比如公园、广场、天桥等都是全民免费无差别享用。

货币数量持续增长，要按照传统的经济学理论，中国的物价还不早飞到天上去了？**为什么恶性通胀没有出现呢？**因为我们的货币促进了生产，货币是以劳动生产的方式流向社会的，货币的增长促进了财富的增长，币有货可买，就有价值。还因为，中国有一项伟大的制度——土地公有。

中国的土地国有化，比其他所有土地私有化的国家都要好的地方在于，我们有一条可靠的回流货币的途径——其他土地私有的国家，如果出让土地，土地收入是在甲方和乙方之间流转，社会居民的总货币量是没有变化的，并且土地增值收益归土地所有者。但是，在中国，国家是唯一的一手土地出让方，开发商要买地，必须给国家一笔钱。于是，**在全民买房的大背景下，国家就有效回流了货币，将极有可能引发更高通胀的社会储蓄这个"笼中虎"通过土地财政回流较大一部分。**

所以，我们就看到中国过去四十年的发展模式：每一个劳动者勤奋地劳动，赚得超出了其基本生活支出的工资，日常消费支出后，还会有结余，大家就存起来，到某一天，拿出来买房子。这还不够，得再向银行贷款。于是，储蓄加贷款，本质上就是过去劳动所得的结余、未来的劳动所得的一部分，凑在一起，构成了交给国家的土地出让金，买了一套房子。然后，就要继续努力工作赚钱还贷款。

这个过程中，其实就是通过开发商买地、居民买房，实现了国家对货币的二次分配。**货币流转到国家那里，国家再实施二次分配，平滑贫富差距，向贫困地区补贴、向贫困人口补贴、扩大基础设施建设，将货币重新再流向社会，流向更利于大众的领域。**

土地是最大的财富、最基础的财富，土地公有，就是人人有份，土地增

值带来的好处全民共享。新中国成立后的前三十年，我们建立了相对完善的并且符合国情的政治体制。土地国有是后三十几年经济高速发展和有力调控的保障。大量劳动力的储备则为经济建设奠定基础。

土地公有便于统一规划、建设、协调，效率高、效果好。公有就是全民所有，最终人人能够受益。我们规划建设一条高铁的时间可能是美国的三分之一甚至更少，可能是澳大利亚的十分之一，土地的公有和政府的高效，让经济建设更好、更快、更和谐、更公平，让百姓更早、更快、更好、更多受益。

问 35：那您觉得一线、二线城市的房价还会不会继续上涨？

傅海棠：由于政府的调控，或者说短期的涨幅比较大，一个小幅的回调或者横盘是很正常的。把时间拉很长来看，房价还是会继续上涨。

问 36：前十年我们的房价涨得很快，平均涨两三倍，有些城市涨五倍、十倍，您觉得未来会不会出现前十年这样的快速上涨？

傅海棠：在某一个时间段，这种现象还会发生。长远来看，涨还是大趋势，但随着基数的加大，涨幅可能受限。

问 37：有人总是拿北京、上海的房价和纽约、伦敦比，您觉得它们之间具备可比性吗？

傅海棠：没有可比性。不动产是不可跨地域流动的商品，重庆的香蕉、苹果和上海的价格差不多，因为香蕉、苹果是可跨地域流动的商品，价格会趋同，而重庆的房价和上海的房价差较多，因为房子是不可跨地域流动的商品，价格无法趋同。不动产在本国不同城市之间都无法跨地域流动，更不用说在不同国家之间了。

一般的购房者是不会考虑如果这套房子被外国人看中会是什么价格。比如，一个中国人，房子价格 1000 万元人民币，折合 160 万美元。而纽约的一套较好的房子价格只有 100 万美元。看起来，存在一种良好的套利机制，即卖掉国内的房子转而买进美国的房子。可惜，这种套利交易的理论在逻辑上本来就有问题，在实际中更不可行：你能在北京工作却住在纽约吗？如果不能，换房子就没有任何意义。如果说移民到纽约，那你在纽约的发展机会和生活条件会比在国内更好吗？如果会，你可以移民过去，如果不会，买这种房子有什么意义呢？更重要的是，钱本来是在中国赚的……

房子等固定资产有区域属性，但股票则不然。如果资本项目下可以自由兑换，全世界的股票就没有估值的差异了。如果那样，才真是天下大同。但问题是：一国积累的外汇，如果是用贸易换回来的，那么，任何国家都不可能完全放开本国居民购买他国股票——如果国人购买他国股票的热情高涨，则几乎任何国家的外汇储备都会被彻底花光、本国货币会一泻千里。

关于商品和投资理念

问 38：您做了 18 年期货，请问，期货给您带来的最大好处是什么？最大坏处是什么？

傅海棠：期货给我带来最大的好处就是实现了财务自由，同时在做期货的过程中，对经济的认识也更深刻了。目前来说，没有什么特别不好的地方。

问 39：很多媒体称您是“民间期货高手”，从 2009 年到 2016 年这七年间，您实现了从 5 万元到 10 亿人民币的超额收益。听说您是不怎么盯盘的，主要通过基本面分析来做交易，您能否以某个品种为例，和我们说一下您是怎么去分析基本面的？

傅海棠：我做商品期货主要是研究供求。**市场运动遵循天道规律，价格趋势源于供求动力，在我看来，供求决定价格波动是交易中的核心和本质。**抓住了核心和本质，做起盘来就会得心应手。**我一般是不看 K 线的，我不研究技术，**我认为技术分析仅供参考，不用太当真。因为是先有的行情，后有的技术，所以研究技术是存在滞后性的。**是行情决定了技术怎么走，而不是技术决定行情怎么走，行情怎么走的背后的真正原因就是供求。**

若供大于求，如果这个时候利润率还是很高，那价格一定会下跌。因为企业有利润以后就不会停止生产，这样一来，供大于求的现象就会一直持续下去，价格也会不断下跌。而如果价格在低位，甚至还在亏损的情况之下出现供不应求的情况，那价格肯定就会涨，这是百分之百的事，只是时间问题。因为这个时候没有盈利，企业缺乏生产积极性，供不应求的现象就会越来越明显。价格一直涨到企业有大幅度的盈利后，才会促使更多的人进入这个行业去生产，进而改变供求关系，这是本质和原因。**我盯盘的时间很少，更多的是去实体企业、田间地头做调研，也会和大型贸易商交流**，了解具体的供应和生产以及库存等相关的信息，寻找、捕捉和等待大机会的出现，然后再进行操作。

问 40：您是通过基本面研究做期货，您说过："功夫在盘外，不在电脑中，不在K线中。"那您平时看盘的时间多不多？

傅海棠：我现在没有其他工作的时候会看一眼行情，重点还是在做交流、调查研究、深入产业，**搞清楚供求关系，这才是做期货的重中之重**。有一句话说得好，**"台上三分钟，台下十年功"，交易是很快就能完成的，重要的是自己在背后花的功夫。**

问 41：有些技术高手投资收益也不错，您如何看待这一现象？

傅海棠：盈利的方法各式各样，最主要还是研究供求，这是树干，其他的方法则更像树杈或者树枝。抓住树干给你带来的回报是最大的，树杈或者树枝带来的回报则相对较小，而且树枝还容易摇晃，是不稳定的。

问 42：您倡导通过现货调研，了解真实情况，再用理性分析，逻辑推演，得出多空预判。可是，一个品种的现货信息很多，如何才能抓住一个阶段的主要矛盾？

傅海棠：现在商品期货有接近 50 个品种，数量较多，而我们精力有限，信息面也有限，就需要**重点去抓那些有问题的品种**。这里面"有问题的品种"主要分为两类：**一是现货经营者暴亏或者亏损时间比较长的品种**。暴亏是不可持续的，这时候我们需要重点关注和调查研究它的库存和生产与消费之间的平衡变化。一个品种亏得时间长了，或者亏得幅度比较大，企业就会不愿意生产，从而会有一个减产动作，紧接着就是停产，这样就会影响商品的供应。但这时候需求还在，很快就会改变供求关系，所以价格可能很快就会从下跌变成暴涨。**第二类就是现货经营者暴赚的品种**，盈利比较大，以及盈利时间比较长的行业也需要重点关注它的生产、库存与消费之间的关系，进而找到行情的转折点。

问 43：这么多商品品种，这么多调研活动，时间上能够应付得过来吗？

傅海棠：我们要**看哪个品种现在是亏损甚至严重亏损的**，就去重点关注和研究。因为严重亏损以后就会打击生产积极性，很快就会改变供求关系。这时候就要重点关注它的供求关系，把握住供求拐点，及时入场。**第二类就是现货生产商暴赚的品种**。暴赚以后就会有很多人一窝蜂地去生产，在不久的将来也会改变供求关系，从供不应求变成供大于求。所以，**你要把握库存、生产和需求的变化，抓住拐点，在拐点出现以前提前入场。**

问 44：所有调研都是您亲自去做的吗？

傅海棠：尽可能自己去，如果实在没有时间，也会让同事过去。

问 45：怎么约得到这么多人呢？大企业里的人好约吗？

傅海棠：**这几年，各大交易所、各大机构做得也比较接地气，交易所做的工作对投资者也有很大的帮助。现在一般都是交易所组织调研，联系企业，组成一个团过去**。我比较喜欢去研究价格在低位的品种，往往这种品种的企业也会比较乐于跟我们分享真实的情况。因为企业看不到前途以后会很悲观，我们有时候到了企业之后跟他们聊一聊，他们也会觉得开心，感觉看到了曙光。像 2015 年底的时候的一次调研，去一家铝企业。当时铝企业很悲观，我跟他们聊的时候就说，不要悲观，国家形势很好，你们很快就会好起来的。

问 46：您是抓拐点的投资类型，但抓拐点有一个问题就是很容易提前太早，这样会不会给自己带来很大的压力？

傅海棠：当然，我们要精准出击。**如果不能精准出击**，就采取轻仓的策

略。我们不能要求行情在我们进场以后就开始涨，这样要求太高了。进场之后可能还会下跌或者震荡一段时间，这时就采取轻仓的措施，把仓位控制得低一些。

问 47：您怎么去判断拐点就要到了呢？

傅海棠：像 2015 年年底，各行各业都连续亏了几年，确实也亏得有点撑不住了，这个时候有两个方面的判断：**第一，企业会一律减少生产，因为生产得越多就会亏得越多**，同时也没有足够的资金去支撑它们继续大量生产。一减少生产，供求关系就会改变，变成供不应求。**第二，国家这时会出政策来改善经济形势**。加大对企业的扶持力度，加大对市场的疏导力度，这样一来供求关系也会很快得到改变。所以你看，正好在 2015 年下半年国家也及时地采取了包括房地产降首付、去产能在内的一系列措施，很快就改变了供求关系，经济很快就得到了改善。

问 48：所以国家宏观调控的政策也是您参考的一个重要指标，一旦有相关的政策陆续出台了，就会考虑是不是入手的时候，是吗？

傅海棠：对，如果没有陆续的政策出来，我也会提前入场，或者轻仓。等到政策陆续出台了，我可能就会适度重仓。**一方面是行业大量出清，另一方面就是政策的有利调控，这两个点都有了，那就是重仓的时候了**。一般这两点都会发生在一个节点上，因为企业受不了了，国家必然要采取措施。

问 49：这个点其实也挺难把握的，可能一家企业跌 10% 就受不了了，但后续还要继续往下跌 20% 甚至 30%，我们要如何去判断这个受不了的点呢？

傅海棠：这个问题问得很好，2015 年一整年都是下跌的，上半年就是亏损的，到了下半年继续亏损，所以说有可能第一波会把握不准。你要去看国家针对性的措施，包括整个市场的形势，**如果还是不太妙，就及时止损出场，不一定一次就能做到好的点位**。

在一个下跌的趋势中还是要更加谨慎一些的，有的时候马上就会 V 型反弹。很多人都是采用右侧交易，其实**右侧交易就意味着你已经失去了最好的**

价位。如果进去的点位太高，又会担心回调，所以最好的就是买在拐点上。当然，这个要求非常之高，可是只要这样抓住一回就能成功，我们要力求做到把握住那个拐点。

问 50：在行情分析中，我们要如何区分一个机会是短期机会，还是长期机会？

傅海棠：如何去分析是长期机会还是短期机会，主要还是看是一波什么样的趋势，**趋势的大小就意味着机会的大小。**还要看生产，如果生产受损比较大，可能机会就比较大；或者虽然生产受到的损害不大，但需求量加大，那机会也会不小。另外，国家政策的重大转折也会影响生产和需求。我们可以通过自己的分析去判断影响的度，进出得出一个结论。

问 51：您更喜欢做短期机会还是长期机会？

傅海棠：我一般都比较喜欢做长期机会。因为长期机会的胜率比较高，幅度比较大，也不太会受到短期行情上上下下的影响。

问 52：您认为，期货市场值得重仓交易的机会并不多，请问出现什么情况时，才值得重仓一搏？

傅海棠：当我可以准确判断出行情转折点的时候，我会重仓一搏，其他绝大多数时间都是不值得重仓的。**如果期货贴水幅度相对比较大，而现货不但不继续下跌，反而拐头向上涨，出现买货难的情况，像这样的商品就值得重仓去做。**

问 53：您在建仓的过程中，是分步建仓还是一次性建仓？

傅海棠：多数是一次性建仓，既然看准了为什么不一次性进。看错也会有，看错就赶紧跑，一般会由于只看到片面的信息而判断不准。比如说焦炭的基本面，只看到网上说钢厂没库存，但是没了解到焦煤、焦炭厂的库存，一时冲动就进场了。后来了解到这个信息就发现自己判断错了，就要赶紧出场。如果全面研究到位了，判断的准确率就会很高。**确定性不高**

的机会，要么轻仓做，要么索性不做了。我现在主要做铁矿和豆粕，打算长期做多持有三年，其他品种都是短线买一点试试。比如焦煤在焦炭限产的情况下，现在库存还这么低，过段时间焦炭放开生产了，去哪买焦煤？但这也不是确定性机会，所以就轻仓买一点试试。现在消息都在说动力煤紧张得不得了，但发改委说了高于750元/吨不准进港，所以现在煤炭的供给局面是严重供不应求。房地产也是一样，原来说的“鬼城”最后都变成了高档小区，开发商建的楼盘比农村自建的小区好那么多，怎么就成了泡沫？所以不可能没有需求。

问54：您在上次参与白糖调研的过程中，说“只要研究方法对路，理念正确，思路对头，坚持理性，摒弃感性和惯性，成功只是时间问题”。请问，这里的“感性”和“惯性”是指什么？

傅海棠：“感性”就是凭感觉去分析行情，不去深入研究具体的事实。“惯性”就是在一个长期的趋势里形成了固定不变的思维模式。比方说某段行情连续下跌三年后就不敢相信它会上涨，或者连续上涨三五年后就认为它不会转向。

问55：您还说过“钱是长眼睛的，只要你辛勤付出，时间足够长，钱就会跑你那里去了，这就是运气”。请问，我们应该在哪些方面辛勤付出，在哪些方面少走弯路？

傅海棠：做商品投资，重点还是要调查、研究供求关系，就是供求决定价格波动。不要研究枝枝杈杈，还是要研究本质。**期货市场在不断变化，唯一不变的就是供求决定价格波动。**

问56：您认为在商品期货投资领域，也是有“价值投资”的概念的。请问，何为“商品期货的价值投资”？

傅海棠：真正的价值投资就是低于成本，越低于成本越有价值。也就是所谓的安全边际，其实低于成本越多就越安全，边际是指成本。**所谓价值，就是价格值不值。**要判断一个长期价格值不值，就看它是否低于成本。当然，也有个别商品除外，像钻石等稀缺资源在成本线以上也有很大的价值。短周期的话，就看一个商品供不应求的偏差，当然利润也不能太高。如果在利润不太高的情况下又出现了严重的供不应求，这里面也有投资价值。**我们不能将具备投资价值称为价值投资**，这两者不是一个概念。**现在很多人把具备投资价值说成价值投资了，其实这是错的。真正的价值投资其实就是范蠡说的“贱取如珠玉，贵出如粪土”**。

问 57：就您看来，一项商品的价格本质上是由什么决定的？在不同的阶段，一项商品价格的波动区间能否有个大概的预估？

傅海棠：一般情况下，**商品的价格是在成本基础上再结合供需的反映**。如果供大于求，那价格就可能在成本线附近甚至于成本线以下；如果供不应求，那就会在成本线以上；如果是严重的供不应求，就会在成本线以上很高的地方，本质上还是由供求决定的。**不同阶段，一项商品价格的波动区间主要就是根据当前的库存和未来的生产与需求进行评估**。你还得预判价格的变化对生产和消费的影响，因为价格变了，生产和消费的量也会改变。

问 58：您觉得供给侧改革在 2018 年还会对某些商品的涨跌起到决定性作用吗？

傅海棠：**影响的程度会越来越低**，因为该改的都改了，国家应该会重新平衡新的供求关系。

问 59：您觉得特朗普的减税是否有利于有色金属的上涨？

傅海棠：这是肯定的。**特朗普的减税会对未来的需求直接产生影响**。特朗普减税就是为了发展美国经济，发展美国的生产制造，那肯定就会带来新的需求。当然，这个时间周期可能会比较长，长期看是这样的。

问 60：对个人投资者来说，您觉得期货市场最多能容纳多少资金？

傅海棠：**根据期货市场目前的体量来看，超过 100 亿应该就很难运作了**，因为市场容量不够，这个 100 亿指的是保证金。

问 61：期货市场中这么多品种里面，您觉得 2018 年哪个品种确定性机会最高？

傅海棠：2018 年的品种是这样的，整个商品期货就是两大块，一个农产品，一个工业品。**农产品整个板块的价格还比较低**，像豆油、豆粕等价格都比较低，玉米的价格也不高。当然，可能玉米的行情也不会太大，毕竟中国有较大的库存，未来的价格在大方向上还是由国家说了算。豆粕和豆油主要靠进口，由中国以外的市场说了算。当然，过去很多年连续风调雨顺，库存也比较高，目前来说在低位，**从中长期看，应该还是上涨的概率比较大**。中短期还不太好说，跌个 300 个点很正常，涨 300 个点也很正常。**短周期还不太好说，中长周期看，农产品板块上涨的概率会比较大**。农产品的规律都是淹三年旱三年，不淹不旱又三年，到目前为止，农产品还是没有完全改变靠天吃饭。

工业品方面，绝大多数的行业利润率都是比较高的，生产积极性比较高，当然需求也没有问题。**还是要盯住国家政策，盯住库存，回调和上涨的概率都存在。**

问 62：可能因为已经上涨到了一定程度，所以现在市场对焦煤、焦炭以及铁矿石等黑色系品种的态度比较谨慎，唯独对铜还比较乐观，您对此怎么看？

傅海棠：大周期来看，工业品各商品之间基本上走势背离的很少，都是一字型，**如果铜的需求好，其他品种的需求也不会差，它们之间存在相关性，整个工业品是一个大的体系**。螺纹钢如果需求好，那铜的需求也会好；铜的需求好，螺纹钢的需求也不会差。当然，短期之内品种会有分化，但从中长期的角度看，它们未来的趋势一定会趋于一致性。**从长期来看，需求肯定没问题。如果把时间拉得长一点，整个工业品在未来全是涨，甚至会涨到你不敢相信的价位**。为什么这样说呢？从全球范围来看，现在全球的经济非常好，中国经济很好，美国、欧洲、日本、印度、东南亚等地的经济都很好，全球经济体系在一个时点上全面爆发，这是在全球经济发展史上从来没有过的现象。目前，**全球经济同时腾飞，未来全球就会争夺大宗商品。**

当然，这个需要时间，并不是马上就能实现的，短周期内的震荡还是很正常的。

问 63：您做商品期货赚的钱，绝大部分是做多赚的。是不是做多的机会比做空的机会更容易把握？做多和做空有何差别？

傅海棠：相对而言，做多的机会更容易把握，做多也更容易赚大钱。关于“做多才能赚大钱”，我解释一下，我也做空，但很少做空。**在期货市场，长期来看，多头和空头是不对等的，其盈亏比是不同的，**大概率来讲，如果说抓阄做，不加分析，抓着多就永远做多，抓着空就永远做空，长期来看，这一波或者这一两年可能没问题，如果长期下去，做空的必输无疑。因为在熊市当中，跌 100% 的熊市是没有的，往下跌从来都是打折，前几年当中跌得最狠的一个品种是镍，从 48 万跌到 6 万多，也就跌了 80%，跌了好几年的时间，中间的回撤和反弹空头就受不了。等开涨了，可能几个月就翻倍，像 2016 年的双焦，焦炭从 500 多元的价格涨到 2200 多元，铁矿从 280 元涨到 600 多元，在很短的时间内就翻了几倍，空头 3 年赚的钱，可能 3 天就亏光，多头 3 年亏的钱，可能 3 天就赚回来。这也不代表我不做空，我有时候也做空，但在某些价位之下，你要小心做空，尤其像 2016 年初的时候，商品价格太低了，就像不要钱了白给，你还在放空，那这个事就危险了。

我为什么说要逢低做多？因为牛市比较好确定，历史上从来都有底没有顶。

关于股市

问 64：越来越多人认为现在的股市是“慢牛”。对此，您是否认同？为什么？

傅海棠：认同。**长期看，中国的股市，尤其大盘蓝筹往上涨几乎是毫无疑问的，当然短期的波动还是不好判断。**不过每次大幅度的回调都是我们入场的好时机。

问 65：您觉得这样的慢牛行情，能持续多久？

傅海棠：**应该会持续很长时间，至少也得 3~5 年**。当然，中间可能会有比较长的横盘或者波折，可能在相对底部横盘以后还会在高位横盘。就像日本股市，下跌以后横盘，横盘结束之后上去，最后又创新高了。

问 66：您在 2014 年参与股票投资，后来全平了。近两年则几乎没有做过股票。请问您下一次进入股市的时候，会选择长期持有还是做短期波段？

傅海棠：长期持有。上次投资时间短是因为当时资金规模比较小，而且主要精力也在商品上，在股市上赚了点钱以后又把它拿出来投到商品中去了。**未来如果我发现某些股票有价值，拿个一两年甚至十几年都是有可能的。**

问 67：现在您有没有倾向于哪些板块的股票？

傅海棠：我目前没有做股票投资，所以对这方面的了解不算太多。就我看来，**资源型、生产制造型中市盈率比较低的企业的价值还是比较大的，如钢铁、煤炭等**。据业内研究，这些市盈率还都在 10 倍左右。

问 68：这两年我也接触了很多投资人，包括原来一直都做期货的投资人，都纷纷将更多的资金放在股票投资上，因为他们觉得股票市场里的机会要大于期货市场。您是否有做类似的资金分配的打算？

傅海棠：目前还没有，**从 2000 年做期货到现在的 18 年间，我只做了 6 个月的股票**。2014 年 4 月份入场，后来市场快速上涨，我当年就出局了，至此没有进入股票市场，一直专注在商品期货领域。就我看来，**股票市场未来会处于一个慢牛阶段**，当然每次深幅回调的时候都是我们进入股市的好时候。不过**短期内我还没有进入股市的计划。**

问 69：上周（2018 年 1 月 29 日—2 月 2 日）股市就经历了较大幅的回调，是一个好的入场机会吗？

傅海棠：目前来看，这个幅度不能叫大，**涨了这么长时间跌一点是正**

常的。

主持人：但是涨了这么长时间，一直都是指数和大市值的蓝筹股在涨，比较细分的龙头或者更加小市值的股票一直都在创新低。

傅海棠：蓝筹本来就是好股票，市盈率低，企业又稳定，如果是我也会投资这些股票。那些小盘股在前几年本来就已经涨过了，估值存在高估。

翟敬勇

✧ 价值投资是透过本质看表象，而技术分析是透过表象看本质

✧ 价值是由优秀的企业文化创造的，这也是企业真正的护城河

✧ 中国现在政通人和，诞生伟大的企业是必然的

✧ 大象跳舞的时代特征就是这样，优质的股票不断受到追捧

翟敬勇

榕树投资创始人、总经理

深圳市榕树投资管理有限公司董事长兼首席执行官。1996 年进入股市，21 年大中华地区资本市场的投资经验，对中国资本市场有着深刻的理解。专注于企业基本价值的分析研究，自 2003 年以来坚持长期企业实地调研，深入走访调研了五百家以上上市公司，形成了独有深厚的上市公司人脉资源，高效跟踪覆盖企业的长期发展动态。领先把握行业周期及企业发展商业模式的变革，致力于寻找优秀卓越和伟大的企业，拥有丰富的资产管理经验并为投资人积累了丰厚的投资回报。著有《寻找伟大的企业》。

翟敬勇：买股票就是买公司，四毛钱买一元钱的东西

（2018年2月8日　沈良访谈整理）

精彩观点：

技术分析带来一个不好的后果是：往往只是事后分析精确无比。

国家在进步，金融市场在逐步规范，在完善的过程中技术分析转到基本面分析是一个必然现象，未来我们赚企业价值的钱成为主流也是必然。

我们不能机械地理解价值投资，真正的价值投资是一旦企业被高估就一定要卖出。

职业选手帮人理财首先是不能亏钱，所以风控是排第一位的。

投资一定要戒贪，每年能保持15%~20%的增长，已经是高手中的高手了。

“不败”第一要找好企业，第二是要买得足够便宜。巴菲特说买股票就是买公司，四毛钱买一元钱的东西。

价值投资是透过本质看表象，而技术分析是透过表象看本质。

价值是由优秀的企业文化创造的，这也是企业真正的护城河。

看一家企业首先是从表象上看商业模式，再到企业的治理结构，再看企业文化。

长期来看，围绕人的生老病死、生理需求的公司可以流传。

每个时代需求是不同的，适应当下需求的公司就能获得大发展。

从长期来看，是要看一个行业中优秀的企业能否长期保持稳定的现金流。

下一轮无人技术，有可能百度就会成为重要的领头羊。

现在这个时代，谁拥有大数据谁就可以给客户提供精确的个性化服务。

伟大的企业就是要顺应时代的潮流，有优秀的企业文化。

优秀的企业家、优秀的团队在顺应时代的前提下创造历史。

中国现在政通人和，诞生伟大的企业是必然的。

可以预言未来的五到十年，甚至十五年，中国会有一批优秀的企业屹立于世界之巅。

（中国现在伟大的企业）茅台肯定是第一家，腾讯是第二家，第三家是中国平安，第四家是美的，第五家是伊利。

价值投资就是每次要利用外部危机去捡便宜。

如果判断错了就会第一时间认错，如果判断正确了就会一直持有，有多余的资金还会补一点头寸。

我们公司文化是“正直守信、勤奋达观”，我希望我投资的公司也是这样。

作为一个外部投资者，就需要对企业进行长期跟踪调查。看一个企业还要看它的制度，强调企业文化是因为当员工都信奉这套约定俗成的规矩之后，才能传承下去。

巴菲特就是“快乐投资、快乐生活”。

巴菲特的世界观告诉我们，作为一批有专业能力的投资人，我们把社会的财富聚集到一块儿，应该把资产配置到最有效的地方，让经济更有效地运转，赚的钱应该要回馈社会。

从商业模式上来讲，他们（茅台）比任何一家公司都赚钱。

赚企业增长的钱的时代已经到来了，博弈的时代已经往下走了。

（调研过程中）第一，关注管理层的品行；第二，以谦卑的心态去沟通；第三，了解企业的战略目标。

白酒行业就两种酒，茅台和其他酒。

投资是一定要站在用户和消费者的角度去思考问题的。

调研在投资决策中的占比是100%，没调研过的公司我肯定不会买，而且一定是跟踪了五到十年。

所有的行业长期来看都是周期性的，只不过有些给人周期性感觉更强一些，有些弱一些。

我一年大概有1/3的时间是在跑上市公司。

他们（上市公司的领导层）在对世界和事物的判断上能够给我们的投资带来更宽的视野。

中国未来十到十五年肯定是走上升趋势的，中国企业将有一批屹立于世界之巅，中国的股市也将吸引世界资金的关注。

经济发展的最大动力是传统经济和新经济并轨，优秀的企业进入大象跳舞的时代。

（中国股市当前最大的基本面特征）第一是优质的上市公司越来越多，第二是长线的资金越来越多，第三是严格的监管导致平庸的公司边缘化越来越明显。

2018 年里优质的公司也会出现分化，从合理到适当估值溢价的时候，这就是优秀和卓越的区别了。未来是考验投资人对企业和行业的穿透力。

大象跳舞的时代特征就是这样，优质的股票不断受到追捧。

未来互联网、人工智能、生物制药等板块可能是个机会，但是现在很多公司都还没到投资时间。

香港市场对企业研究的要求更高，所以在香港赚企业钱的人都是赚得盆满钵盈，而做博弈的人大多都铩羽而归。

商业模式稳定下来以后，随着互联网加速应用，腾讯在几大平台的战略就起来了。

未来文娱平台在精神领域的消费是很大的市场，还有微信支付已经成功切入到金融平台。此外微信公众号已经变成了一个自媒体平台。在这三大平台下，腾讯的三个支柱点就更加稳健了。

企业运行到一定程度的时候靠制度推行，而不是靠某一个人。

优秀和卓越的公司相差的就是穿透力，这个穿透力决定着你能否真正赚大钱。

时间越长，筛选下来可供选择的公司就越少，投资是寻求安全的，一定要投到能睡着觉的公司。

做价值投资的人都比较真诚。

做投资有八个字我时刻铭记："敬天畏地，时刻感恩"。

我们作为基金经理，能够帮助更多人正确认识价值投资的路是非常好的。

关于价值投资

问 1：翟总您好，感谢您和我们进行深入对话。学校毕业半年后，您毛遂自荐到证券公司上班，当时您为何放弃原来的工作，下定决心进入股票市场？

翟敬勇：我没读大学，中专毕业第一份工作是被分配到我们当地的塑料加工厂上班。后来毛遂自荐到证券公司上班是因为家里穷，受到炒股的姑姑影响，加上当时湖北有个湖北兴化（600886）上市后创造过财富神话，认为股市能发家致富，就产生了兴趣。其实像我们这个年纪在证券市场摸爬滚打的多数是半路出家，都是看到股市红火就进去了。挣了两年钱就突然遇到大熊市，开始沉下心来学习，学习之后才慢慢转为职业投资人。

问 2：您做股票原先使用的是技术分析的方法，但六年时间没赚到钱。2003 年转为价值投资。当时是什么契机，决定转做价值投资？

翟敬勇：这也算是一个时代烙印。我们在 1996 年开始炒股票，市场上较多是做庄的，当时的市场没有价值投资，投机心理较重，科学名字叫博弈。所以当时日本的蜡烛图、艾略特波浪理论、江恩理论时间周期、八卦易经等特别火，我就在当时的氛围下去学习。后来我发现**技术分析带来一个不好的后果是：往往只是事后分析精确无比。**我身边一群朋友，之前研究技术分析，但后来都慢慢转移到价值投资。

我认为是**国家在进步，金融市场在逐步规范，在完善的过程中技术分析转到基本面分析是一个必然现象，未来我们赚企业价值的钱成为主流也是必然。**当时市场转变明显是受社保划转、国有股减持等政策的影响，市场情绪一下子转化了，知道这时应该看企业价值。到了 2001 年、2002 年左右，一批优秀、让人可以放心的公司上市，比如茅台，我当时就买了，我在 2008 年也没有卖过，不卖的原因是我认为这是中国最好的企业之一。总的来说，社会在不断发展，我们要顺应时代发展潮流。

问 3：在后来的投资生涯中，您对价值投资有没有产生过怀疑？2008 年、

2015 年的下跌，您是如何度过的？

翟敬勇：2008 年给我最大的经验是**我们不能机械地理解价值投资，真正的价值投资是一旦企业被高估就一定要卖出**。作为一个企业的股东，股价贵了不卖就是傻瓜，便宜了不买也是傻瓜。很多人以为巴菲特是只买不卖，那是错误的。此外我们还反思了帮人理财的策略，自己的资金可以一直坚持，但是很多客户坚持不了，2008 年我们很多客户都撤资了。他们把钱交给你是希望能够实现平稳增长的，他们并不了解企业情况，看到资金曲线忽上忽下就坚持不了，觉得不如自己做。

2015 年我们完全没有任何痛苦可言，因为我们理解了理财的特性。所以 2015 年 6 月上旬就开始减仓，6 月 20 日基本就保持净现金的状态。当时如果卖错了，我还有机会买回来。职业选手和业余选手是不一样的，**职业选手帮人理财首先是不能亏钱，所以风控是排第一位的**。今年我一直在学做减法，做好头寸管理。客户之所以会把钱交给你，第一是认同你的理念，第二是你帮他理财他能够安心，他不会知道你买什么股票，就看到净值在波动，所以波动越小，他心里越舒服。十几年前我就提出“快乐投资，快乐生活”，2008 年给我们的教训是太固执了，机械地执行价值投资。我从 2003 年开始买茅台，到 2013 年阶段性卖掉，因为那时候出了八项规定，短时间内喝酒的人变少了。一个企业的产品卖不掉了会产生什么后果我根本无法预料，为什么要去赌这件事？当你能够预见这些事时，要及早做出判断。

近一两个星期股市跌了不少，我们做了头寸管理。香港市场那边我们手里已经有很多现金了，A 股市场里从九成仓位降到六成，一部分已经获利了结。**投资一定要戒贪，每年能保持 15%~20% 的增长，已经是高手中的高手了。**

问 4：这些年来，您对价值投资的认知，从一开始到现在，有何改变，有何升华？

翟敬勇：从原来的只买不卖到好股好价。另外价值投资要遵循“不亏钱”的原则，要让自己立于不败之地。**“不败”第一要找好企业，第二是要买得足够便宜。巴菲特说买股票就是买公司，四毛钱买一元钱的东西。**像《道德经》

里所说，一生二，二生三，三生万物，靠大家去参透。

问 5：就您看来，技术分析在股市到底有没有用？若有用，应该用在什么时候，什么地方？

翟敬勇：当然有用，任何东西存在即合理。**技术分析是一种行为学，是反映市场行为的**。我们每个人在市场是一个投票器，每个人做一个决定背后都有自居的思维逻辑。我们进入互联网时代后股市就更容易暴涨暴跌，就是因为大家的行为往往容易形成一致性。**技术分析又是一种概率统计学**。投资有句行话叫“无限地逼近事实真相”，我们研究一个事物、企业，研究经济都是盲人摸象，从不同的角度看都会有局限性，包括股神巴菲特都有局限性。**价值投资是透过本质看表象，而技术分析是透过表象看本质**。从技术分析的角度来说，如果要成为博弈的高手，那必定是金字塔式的，只有索罗斯能够狙击英镑赚大钱。

问 6：对一个企业来说，“价值”是什么？“价值”由谁创造？怎样才能持续创造“价值”？

翟敬勇：**价值就是价格叠加资产的质量**。企业是由人创造的，**价值是由优秀的企业文化创造的，这也是企业真正的护城河**。巴菲特和芒格在八九十岁的高龄还坚持工作，而且很无私，赚的钱都捐出去，这就是企业文化。伯克希尔每年年报中都有一个收购的标准，之所以有那么多人愿意卖给他，是因为觉得自己能力到达了边界，把公司卖给伯克希尔，自己在公司层面还能继续工作。王石原本想找个股东长期支持万科发展，但是有人来搅局，那企业文化就容易改变。企业是由人创造的，需要一个组织架构，组织架构又需要一个稳定的制度，这个制度还是由人来制定，所以企业文化非常关键。同仁堂之所以能够经历三百多年风雨，是因为它的企业文化有一点是“炮制虽繁，必不敢省人工；品味虽贵，必不敢减物力”。茅台就是坚持“九蒸八酵七取酒，五年储存出酒”，看似简单的工艺其实很复杂，每一个继任的领导都想创新，但是核心是不能变的。像步步高的企业文化也很好，首先是不作恶。对待员工，不拖欠工资；对待供应商，不拖欠货款；对待消费者，不卖次品。

这样的企业不发展都难。总体来说，**我认为看一家企业首先是从表象上看商业模式，再到企业的治理结构，再看企业文化。**

问 7：怎样的行业，能够保持不断地成长？

翟敬勇：任何行业都会衰老，都会死去。现在大家都喜欢消费品是因为我们现在还没过渡到不吃不喝的时代。中国传统留下来的一个是饮食，一个是医药。所以**长期来看，围绕人的生老病死、生理需求的公司可以流传。但每个时代的需求是不同的，适应当下需求的公司就能获得大发展。**投资不能盲目刻舟求剑，一定要学会顺应时代潮流，比如现在都要推出无人驾驶了，你还去买燃油车的股票就不对了。就像当年蒸汽机出来的时候，你还非要买马车，那就是悖论了。美国相对来说是充分市场竞争，在行业中我们就可以仔细去推敲。**我个人总结就是一句话，要投资顺应时代的公司。**比如现在进入互联网时代，大家都习惯于网购了，就应该投阿里、京东，还有人要投永辉超市？我就不投这些公司。从个人行为上看，我一年去不了几次商场，有什么需求网上点一下就能送货上门，大大提高了我的时间效率。我们现在已经进入一个高度细分的时代，所以更要思考哪个领域值得投资。

问 8：哪些类型的企业，其发展没有天花板，或者天花板很高（很难触达天花板，发展空间大）？

翟敬勇：任何一个行业都有天花板，相对天花板高一点的就是互联网，看美国的谷歌、Facebook，国内的阿里、腾讯获利都很高。**从长期来看，是要看一个行业中优秀的企业能否长期保持稳定的现金流**，那算一个简单的估值就行了。我很早就明白复利的价值，如果现在买的这些资产能够长期稳定提供现金流，再加上全球未来一定会进入一个长期通胀的环境，货币是贬值的，那投资这些公司你的收益就会比别人高。我们投资的目的之一就是为了跑赢通货膨胀。

问 9：刚才提到腾讯和阿里，现在似乎腾讯和阿里把网易和百度的距离拉开了，您觉得网易和百度还有没有机会靠近它们？

翟敬勇：它们不在一个级别。百度就是个搜索引擎，在中国搜索这块是绝对的龙头，但是它要走出国门很难，我们也可以看到它和谷歌的差距。但是现在百度的最高领导层很厉害，他们在转型，**下一轮无人技术，有可能百度就会成为重要的领头羊。**企业顺应时代很重要，诺基亚最早是家木材加工公司，后来不断转型在功能机时代成为龙头，智能机时代没顺利转型被淘汰出局；中国现在的 OPPO、VIVO 以前是做游戏机的。**在每一次经济扩张、技术扩张的大潮中，能够顺应时代的公司都活得很好。**百度目前我没看到任何危机，在搜索这一块还是非常厉害，搜索还积累了大量数据，这些都是价值。他们现在之所以能做无人技术、人工智能正是基于背后庞大的数据库。阿里和腾讯现在往线下零售发展，也是为了获取数据。**现在这个时代，谁拥有大数据谁就可以给客户提供精确的个性化服务。**

问 10：您写过一本书《寻找伟大的企业》，请问，符合哪些条件，具备哪些要素的企业，可以称得上是伟大的企业？即一个伟大的企业，有哪些重要的基因？

翟敬勇：伟大的企业就是要顺应时代的潮流，有优秀的企业文化。我们在 2007 年发现的一些优秀的企业现在确确实实变成了中国最顶尖的企业了，比如茅台、万科。那个时点看那些公司是没有问题的，但是从现在的时点再看未来的十年，哪些公司是伟大的公司又要另说了。也许未来一些原本名不见经传的公司又变成了新的伟大的公司。说来说去还是回到优秀的企业家、优秀的团队在顺应时代的前提下创造历史。《寻找伟大的时代》这本书要传递出来的是如何在这个时代找出具有相同基因的企业。

问 11：在怎样的环境中，能够诞生伟大的企业？

翟敬勇：目前就是。**中国现在政通人和，诞生伟大的企业是必然的，所以我们对中国有信心。**可以预言**未来的五到十年，甚至十五年，中国会有一批优秀的企业屹立于世界之巅。**华为虽然没上市，但是在目前的时代是非常伟大的公司。不说腾讯、阿里是因为它们还没真正和一些巨头较量过，但是华为不一样，华为的海外收入已经远超过国内的收入了。又比如万华，已经是全球最大的MDI生产企业了。所以伟大的企业还是要看国际竞争，茅台走不出国门，老外不太喝白酒，所以受众人群受限，但茅台作为中国人的奢侈品，作为中国人最骄傲的产品已经够了，有些东西我们不能去奢求。腾讯能在中国有10亿的微信用户，光靠这10亿的用户就能创造很大的利润了，给股东赚很多钱了。所以很多事物我们要一分为二去看，不能武断地理解。

问12：就您看来，不管是上市公司还是非上市公司，中国现在有哪些伟大的企业（5~10家）？中国哪些优秀的企业会成长为全球优秀的企业？中国优秀的企业，有没有可能全面超越美国优秀的企业？

翟敬勇：茅台肯定是第一家。92%的毛利润，50%以上的净利润率，从商业模式上来看是没有问题的。从需求上来看，人不可能不吃不喝，所以对于企业来讲只要遵循正常的生产工艺就行，成本几乎是固定的。或者说，成本的变动远远小于产品价格的变动，毛利润已经反映出这一点。**腾讯是第二家，第三家是中国平安，第四家是美的，第五家是伊利。**看好伊利的理由和茅台一样，生活的需求存在，虽然利润不高，但这是个大众消费品。伊利产品的弊端在保质期短，所以存货价值低，这算是短板。毛利润低又很容易形成规模效应，容易形成寡头。伊利的治理结构非常好，所以他们在品质管控上已经获得了大众的信心。未来可以以中国人的勤奋在世界范围内扩张。我们能在全球吃到雀巢的雪糕，为什么不能吃到伊利的雪糕？这和当年可口可乐的扩张是一样的。大家都说巴菲特投的可口可乐是伟大的公司，其实这些都是快消品。刚才提到的美的也是快消品，无非就是在家电行业。看好美的是因为他们抢先布局了人工智能，在未来会有很大的发展空间。

全面超越美国这个话太大了，我觉得中国一定会出现一批屹立世界之巅的企业。现在已经有了华为，未来的平安、伊利、美的都有可能成为世界一流的公司，这才是中国真正崛起的表现。美国的强大不在于武器的强大，而是美国的产品，美国的企业影响着我们全球人的生活。除了中国，全世界都在用谷歌的搜索引擎。除了中国，全世界都在用Facebook。

问13：好行业、好企业的股票，在什么时间、什么位置买入，才算是好价格？

翟敬勇：这个没有标准，我的答案不一定适合别人，别人的答案也不一定适合我。我觉得**万变不离其宗，市盈率一定要便宜**，看美国的公司，涨到现在还是很便宜。我们在2008年犯的错误是像茅台都有70倍PE了，再好的东西都会跌，没有跌也只是情绪还没开始恐慌而已。企业的成长和人生一样，没有一帆风顺，一定会遇到跌跌撞撞。**唯一值得相信的就是治理结构和企业文化，这些东西没有改变之前，如果企业遇到危机，就是买入的好时机**。这就符合巴菲特以前买运通的时候，运通当时被卷入了色拉油诈骗丑闻，但是巴菲特对运通调研后发现他们的经营状况并无受到影响，所以他就开始买入股票。**价值投资就是每次要利用外部危机去捡便宜。**

问14：假设您特别看好的一个公司，买入了它的股票，但价格下跌了，您会不会坚持持有？会不会灵活调节仓位？

翟敬勇：**看情况，如果判断错了就会第一时间认错，如果判断正确了就会一直持有，有多余的资金还会补一点头寸。**

问15：有没有可能看错一个企业？如果看错了，但已经买入了，该怎么办？

翟敬勇：第一时间不惜一切代价纠错，越早纠错你损失的就越少。

问16：一个企业的领导人是怎样的人，您会比较放心？一个企业的领导人有哪些问题，则必须放弃该企业的股票？

翟敬勇：像贾跃亭这样的我就比较担心，**一个人做人、做事、做企业的本分就是你的幸福不能建立在别人的痛苦之上。所以我们公司文化是"正直守信、勤奋达观"，我希望我投资的公司也是这样**。老板要诚实正直、勤奋乐观，具有这样特点的企业家我是比较喜欢的。

问17：一个曾经伟大的企业，经常犯哪些错误，就会沦为平庸的企业甚至不入流的企业？

翟敬勇：做投资会亏钱，做实业也会亏钱，但是一定要会纠错，巴菲特就在持续纠错。伟大的公司在这方面一定会注意的，一旦出现经常犯错这种情况其实企业文化就变了，当企业文化变了，公司走向平庸是必然的。**作为一个外部投资者，就需要对企业进行长期跟踪调查。**当一个企业领导人能够引领一个企业的时候，基本上都是四十岁以上了，黄金年龄期在十五年到二十年。“铁打的营盘流水的兵”，所以**看一个企业还要看它的制度。强调企业文化是因为当员工都信奉这套约定俗成的规矩之后，才能传承下去。**伟大的企业是由好的企业文化传承。微软的比尔·盖茨很早就赚到钱把企业的经营权交出去了，自己做慈善。巴菲特说他就是要找有钱的人帮他管钱，因为这些人是热爱事业，而不是为了钱来工作的，所以巴菲特才能放心地把钱交给他们。

问 18：做价值投资的人都会研究和学习巴菲特，但不同的人对巴菲特的理解也是不同的。您觉得巴菲特是一个怎样的人？巴菲特最大的优点是什么？他有没有缺点？

翟敬勇：巴菲特就是“快乐投资、快乐生活”，我希望我八十多岁的时候还能像老爷子一样喝个可乐，吃个巧克力，人的生活要幸福就是简单。说到巴菲特的缺点，是人都会有缺点，但是他的缺点我不知道，因为我没跟他接触得那么多。中国人学巴菲特更多的是学他怎么赚钱，实际上赚钱是中国人的信仰，但是我觉得更应该学的是巴菲特的世界观。**巴菲特的世界观告诉我们，作为一批有专业能力的投资人，我们把社会的财富聚集到一块儿，应该把资产配置到最有效的地方，让经济更有效地运转。我们赚的钱应该是要回馈社会的**，这是需要在中国优秀的投顾间大力宣传的。我觉得不能只顾自己闷头赚钱，应该把赚企业钱的理念传播出去，**传播一个好的价值观要比自己赚钱快乐得多。**

问 19：就您看来，巴菲特在投资上的核心理念是什么？您能否像巴菲特那样，十年、二十年、数十年坚持持有一个企业的股票，和这个企业共同成长？

翟敬勇：茅台我是一直持有的，唯独 2012 年底到 2013 年出现危机了我暂时出来观望了一下，到了 2016 年又买入了。投资我们首先是看企业文化，看企业的商业模式、治理结构。再看当时外部的原因，八项规定反腐，耐心观察它受到的影响，不是机械地投资。当我发现影响消失了之后，再次买入就行了。巴菲特的核心理念是，买股票就是买公司，四毛钱买一元钱的东西。道理很简单，就像一生二,二生三,三生万物一样，真正去实践就非常难了，比如怎么去判断一个位置是不是四毛钱。

问 20：巴菲特说，一个上市公司如果不想持有十年，那么最好别持有十分钟。如果未来十年让您只持有一家上市公司，你会选哪家？为什么？

翟敬勇：茅台。因为它稳定，90% 以上的毛利，50% 以上的净利润，我们做实业一想就知道这种企业有多好，而且**他们的存货是增值的，所以从商业模式上来讲，他们比任何一家公司都赚钱**。现在的茅台 25 万吨的存货，按 200 万一吨来算，就价值 5000 亿，账上 800 亿现金，再加上一些无形资产，现在的估值也不贵。

问 21：您觉得全球华人中，最接近巴菲特的是谁？为什么？

翟敬勇：巴菲特的思维模式和境界是很多人达不到的，**我们可以学巴菲特的思想，但是一定不要和巴菲特来相提并论，我觉得这是妄尊自大**。人与人的差距是几何倍数的差距，换句话说，巴菲特能把自己几千亿身家捐给慈善，华人富豪里有几个能做到？人的生命都是有限的，还是要过自己的幸福生活。

问 22：中国 A 股市场的氛围和环境，能否照搬应用巴菲特的理念和方法？是否需要一定的调整？

翟敬勇：当然可以，我觉得已经到这个时代了，**赚企业增长的钱的时代已经到来了，博弈的时代已经往下走了**。在 A 股市场也是一样，不用调整理念，就是四毛钱买一元钱的东西，这个标准全球通用。

问 23：贵公司 2018 年 1 月 5 日荣获证券时报 2017 年度金长江奖“快速成长基金公司”，也在其他平台获得一些奖项。请问，贵公司在 2017 年做对了什么，才取得了较好的成绩？

翟敬勇：做对了“赚企业的钱”的事，用四毛钱买一元钱的理念，买最好的公司。15 倍 PE 买茅台，15 倍 PE 买五粮液，14 倍 PE 买伊利，7.5 倍 PE 买神华，7 倍 PE 买万华，不赚钱都是不合理的。得奖只是个结果，是因为我们做了正确的事情，在很便宜的时候买了优质的企业而已。

关于上市公司调研

问 24：这些年来，您曾深入走访调研 500 家以上的上市公司，请问，您在走访调研企业时，主要关注哪些方面？

翟敬勇：第一，管理层的品行，这通过看年报是看不出来的。我去一家公司和管理层聊首先会听其言、观其行，再通过时间来观察，让时间说话。**第二，以谦卑的心态去沟通**，每一家上市公司的领导人都是人中龙凤，能够成为上市公司的都是非常优秀的企业家，他们身上都有值得我们学习的地方，所以我去这些公司一般都是以学习的心态。**第三**，在观察人和学习的过程中，**我要了解企业的战略目标**。一旦发现好的企业就会长期跟踪，比如茅台、伊利、万华、万科、平安，等等。我从这些企业上市就开始跟踪，已有十五年左右，经历了好几个经济周期，对我来说赚这些公司的钱就相对容易了。

问 25：除了从企业经营的角度，您会不会站在该企业的用户、消费者的角度观察和思考企业的各种情况和问题？

翟敬勇：当然会。比如茅台，**白酒行业就两种酒，茅台和其他酒**。茅台代表的是身份和地位，是奢侈品，不能简单地用成本和价格来衡量，它能给你带来的是一种愉悦感。情感需求比价格更重要，我现在经常跟人说，现在送别人一万元钱别人根本看不上，但是送人一箱价值一万的茅台，别人就会很开心。手机也分为苹果和其他手机，果粉是从来不问价格的，一样的道理。**投资是一定要站在用户和消费者的角度去思考问题的**，刚才说到投资是无限逼近真相，投资就是要多维度了解企业。巴菲特说一个受消费者欢迎的公司要去关注，消费者都不买他们产品的公司一定不要去买。

问 26：就您看来，深入了解一家上市公司是否一定要去现场看？去现场和不去现场最大的差别是什么？

翟敬勇：去现场有个好处是能和这些优秀的企业家面对面交流、学习，能听他们的战略规划，这些是很难得的。网上都可以看到伯克希尔的股东会视频，为什么我们还要去奥马哈呢？去现场可以看到其他人对股东、投资人的评价，这些是在网上得不到的。有些人不去现场也能做得很好，因为他们本身就是很优秀的企业家，很顶尖的投资人。**芒格说，做投资就像开飞机一样，上飞机之前要把各个零部件都检查一下，投资原则不能改变。**有时候去现场能够增强自己的信心和判断。

问 27：请您谈谈，对基金管理人来说，调研的意义是什么？调研在您的投资决策中占多少权重？一家公司买入之前是否必须调研？仓位较重的公司每年跑几次调研？

翟敬勇：基金经理人必须对投资的股票负责。如果一个基金经理人对自己的股票都没有深入的了解，怎么能够放心持有？**调研在投资决策中的占比是 100%，没调研过的公司我肯定不会买，而且一定是跟踪了五到十年。**像茅台我一年会去一到两次，非常时期会去得更多，他们就像是我自己家的企业一样，虽然我不参与具体经营，但是我要经常看看他们干得好不好，他们遇到危机的时候我们也会帮忙出主意。

问 28：周期股和非周期股在调研上有何区别？周期股和非周期股各自有何特点，应如何搭配？

翟敬勇：任何公司在调研上都是一样的。原则上就是我刚才说的三点，然后具体问题具体分析。好的公司、幸福的家庭都是一模一样的，不幸的家庭各有各的不幸。

从基金上来说，周期股和非周期股是均衡组合。不过**我认为所有的行业长期来看都是周期性的，只不过有些给人周期性感觉更强一些，有些弱一些。**

问 29：您每次都亲自跑调研吗？还是自己跑一次之后，就让公司的研究员跑？

翟敬勇：如果我已经把一个公司看清楚了，那我去得就少了，如果没看清楚就多去几次，**我一年大概有 1/3 的时间是在跑上市公司。**

问 30：调研上市公司这么多年，哪一次让您印象最深刻？

翟敬勇：最深刻的一次是去万华。我们飞烟台，但是途中遭遇大雪，经停济南，我们在机场待了一晚上，第二天飞机停飞了，我们又从机场赶到火车站，坐了 8 小时的绿皮火车到烟台万华，已经错过了股东大会，但是后来跟管理层吃了饭。我觉得这里还是有乐趣在的，跟上市企业的老总交流，往往能认识一批志同道合的人，比如我和梁瑞安先生也是在茅台认识的。调研中途遇到的恶劣天气、恶劣情况，也就能理解到赚钱的辛苦。

问 31：和一家上市公司的董事长或董秘关系好一点，是否有利于对这家上市公司整体的判断？

翟敬勇：那不是。如果你尊重那些企业家，时间长了，大家就像交朋友一样。对我们的帮助是，**他们在对世界和事物的判断上能够给我们的投资带来更宽的视野**。各个企业家对自己行业的形势会更加敏感和清楚一些，就像我们做股票的，对市场的情绪肯定比做实业的更了解一些。我们也能和他们交流，互相帮助。

问 32：您在参加相关企业的股东大会时，主要想听什么内容？会对哪些数据比较敏感？

翟敬勇：更喜欢听公司讲战略规划性的东西。数据这块不同情况不同分析，无法定量。也许一段时间内对销售数据比较敏感，一段时间内对新产品开发比较敏感。

问 33：看上市公司的招股说明书、年报、季报、公告、公开信息等，应如何梳理脉络？如何抓住重点？如何寻找机会？

翟敬勇：重点是公司的治理结构、商业模式、企业文化、产品的定位、销售、财务的安全性等。**寻找机会就是公司内部不存在问题，当外生性问题产生时就是买入的时机。**当然每个企业都是不一样的，所以也是没有标准答案的。

问 34：就您切实的经历来看，各类 A 股上市公司的对外信息，诱导性、欺骗性的更多，还是真诚的更多？

翟敬勇：都有。社会在向前推进，互联网时代造假是要付出惨痛代价的，乐视就是最好的例子。作为一个上市公司，有时候为了商业机密或者战略部署，延迟发布报表，这没有什么错和对之分，不是恶意的就可以。以前茅台供应每个经销商多少酒都会公布，但是发现会被竞争对手利用，所以后来就以商业机密为由不披露了。我们要辩证地看待这个问题，关键是要看到企业长期的发展趋势。

关于股市和宏观

问 35：对当今世界的政治格局、经济格局，您怎么看？这对全球股市有何影响？

翟敬勇：我觉得**中国未来十到十五年肯定是走上升趋势的**，这是必然。所以 A 股市场，**中国企业将有一批屹立于世界之巅，中国的股市也将吸引世界资金的关注。**中国 2016 年、2017 年进入赚企业钱的时代也是在这个大背景下出现的。

问 36：就您看来，中国现在处在一个怎样的时代？这个时代的最大特征是什么？这个时代经济发展的最大动力是什么？

翟敬勇：目前最大的特征是一言九鼎、政通人和。**经济发展的最大动力是传统经济和新经济并轨，优秀的企业进入大象跳舞的时代。**

问 37：中国哪些类型的行业、哪些类型的企业会在这个时代大大受益？

翟敬勇：每个行业的龙头，有好的治理结构、商业模式、企业文化的公司将大大受益，**现在就是个“好人举手”时代。**

问 38：中国股市当前最大的基本面是什么？最大的推动力量是什么？

翟敬勇：第一是优质的上市公司越来越多，第二是长线的资金越来越多，第三是严格的监管导致平庸的公司边缘化越来越明显。

问 39：2017 年，中国股市涨跌的最大特征是什么？这一特征在 2018 年会不会延续？

翟敬勇：2017 年优质蓝筹股从被低估到合理，2018 年从目前来看还是在延续。但是在 **2018 年里优质的公司也会出现分化。**从低估到合理的时候，大家可以一拥而上，但是**从合理到适当估值溢价的时候，这就是优秀和卓越的区别了。未来是考验投资人对企业和行业的穿透力。**

问 40：在 2018 年，如果白马股阶段性回调，是否就是买入机会？为什么？

翟敬勇：一些优质的股票回调当然是买入机会。因为之前有些卓越的企业盈利是超越市场预期的，加上长线的资金会越来越多，所以回调买入是好机会。

问 41：有人看好中国股市未来五年、十年的上涨；也有人认为未来很长时间，中国股市都是少部分股票上涨，大部分股票不涨甚至下跌。您怎么看？

翟敬勇：未来就是这样，全球都是如此，是一个优胜劣汰的过程。**大象跳舞的时代特征就是这样，优质的股票不断受到追捧，**跟房子是一样的。去东北买房子是很难赚钱的，但是如果在北京二环能买到房子，放十年来看，赚钱是大概率事件。未来一定是稀缺和垄断的时代。

问 42：您现在最看好哪些板块？

翟敬勇：我们投资的都是跟踪了五到十年的企业，现在看好的板块是在未来体现，我们目前还在研究。比如我认为**未来互联网、人工智能、生物制药等板块可能是个机会，但是现在很多公司都还没到投资时间**。现在投资的一些企业主要是在各个行业中的龙头，投资一些本身能够产生快速发展，能够带给我们丰厚回报的一些公司。

问 43：您也有参与港股的研究和投资，请问，香港股票市场和 A 股主要的不同点有哪些？

翟敬勇：港股和 A 股肯定不一样，港股第一有做空机制，第二不设置涨跌停，第三香港是个离岸市场，第四是参与者以香港和全球的成熟投资者为主。A 股有涨跌停板所以涨得慢跌得慢，香港当市场情绪来的时候，涨得快跌得也快。从这个角度来说，香港市场对企业研究的要求更高。所以**在香港赚企业钱的人都是赚得盆满钵盈，而做博弈的人大多都铩羽而归**。

问 44：港股市场，您目前看好哪些板块？

翟敬勇：我的观念还是以公司为主，我看好企业文化、治理结构，**一定是挑企业，而不是挑板块**。我认为投资是一定要算账的，香港市场跌能跌过头，涨也能涨过头，所以在投资上有更高的安全垫的情况下，香港市场的收益是非常棒的。

关于腾讯，关于投资理念

问 45：您很看好腾讯这家公司，请问您是什么时候开始看好的？为什么看好？现在是否继续看好？

翟敬勇：腾讯上市的时候我就很看好。但是当时缺乏对大格局的理解，就拿不住这样的公司。真正看好是市值到了 15000 亿以后，但重点不是市值，而是商业模式稳定下来以后，**随着互联网加速应用，腾讯在几大平台的战略就起来了**。腾讯最早赚钱是靠 QQ 和电信流量费分成，还靠游戏渠道赚钱。

现在从游戏发展到了文娱平台，阅文集团也上市了。**未来文娱平台在精神领域的消费是很大的市场。还有微信支付已经成功切入到金融平台。此外微信公众号已经变成了一个自媒体平台。在这三大平台下，腾讯的三个支柱点就更加稳健了。**腾讯可能在未来五到十年里就会变成水和空气，大家日常生活里离不开的东西。2017 年有个投票说苹果和微信二选一，似乎网上 90% 的人投给了微信，这就是我们可以看到的腾讯的价值。

问 46：如果离开了微信，您的生活会有何改变？还能不能正常生活和工作？

翟敬勇：会很不舒服。就像突然让你一个人回到原始社会就会不适应，但如果大家都回到原始社会，那也就坦然了。这是不可逆的，这个假定没有意义，我们已经不可能回到马车时代了。

问 47：抛开腾讯的利润等因素，单单“微信”这个品牌，您觉得值多少钱？微信有没有被取代的风险？

翟敬勇：任何东西都有被取代的可能，但是目前我也没想出来有什么能够取代微信。微信具有社交价值，但具体值多少钱我也不知道，只知道黏性很强。一旦终极价值被估出来，脑子里就有个天花板了，到什么位置应该卖掉了。巴菲特就说真正优秀的企业不应该老想着去卖掉，还是要看时代的发展。**投资如果不顺应时代潮流就是给自己找不痛快。**

问 48：您有没有专门研究马化腾，您觉得他是一个怎样的人？他能否带领腾讯继续发展 20 年？

翟敬勇：我没有研究过他，我就知道他挺低调的，我们见到的都是公开信息。就 2004 年开股东会的时候，我们去调研见过一次，后面就很少见了。未来，腾讯的发展，有没有马化腾不重要。**企业运行到一定程度的时候靠制度推行，而不是靠某一个人。**就像苹果，别人可能高估了乔布斯对苹果的影响，我当时也以为乔布斯去世以后苹果就完了，但是我的朋友认为有没有乔布斯都一样。所以当时我赚了 100 元就卖了，结果现在苹果还是好好的，这就是穿透力。**优秀和卓越的公司相差的就是穿透力，这个穿透力决定着你能**

否真正赚大钱。

问 49：您曾说过“能买老大就买老大”，为什么要买老大？如果老大太贵了，买老二或老三，行不行？

翟敬勇：投资要遵循巴菲特说的四毛钱买一元钱的东西原则。当行业在发展的时候，企业都在发展。**老大在往前跑的时候，老二也在往前跑。**当大家达成共识的时候，估值到达一定程度，整个行业都应该休息休息，**从安全性角度来讲，老大会比较好。**在 2008 年的时候，蓝筹都到了七八十倍 PE，如果还持续买入，那赔钱是必然的。

问 50：您偏好于选择少量股票，为什么只选很少的股票，而不是多选一些分散风险？您一般持有多少只股票？

翟敬勇：分散风险都是骗人的。从企业角度去考虑，每家公司都会带来信息。要了解一个公司需要五到十年的时间，你有这么多的精力去观察那么多公司吗？**时间越长，筛选下来可供选择的公司就越少，投资是寻求安全的，一定要投到能睡着觉的公司。**如果投资了一家公司，自己天天睡不着觉，那还有意义吗？这就背离了快乐投资的理念了。我自己一般持有两到四家企业，基金出于安全考虑，会略多一些。

问 51：过去那么多年实践下来，您的投资组合每年的换手率大概是多少次？对收益曲线的回撤极限容忍度是多少？

翟敬勇：看情况，如果是基金还是要看市场，因为要考虑风控问题。但是个人的话，不出现大问题，尽可能不交易。腾讯每次下跌 10%、20%，在低位卖了也不知道什么时候买回来。有句话叫屁股决定脑袋，有时候能够稳坐钓鱼台比聪明才智更有用。巴菲特的很多交易方法和理念都是适合个人交易的，但是他其实投资组合又是经常在随着市场变化的。

从理财的角度来说，客户的极限是不能亏损超过 15%，所以我们做组合投资也是为了尽可能减少回撤。个人则一般持有三到四只股票，收益会较高，但同时波动性也会较大。

问 52：您认为“2018 年投资一定要做减法，会做减法的投资人将是大赢家”，为什么一定要做减法？这个减法应该怎么做？

翟敬勇：我觉得这是一种头寸管理。巴菲特说过一句话，现金就像空气一样，平时看不出来，一旦到救命的时候就非常重要了。从去年开始，蓝筹股从低估到合理，在资金的推动下又走向适当溢价，这时企业会有分化。老大可能还会高速增长，但是老二、老三就会产生瓶颈。就像跑马拉松一样，前三十公里是看不出区别的，到最后十公里的时候，老大老二老三的差距就显示出来了。**我们投资也是马拉松**，在大家估值都合理的情况下看投资人如何抉择了。像现在深圳的房价也是，现在都是八万十万的房子，但是十年后绝对会分化开来。**做减法是说有些公司只是赚一个阶段性的钱，估值已经到了合理位置，就出场观望一下。**人不要贪，这两年选中那 10% 或者 20% 股票的投资人都已经赚得很满足了，远远超出了社会平均收益水平，这个时候有些人还想加杠杆，那就是贪念了。巴菲特也说，人要克服自己的贪婪，克服自己的恐惧。

问 53：像贵州茅台、中国平安这样的公司，是否值得长期配置？像神华这样的公司，应当长期投资，还是阶段性投资？

翟敬勇：目前阶段都适合长期配置。但是贵了的时候，该卖还是要卖。这些企业的商业模式、治理结构肯定是没有系统性风险的，但是估值是人心给的。当它只有四毛钱的时候你就要大胆买入，当它到了一元五、一元六的时候你该卖就卖。

关于朋友和人生

问 54：您和但斌先生是很好的朋友，2001 年就结识，您觉得你们两位的投资理念有何相同点？有何不同点？

翟敬勇：相同点就是大家都觉得买股票就是买企业，他看问题比我更有高度，我也有我的优势。这么多年我坚持去调研上市公司，对上市公司还是比较了解的。

问55：就您看来，为什么但斌先生能在股市投资中获得成功？他除了投资能力外，最宝贵的品质是什么？

翟敬勇：**做价值投资的人都比较真诚**。他投资了什么标的都会说，就是赚企业的钱，乐于分享。做价值投资的人都敢于把企业的基本面情况跟人分享。我们一群人喜欢在一起聊天不是说一个股票我买了你不能买，博弈就是我告诉你了之后，你买了我就不能买了，过了今天的价格明天就没了。伯克希尔不公布标的了，是因为企业大了，怕大家跟风，但是我们现在的资金量还小。

问56：2008—2012年，在您投资人生最低迷的阶段，段永平先生给了您特别大的帮助。请问，他给了您哪些帮助？对您后来的投资和生活有何影响？

翟敬勇：**段永平先生是非常优秀的实业家**，我在调研上市公司中遇到的问题他都能用非常简单的语言帮我解答。比如企业家要守本分、不作恶，他跟我讲了，也跟别人讲了。我之所以有这么大的收获是因为我在调研企业中正好有这样的困惑。**企业估值过高为什么还不卖，说白了就是贪念。**包括我这里有很多上市公司的信息也会和他们分享，相互帮助、交流之后，我再去看企业会更加轻松一点。相当于我搜集了很多素材，需要人帮我点拨梳理一下。

问57：但斌先生曾说您虽然出身寒门，但一定会成为非常出色的人。请问，出身寒门对您来说是好事还是坏事？

翟敬勇：出身是自己没法选择的，出身寒门就会更专注，但同时也会失去一些东西。像我的孩子从小会给他培养一些兴趣爱好，但这些都是需要花钱的。这个时代在进步，如果能够选择，大家当然都不希望出身寒门，能过得幸福为什么要过得苦哈哈的？我们现在作为父母，也是尽可能给孩子一个更好的平台。以后他喜欢什么就让他去做，不选择投资也没关系。像我进入投资行业也是误打误撞，觉得其他行业赚钱慢，虽然最初是为了赚钱，但是在过程中不断转变了思维和理念。

问 58：除了但斌和段永平，您最想感谢的还有哪些朋友？

翟敬勇：还有很多，像是郑伟鹤、张尧、邹小平、王文以及各种对我有帮助的人。我觉得我结交的每一个朋友都值得我感谢，包括很多上市公司的领导、优秀的企业家。**做投资有八个字我时刻铭记：“敬天畏地，时刻感恩”。**

问 59：有一天，您达成了怎样的目标，或到了怎样的状态，会觉得自己成了非常出色的人？

翟敬勇：我永远只觉得自己是个小老百姓，人生一晃就过去了，怎么拥有快乐的生活，让自己的内心变得单纯和简单，不要那么辛苦就行了。所以在未来，**我希望我的生活变得越来越简单**，像巴菲特一样，八十多岁还能喝着可乐，吃着巧克力，享受人生。

问 60：人的生命是短暂的，人的一生中，最有价值的是什么？一位基金经理做了什么，才算是对社会尽了责任？

翟敬勇：一个人如果能为这个社会的进步留下一些财富就算实现了价值。**我们作为基金经理，能够帮助更多人正确认识价值投资的路是非常好的。**孔子的价值是传播了几千年的一个道德标准，我们记不住很多帝王将相，但是我们记住了孔子。

问 61：您经常跑马拉松，请问长期坚持跑步是一种怎样的感觉？

翟敬勇：身心都会很愉悦，长期坚持就是锻炼身体。很多人说巴菲特的财富是五十岁后才创造的，没有好的身体，人生提早结束了，那还有什么价值？**做投资既然决定了要赚企业价值的钱，就一定要把自己的身体保护好，**身体是革命的本钱。除了马拉松之外，我还徒步，以前还玩帆船、骑自行车，等等。**身体在保持健康舒畅的情况下，做其他事也会顺利很多。**

石波

✧ 只有一条道路能够战胜市场，那就是价值投资

✧ 价值投资的核心就是以便宜的价格买好的公司

✧ 集中度提高是投资支点公司最大的逻辑

✧ 中国的人口红利逐步消失，但工程师红利正在生长

✧ 我崇尚简单，又喜欢开阔的感觉

石　波

上海尚雅投资管理有限公司董事长

法学硕士，原华夏基金管理公司投资副总监。曾任君安证券有限公司投资银行部上海总部副总经理、上海申华实业股份有限公司常务副总经理。1999 年加入华夏基金管理有限公司，任投资副总监、股票投资部执行副总经理、并历任基金兴科、基金兴华、华夏回报和华夏回报二号基金经理。2007 年 8 月创立上海尚雅投资管理有限公司。

石波先生有 24 年的从事证券投资经验，曾荣获《福布斯》中国优选基金经理、金牛阳光私募投资经理奖、中国私募基金十大风云人物奖等荣誉。

石波：品质投资　创造价值

（2018 年 3 月 7 日　张婧雯、沈良访谈整理）

精彩观点：

一般来说，性格比较开朗乐观的人才能做价值投资，而我就是一个乐观主义者。

巴菲特是看好的一面，索罗斯是看坏的一面，两个人在投资上的态度是相反的。

股票市场要真正走好，必须得有长线的资金支持。

只有一条道路是能够战胜市场的，那就是价值投资。

价值投资的核心就是以便宜的价格买好的公司。

投资股票还是要看得久远一些，看得长远才能看得清楚。

价值观是一个企业的灵魂。

“价值投资、品质投资、长期投资、科学投资”这四个投资理念在我们公司成立的时候就已经定好的，一直到现在都没有变过。

价值是买便宜，品质是买好东西，相较之下，我更看好品质。

价值投资的 3.0 版本，我认为是三次方的，市值的空间更大。

教育、体育、文化、医疗、养老这些行业会高成长。

不提高 ROE 的增长是伪成长。

行业的天花板要足够高，足够宽。

总之，它要有远大的目标，有无限的创造力，有独特的商业模式，能够改变世界，提高人类生活品质的公司才能称之为伟大的企业。

资产负债表最重要，然后是现金流，最后才是业绩。

我们有选股指标，有四个方面的分析，业务分析、管理分析、盈利能力分析、内在价值与安全边际分析。

股市的第一大基本面是对外开放，第二大基本面是投资者结构发生变化，第三大基本面是经济的持续稳定性。

股市上涨的最大动力是消费升级和创新驱动。

集中度提高是投资支点公司最大的逻辑。

从大周期来讲，经济的增长速度是在放缓的，从高增长阶段迈入高质量发展阶段。

与传统的价值股相比，我们也很看好价值股里面的成长股。

去年是 A 股的港股化，今年是 A 股的国际化。国际化的特点是蓝筹股流动性溢价，小股票折价。

中国经济出现了一个拐点，由原来的投资经济变成了消费经济。

中国的人口红利逐步消失，但工程师红利正在生长。

现在全球正在进入人工智能的前夜。

2018 年比 2017 年的赚钱难度要高一些，因为 2017 年是价值发现，2018 年是价值投资。

我们认为房地产行业在 3 年内是一个行业集中度提高的机会。

中国股市的牛市格局肯定是没有问题的，两个 100 年股市会到 10000 点。

智能手机行业增速放缓，正在重复功能机的故事，成为一个周期行业。

投资品的行业轮动较快，而消费品的波动性则相对较小。

世界是你们的，世界是我们的，但终究是活得长寿的人的。

人工智能有五个阶段，第一个阶段是智能制造；第二个阶段是感知智能；第三个阶段是认知智能；第四个阶段是智能系统，AI 手机、无人机、智能汽车、智能家电、智能建筑；第五个阶段是脑机结合，人脑和机器的结合。

目前来看，智能家电和智能汽车的空间会大一些。

公募是为了满足投资理财的基本需要，私募是为了满足品质投资的需要。

我希望以后提到尚雅，就是规范、美好、高尚、整齐、有品质的一家公司。

我崇尚简单，又喜欢开阔的感觉。

我对幸福的理解就是超越自己的极限，人一定不能自我设限封闭自己，失去进化的能力。

财富是有很多定义的，但是人不能光有物质财富，更应该拥有精神财富和健康财富。

可以输在起跑线上，不能输在终点线上。

关于价值投资和理念

问 1：石总您好，感谢您和我们进行深入对话。有人称您为投资界的“东邪”，说您有个性，风格相对激进，追求对未来的预判。您本人认可这样的评价吗？为什么？

石波：他们为什么称我为“东邪”？可能是因为 2009 年那波我们业绩比较突出。当时我买的是新能源股，这些股票的波动比较大，所以某些人可能认为我的风格比较激进，一年多可以涨 3 倍。我自认为是个价值投资者，买成长股也是价值投资。

我认为价值投资是过去定义未来。为什么现在大家愿意买价值股？因为过去的 20 年价值股的平均业绩每年都维持着 20% 左右的增长。**成长投资则是现在定义未来。**我们买苹果概念股的时候，虽然它的市盈率很高，但连续 5 年都获得 50% 的增长，那么它的估值也会得到提升。

互联网思维提出了用未来定义未来的概念。在互联网时代，风来的时候猪都可以飞到天上去，但是风一停呢？

即使是成长投资，还是可以计算利润的，我们是根据未来现金流量贴现来计算企业的价值。从这方面来讲，**我觉得自己没有那么激进，算是稳健投资。**

问 2：您现在是否看好新能源汽车？会选择布局这一领域吗？

石波：看好，但现在还在观察。我们在 2009 年的时候就投过新能源汽车，但投得太早了。每个时代都是迭代更替的，每个产业也都有一个“之”字形的周期。

问 3：您曾说过“投资是一个和人性的弱点恐惧和贪婪搏斗的游戏”。请问，为什么恐惧和贪婪会阻碍投资的成功？我们应如何克服这两个弱点？

石波：恐惧和贪婪是人性，达利欧说要把一个公司变成一个机器，以此来克服人性的弱点。我也做了这个试验，但是效果不好，我觉得自己做不到逆人性。达利欧说要选择痛苦，经历了痛苦和失败才能使人进步。但巴菲特价值投资的模式是顺人性，属于快乐投资。所以**一般来说，性格比较开朗乐观的人才能做价值投资，而我就是一个乐观主义者。巴菲特是看好的一面，索罗斯是看坏的一面，两个人在投资上的态度是相反的。**从这个角度来讲，**自己的投资风格要跟人性有所匹配。**“逆人性”这个说法既对也不对，因为“逆人性”就不会热爱，如果觉得很痛苦，就不要从事这个行业。

我自己是比较喜欢这个行业的，当然，这么多年也有痛苦的时候。2008年我是最痛苦的，因为我的产品发在了最高点。我在 2007 年 10 月份发了产品，结果第一年就经历了股灾，我们的产品跌了 30%。我以前做华夏回报的时候每年都是正回报，但做私募的第一年就跌了 30%。遇到金融危机，就会让你觉得很无奈。不过那个时候虽然痛苦但是并不慌，因为股市的命运是和国运连在一起的。**当时更多的关注点在汶川地震上，我们公司 200 万的注册资金，直接就捐了 100 万。**那时候我就想，人的生命都没有办法得到保证，还做什么投资呢？但是到了 2008 年下半年，我在市场上发现了新能源的投资机会，成为第一家从股灾中崛起的私募。

问 4：近年来，A 股市场机构化趋势比较明显，因此有人说现在股市进入了“机构时代”，个人投资者想要盈利会越来越难。您怎么看？

石波：以前的市场以散户为主，其中有 70% 的投资者都是散户，现在则慢慢进入了机构投资的时代，“国家队”是最大的机构。海外的机构都是一些比较长线的资金，**股票市场要真正走好，必须得有长线的资金支持。**与国内投资者相比，海外的机构投资者有成熟的投资渠道和投资方法。现在做投资的门槛变得越来越高，散户如果没有足够的研究能力是很难在这个市场中存活下来的。

问5：如果一个新的个人投资者要参与中国股市，您有什么忠告？

石波：主要还是得看他自身的能力圈，看他对什么行业了解，**要懂行才能做投资**。如果没有专业知识，最好是委托给专业的机构。

问6：2017年以来，价值投资似乎已经成为市场的主流。请问，对价值投资者来说，不断坚持做哪些事，才可能逐渐成长为巴菲特这样的人？

石波：我觉得巴菲特是前无古人后无来者的一个存在，他是在美国这样一个长期繁荣安定和平的社会环境中成长起来的。美国市场相对稳定发达，与中国的发展阶段和经济背景都有所不同，所以这里也不能一概而论，我们要做的就是学习巴菲特的思想和投资理念。**只有一条道路是能够战胜市场的，那就是价值投资**。另外，巴菲特身上的积极乐观和坚持也值得我们学习。我们看巴菲特的书就可以发现，他是一个非常正能量的人。

问7：有人认为，巴菲特的投资行为充满正能量，如果投资盈利了，似乎任何一个层面都没有人受损；而索罗斯的投资行为则有负能量成分，如果投资盈利了，对手方可能遭受较大的损失。您怎么看？您如何看待巴菲特和索罗斯的差别？

石波：每个人的选择不一样。巴菲特是在做时间的朋友，会去发现别人的好，公司的好，然后去投资这些优秀的企业。索罗斯则是站在环球宏观的角度，发现问题并寻找做空的机会，可能会存在一定的不安全感。但索罗斯对社会也是有贡献的，并不全是负能量。从个人的选择来讲，**巴菲特的生活方式更健康**，属于幸福投资、快乐投资。相反，**索罗斯则会焦虑，因为他总是和坏的东西在做斗争。**

问8：海外的投资大师、投资牛人，您最推崇哪几位？为什么？

石波：我崇拜巴菲特，刚入行时我觉得证券行业很无聊。首先，炒股票是赚别人的钱，本身并不创造价值。另一方面，市场波动率很大，心情会有明显的起伏。有些人可能本来生活好好的，但做交易以后天天看盘，心情随着盘面变化也开始有所波动，生活的幸福指数就会受到影响。后来，我看了巴菲特的书，那个时候我才发现，**原来股票不是炒的，而是用来投资的**。我也是在看了巴菲特的书以后开始崇拜他，参加股东大会后更佩服他，人到了快90岁了，生活状态还是那么健康欢乐。**巴菲特带给我们的影响还是很大的，他让我们在每天都波动的市场中找到了一块价值基石，可以享受投资的快乐。**

另外，**比尔·盖茨我也比较喜欢**。上次在巴菲特股东大会上见到比尔·盖茨，这位全球首富非常谦虚和低调。**在科技界，我比较喜欢孙正义、马斯克和乔布斯**。他们改变了社会，改变了世界。这些人我是比较佩服的。

问9：贵公司坚持“价值投资、品质投资、长期投资、科学投资”。虽然认可价值投资的人较多，但每个人对价值投资的理解有所不同。就您的理解而言，何为价值投资？

石波：价值投资就是要便宜，品质投资就是买好公司，所以价值投资的核心就是以便宜的价格买好的公司，然后长期持有。当然，每个人对“长期”的理解不太一样。美国经过200年的发展变得相对稳定，中国改革开放40年，我们的波动性还是挺大的。我们以前的周期是3～5年，以后争取能够更长一些。**投资股票还是要看得久远一些，看得长远才能看得清楚。**

问10：贵公司认为“只有优良的品质才能保证企业的持续稳定价值”，并指出“品质投资的核心是人和优秀的管理”。那么我们应如何从“人和管理”这两个方面辨别一个企业的品质是否优良？

石波：首先人是有基本的价值观的，我们要去了解一家企业的价值观，**价值观是一个企业的灵魂**。管理者如果没有正能量，那这家公司的经营一定会比较混乱，**有好的企业文化的公司往往更能获得成功**。一家公司的商业模式、激励机制以及执行力等都可以从管理上看出来。我们公司的调研标准有100多项，也包含着很多的经验成分。每个公司都有自己的特点，我会将关注点更多放在其他人不太注意到的地方，我们往往可以在细节上发现很多问题。

问11：关于长期投资，请问多长时间的投资周期称得上是长期投资？贵公司除了长期投资，会不会兼做一些中短期操作？什么时候会有中短期的操作？

石波：从会计学角度来讲，一年以上都叫作长期投资。如果一个股票的权重太大，比如超过了30%，就会出现波动风险，这时候我们会进行一些中短期的操作。另外，如果一个股票跌得过多，我们就会加仓，涨得过多，则会减仓。当然，这个操作不是绝对的，需要不断进行比较，如果没有新的投资机会，我们还是会选择继续持有。

问12：关于科学投资，贵公司的理解是“科学投资强调运用各种财务模型和数量分析方法对企业进行科学全面的分析研究，是在充分论证的基础上建立起来的稳健投资”。请问，科学投资能给整个投资体系和投资行为带来哪些好处？

石波：科学投资首先要有量化。量化方面，事后风控是做不到的，那样不能称之为风控，而是止损。我们建立了一个筛选池，用量化的方法测股票的贝塔值和波动率，**波动率风险很大的公司就进不了这个筛选池，负债率高的公司也会被限制住。**我们可以通过量化的方法防范一些风险，做好事前的风控。对于在核心股票池中的标的，我们会先做模拟。**股价本身波动性太大的公司，也会被剔除掉。**科技股的波动性就比较大，特别是创业板的那些公司，虽然这段时间有反弹，我们也不会参与。

问13：您投资实践24年，您的投资理念是否已经定型？还是仍在不断进化？

石波：我们的投资理念已经基本定型，**“价值投资、品质投资、长期投资、科学投资”这四个投资理念在我们公司成立的时候就已经定好的，一直到现在都没有变过，包括投资方法、研究方法也基本没有变化。**理念、原则和方法这些东西我们都不会变，最多会在投资的结果上出现一些变化。

问14：在贵公司成立的十几年间，您觉得贵公司在哪些方面取得了进步？

石波：风险意识得到了增强。我们吃过亏，所以在风控上比原先有较大进步。

问15：您现在的选股思路和五年前相比有什么差异？和十五年前相比有

什么差异？二十年来，您投资理念中不变的是哪些要素？

石波：每个时代都有所不同，我们都是跟着时代在变，跟着经济的基本面情况在变，不变的是我们的理念和方法。

问 16：就您看来，投资中最重要的原则是什么？

石波：价值投资、品质投资。我和别人的区别是我更强调品质投资，其他没有人提品质投资，而品质是我最关注的。**价值是买便宜，品质是买好东西，相较之下，我更看好品质。**

问 17：您认为从 2017 年开始，中国股市进入了价值投资新时代。请问“价值投资新时代”和“价值投资老时代”有何不同？

石波：这次“价值投资新时代”和前两次不一样的地方是，这次时间和空间的维度都比以前上升了 10 倍。以前在时间上我们只看三五年，现在则是看三十年。空间上也有所扩展，以前都是投国内第一名，但那时候有个“千亿魔咒”，做到国内第一名即实现一千亿市值之后就会调整、休息。但现在，我们发现那些公司都是万亿级别的，为什么？因为它们做到了全球化，已经是跨国公司了。比如说海尔收购了 GE 家电，美的收购了东芝、库卡，它们的业务已经变成了全球业务。以前我们在国外看不到中国的品牌，但现在我们可以在国外看见华为，看见 OPPO 和 VIVO，不管是在欧洲还是东南亚，都能看到中国品牌。这也就意味着现在很多中国企业已经是全球企业了。以前只有联想出去了，现在我发现国内的很多企业都已经成了全球第一。比如海康是摄像头全球第一，三安光电是 LED 全球第一，另外还有一些房地产公司也是全球第一，它们的市值可能也会到万亿级别。所以，这一次价值投资的标准，可能都要达到万亿级别。**平安目前市值已经万亿了，茅台马上就万亿了，美的这些公司的格局也必然是万亿的。**还有房地产企业，**现在最大的房地产公司是 3000 多亿市值，几年内可能也会变成万亿市值，**因为这个市场很大。中国房地产目前有着 14 万亿的市场，是全球第一大市场，如果龙头股占了 10%，那就是 1600 亿的净利润，乘以 6 倍的市盈率就应该有 1 万亿左右的市值。

还有就是空间的垂直维度，现在出现了如BAT这样的互联网生态企业，由原来的物理世界变成了现在的虚拟世界。**现在的互联网企业比当年的摩根还厉害**，它们已经渗透进了各行各业。所以**价值投资的3.0版本（从空间上是三维空间，从时间上是三十年），我认为是三次方的，市值的空间非常大**，这次比前两轮（1996年和2003年）价值投资的空间要大得多。

问18：您认为现在选股应更多考虑ROE（净利润/净资产）而非PEG（市盈率相对盈利增长比率），为什么？

石波：因为过去3年，成长速度不够，中国经济原来都是超过10%的增长，最近5年，变成6%左右，增速降了一半左右。现在发现某些企业过去的50%增长其实是靠收购和并购，堆积了大量的无形资产，到了时候会跌回来的，是伪成长。**并购式的成长并没有增加它的ROE水平，只是表观业绩增长。**

中国的成长行业越来越少，这是没有办法的事，因为改革开放40年了就像人到40岁，逆生长的行业是越来越稀缺的。除了**教育**、**体育**、**文化**、**医疗**、**健康**、**养老这些行业会高成长**，传统的有形商品公司成长性越来越少。所以，良好的PEG越来越难找到，而且它带来的现金流，比如PPP，是增收不增利，或者说应收款增长，并**没有带来现金流增长，也是伪成长。**

不提高ROE的增长也是伪成长。几个独角兽回来，会在一级市场把估值抬得太高，在海外市场估值那么低，凭什么回到国内市场就应该享受高估值？

问19：接下来如果这些独角兽公司真的逐个回来，会不会对我们现在已有的股票造成一个大的冲击？

石波：肯定有冲击，因为这些股票太大了，另外它们的估值太高了，VC和PE这群人把它们的估值炒得太高，让二级市场来接盘。**全球市场，不管在哪个市场上市，企业的价值都应该是一样的，**上市和不上市的估值也应该是一样的，为什么在A股市场就应该比国际市场贵？所以这个估值是不对的，如果发行价格太高，可能大部分投资者会套在里面，较多新股上市都是有泡沫的。

问 20：您会从哪些角度、哪些数据去研究一个行业是否值得投资？从哪些角度、哪些数据去研究一个企业是否值得投资？

石波：**首先看行业。要有很大的空间，做行业研究，了解行业的天花板在哪里，行业的天花板要足够高，足够宽**，还有行业的成长性要好。

其次，商业模式很重要。要看企业的商业模式，比如显示器行业，它们的产能不能重置，十二代线出来了，五代线就得淘汰，这种商业模式不太好。芯片行业也同样，很多人在推芯片，芯片行业很难，除非你是剩者为王。但是现在大家都进来投资，可能要亏损 7~8 年，投入是产出的 2~3 倍，这种商业模式投入大，赚钱难。我们要找一种轻资产模式，或者它的商业模式越简单越好。找赚钱的商业模式或者将来能赚大钱的商业模式。

第三，研究管理团队。格力的前董事长是朱江洪先生，他是品管员出生，尤其注重品质，而董明珠女士亦是优秀企业家，执行力强，将企业旗下产品打造成空调王者，地位不可动摇。而美的是由创始人何享健先生和继任董事长方洪波先生打造的一家平台型企业，事业部制管理，具有品类全、布局宽的特点，堪称小家电里的腾讯。

第四，执行力很重要。我们要看企业的执行力，说出来的话是否做到了，有的企业是往好的说，好公司的特点是幸福感延迟的。**那种凡是夸大其词的公司，基本就要小心了。**

问 21：从股票投资的角度来说，怎样的企业值得阶段性参与？怎样的企业，可以长期参与，和它共同成长？

石波：看它的产业周期有多长，教育、医疗、养老、白酒等行业的生命力很长。有些企业是可以经营百年的，巴菲特都是投这些品牌，有百年品牌的公司。**中国作为新兴市场，唯一有品牌的是茅台，其他的是品质创造阶段，还没有形成品牌，全球前 100 大知名品牌还少有中国品牌，品牌需要长期的时间积累和文化积淀才能出来。**

问 22：符合哪些条件，或是具备哪些要素的企业，称得上是伟大的企业？

石波：**称得上伟大的企业首先要大，在它所在的领域里全球第一**，它的管理团队要比较优秀，有独特的企业文化。**其次，伟大的企业肯定是跨行业的，它的经营没有边界**，它上升的空间是无限的，时间和空间的纬度上都是无限的，越长越好。

总之，它要有远大的目标，有无限的创造力，有独特的商业模式，跟别的企业不一样，时间和空间上都可以无限延伸，能够改变世界，提高人类生活品质的公司才能称之为伟大的企业。所以，苹果称得上伟大的企业，乔布斯开创了一个时代，伟大的企业通过一个产品就可以开创一个伟大的时代。

问 23：本质上来讲，伟大企业的价值是由谁创造的？

石波：首先，人是第一位的。其次，时间也很重要。一个百年企业或者一个伟大企业需要时间沉淀，至少三代人以上。现在是互联网时代，需要的时间在缩短，原来可能需要百年才会出一个伟大的企业，现在 20 年就可能出一个伟大的企业。这与科技的进步有关系。**最后，是创新**，是否有创造性，这个企业提供的服务是其他企业没有办法提供的，或者它能让消费者产生新的需求。

问 24：您是否注重对上市公司的调研？是否注重参加上市公司的股东会？

石波：对的，我觉得跟人接触是最重要的，**我们公司以调研起家，研究员都有调研任务。**同时参加股东大会也非常重要，参加股东大会能见到该企业高管，能与他们进行交流，从而更直接地了解我们所关注的相关情况。

问 25：您本人参与的各次调研中，印象最深刻的一次是？

石波：对于茅台的调研印象非常深刻，我是 2002 年去调研的，去的地方很远，8 个小时的路程。我从来不喝酒，但那次我喝了七杯茅台酒，回程的时候我还买了 8 瓶酒。这次调研最兴奋和最深刻。

其次是伊利，印象也很深刻，他们是学习型组织，比较好学，比较重视品质。

问 26：对上市公司的各类公告，您是如何分析解读的？如何从中找到重要信息和机会点？

石波：我们主要看年报，从年报发现它的一些机会点，年报是原始数据，要自己去分析。**首先看现金流表，其次看资产负债表，最后看营收表；资产负债表最重要，然后是现金流，最后才是业绩。**有些年报的描述语句不太客观，因为公告一般会说自己的好话，关键是看数据，看它的财务数据。

问 27：您的选股流程是不是一个相对标准化的步骤？具体分为哪几步？

石波：**我们有选股指标，有四个方面的分析，业务分析、管理分析、盈利能力分析、内在价值与安全边际分析。**

因为不可能十全十美，所以我们会选择平均分高的企业，有的企业主要看它的核心竞争力，量化的东西只是步骤，核心还是要看清企业的灵魂和本质。商业模式很重要，每个公司都有一个核心卖点，或是灵魂，**找到灵魂，你就找到它的基因，找到基因以后，你就能了解这个公司。**所以跟踪公司，不可能很快就能了解，巴菲特做投资决策很快，因为他已经跟踪了某家公司 10 年以上，所以他能做出快速的决策，这是需要经验和时间才能够做出的判断。**每个公司对我们来说都是一个秘密，这个公司核心的东西其实就是商业模式。投资是门科学，也是门艺术，量化只是步骤，只是一个标准。**

问 28：A 股市场有大量的小盘股，选小盘股的时候，要注意哪些方面？

石波：首先是对高市盈率要谨慎，小盘股整体的成长性是放缓的。因为行业性的机会在变少，垄断行业从过去的 6 个变成了 9 个，**小企业成长的空间在逐渐变小。**

问 29：哪些类型的小盘股，以后有可能成长为大盘股？

石波：你需要判断未来 3 ~ 4 年哪些行业会进入拐点，**我们觉得以后服务业会出现比较优秀的公司，科技行业掌握核心技术的公司，有创新的公司有可能也会起来。**文化娱乐方面也很稀缺，中国很缺内容，优秀的内容很少，随着中国物质财富达到小康水平以后，大家对于精神享受的消费就会起来。

在新兴产业里的小公司有很大的机会，因为这些行业没有大公司，教育、科技、文化、健康、医疗、养老、保险、金融理财等这些行业里面，没有大公司的话，一些小公司有机会成为大公司。**在新兴行业里面，消费服务业方面容易出现大公司，**特别是科技、物联网、人工智能。**互联网已经形成垄断，但是人工智能时代还处于萌芽阶段，在这个阶段，一些小公司有机会成为大**公司。

问 30：在当前的股市环境下，是不是有些小盘股以后都没有机会了？（比如股价一直不温不火，无法有很好的上涨，甚至总体上处于长期下跌通道）

石波：我并不是说小盘股没有机会，只是它的选择难度可能高一些。我们认为小盘股如果估值合理也可以选择，**小盘股里面可能也会出现结构分化，掌握核心技术的，或者符合未来经济社会发展方向的小公司，我们认为到下半年也有投资机会。**到下半年，如果大盘蓝筹股估值修复到合理水平，也可以看看小盘股的估值。整体市场，到下半年或者明年，不少股票预估有一定的投资机会，因为今年 40 倍，到明年可能就 30 倍了，很多企业的成长性匹配了，那么小股票的投资机会和大股票的投资机会可能会差不多。

关于股市

问 31：就您看来，现在中国股市最大的基本面是什么？股市上涨最大的动力是什么？

石波：第一大基本面是对外开放，以前我们是封闭市场，现在我们有港股通、沪伦通，还有 MSCI。**第二大基本面是投资者结构发生变化，**原来散户占比 7 成，现在散户只占一半了，随着国家队进场，随着外资进场，未来机构投资者队伍会超过散户队伍。**第三大基本面是经济的稳定性。股市上涨的最大动力是消费升级和创新驱动。**

问 32：2017 年是龙头股领涨。未来 1~2 年，是不是依然是龙头股领涨的格局？为什么？

石波：在供给侧改革的影响下，大部分行业的集中度在提升，行业集中度提高 30% 以上，但是所有行业的平均增长跟 GDP 差不多，6% 左右。**所以在未来 2 年内，我们会从集中度这个方向找头部企业。**现在互联网领域形成相对垄断后，其他类型的公司也会形成垄断。比如过去，大家的渠道都很分散，现在大家上网，即使在农村也能买到正品，所以品牌会走向集中。**龙头企业在互联网平台上，它会从区域市场走向全国市场，又会从全国市场走向全球市场**，通过互联网可以把商品卖到全世界。**集中度提高是投资支点企业最大的逻辑**，而且机构投资者他们也会以配置龙头股为主，因为龙头股估值相对便宜，不管是从静态的 PE 市盈率估值还是 PEG 估值，或是未来的现金流贴现估值，它们都比小盘股便宜，性价比更好。基本面向龙头集中，中国经济进入二进一的阶段，很多行业都是这样，智能手机产业前年是十家企业，去年变成四家企业，未来会变成 1~2 家。白酒行业的第一名和第二名已经拉开差距，原来是双寡头，现在是单寡头。家电行业有两家龙头企业。**化工行业的集中度也提高得比较快，60% 的集中度，化工行业我们也比较看好。**

问 33：您如何看待 2018 年 2 月上旬股市短时间内较大幅度的快速下跌？以后还会不会出现类似的下跌？如何才能避免或减少这类行情的损失？

石波：过去几年贝塔投资成为市场主流，很多人用算法，或者用程序化投资，**程序化交易起到的助涨助跌作用，一回撤，就会发生共振，1987 年发生过一次程序化交易带来的股灾。**这次是算法交易带来的股灾，其实利率水平到 3% 的时候，很多人把风险估值算入，把 PE 降低了，冲破 3% 的时候，利率水平还是处在低位。**这次是算法股灾，就像 2015 年杠杆产品太多，融资融券太多，跌 10% 就止损，容易出现共振**，所以基本面并没有发生变化，只**是由于大家用算法交易，用量化贝塔交易。**因此**我们觉得还是要做阿尔法交易，做自下而上的个股投资。**还要有仓位管理，下跌的时候可以补仓，算法交易止损反而给我们带来一些投资机会，所以**机器不会超过人类，机器只能做交易**，价值投资在这个阶段要避免和它们拥挤交易。

问 34：您 2017 年的产品净值情况，表现较好。今年开年以来，市场经历了一番大调整，是否意味着市场已经到了价值和成长转换的阶段？您对此是怎么看的？

石波：从大周期来讲，中国经济的发展速度是在放缓的，不太可能再高增长。改革开放40年，就像一个人一样，到了40岁以后再获得高速发展的背景已经不存在了。2007年乔布斯发明智能手机以后，全球进入了移动互联网时代。但现在，智能手机的增速会逐渐放缓，去年整个智能手机行业都已经几乎不增长了，即它们在成长方面失去了一些动力。有可能在人工智能发展起来之前或者智能汽车卖到30万辆之前，电子的行业会出现一个调整期。从基本面的角度来讲，我们认为**不管是以前的互联网+，还是智能手机的高成长阶段都已经过去了。在这个大背景下，还是要以价值投资为主。**

现在各个行业的成长已经从原来的量的增长变成了高质量的发展。进入高质量的发展阶段以后，行业的集中度会提高。行业集中度提高以后，行业中就会出现一些价值型的品种，或者龙头的企业。蓝筹股的价值会增加，小的企业则会慢慢退出这个市场。从二级市场来看，我们认为成长股的估值也是比较高的，比如创业板还有40倍的市盈率。**与传统的价值股相比，我们也很看好价值股里面的成长股。**从投资的主流来看，注重价值投资这一点还是不变的。

目前这个市场的投资者结构在发生变化，原来70%是散户，现在"国家队"进场。加上港股通，A股纳入MSCI指数，机构投资者的队伍在扩大。机构投资者队伍是养老金、政府股权基金或者各种被动投资资金，会去寻找一些流动性比较大的股票。**去年是A股的港股化，今年是A股的国际化，**这样一来，大家会更多地去关注龙头股和价值股的长期投资价值。

问35：不管是投价值股还是成长股，最终都是要投价格比其内在价值要低的股票。我听说，您在2018年还是会着重在传统产业，能否具体说明一下？

石波：不能说是传统产业，我们认为传统产业现在都在升级。**以前，中国经济是由资金推动或者投资驱动，现在则变成了消费驱动和创新驱动。中国经济出现了一个拐点，由原来的投资经济变成了消费经济，**去年消费经济方面的占比已经达到了GDP的50%以上。现在人均收入的增长是超过GDP

增长的，中产阶级的数量目前是2.3亿人口，到了2020年将会达到3亿，这样一来，中产阶级在消费方面的需求增长是可持续的。**过去30年，中国的经济是靠投资拉动的，以后的30年，中国经济是要靠消费驱动的。这样一来，消费品的公司就成了我们关注的重点。**比如家电行业，我们可以看到现在出了很多新兴的小家电，如空气净化器、净水器、电动牙刷、IH电饭煲以及扫地机器人，等等，这些都是消费升级的表现。**我们会继续持有白酒和家电，因为这两个行业代表着消费经济的主流。**

第二个方面就是创新驱动，也就是说传统产业都在进步。**中国的人口红利逐步消失，但工程师红利正在生长。**我国每年毕业的大学生有800多万，超过全球其他国家的大学生毕业人数。这样一来，在人工智能方面，中国有很好的工程师红利基础。**现在全球正在进入人工智能的前夜，**人工智能的基础是机器人，机器人制造机器，成本可以降低一半，因为机器能够24小时生产，如此一来，人工的成本指数性下降。另外，机器折旧完以后就是零成本，而且机器人的效率非常高。现在阿迪达斯生产一件T恤只要20秒，特斯拉生产线组装一辆汽车的时间为70多秒。人工智能的出现大幅提高了生产力，有效解决了生产效率问题。这样一来，物质财富就会像泉水一样涌流。工业互联网是人工智能的基础，从这个方面来讲，我们认为**中国的智能制造、中国制造2025等方面都存在着很大的投资机会。**

问36：您提到了特斯拉，特斯拉这类公司其实跟您前面说的茅台、美的等价值投资标的是完全不一样的两个逻辑。您会投资特斯拉这样的产业吗？

石波：我们是价值投资，但为什么我们以前买的股票是成长股呢？因为那个时候PEG小于0.5。比如苹果产业链里的公司，全行业中50%以上的公司在2007—2017年十年间的平均复合增长率达到了50%，所以苹果产业链里的公司的增速都很高，它们的PEG小于0.5。**越是高成长，所带来的价值增长就越高。在这种情况下，我们认为也是价值投资。**

现在我们为什么会去投价值股呢？其实这些公司也有20%左右的增长，特别是去年，越大的公司成长性越高。这方面就给了我们一个很好的提示，传统的价值股现在也变成了成长股，在这个阶段，按PEG来估值它们都是小于 1 的。所以**大的消费品的股票其实是属于经典成长**，即消费品的公司可以实现持续、稳定的增长。关键在于要买得便宜，它的市值要显著低于其实际价值。

问 37：有人说 2017 年是先知先觉的人赚钱，2018 年是后知后觉的人赚钱，2019 年则是不知不觉地人都能赚钱。对此您怎么看？

石波：2018 年比 2017 年的赚钱难度要高一些，因为去年是价值发现，今年是价值投资，所以先知先觉是价值发现，谁先发现谁买得便宜，而价值投资看企业的业绩增长赚钱，因此 2018 年的赚钱难度要大一点。2019 年，如果中国经济有了新周期，或者有牛市，大家都能够赚钱，判断经济是否有新周期，要看实际的开工率，**在资金紧缺的情况下，在去杠杆的情况下，全面上涨还是很难**。中国股市是一个有计划性特征的股市。未来，股票的波动率会减少，随着时间的推移，会更加地体现它的价值。也就是说，股票虽然走在前面，但是狗走在了人的前面，最终它会回来的，回来以后，经济的发展就能消化它估值的提升。其实 2018 年大的蓝筹股，它们的业绩增长比它们的估值有所抬升，以前家电也挺便宜，白酒也挺便宜，但是白酒现在是合理估值，家电还有一定的低估，房地产和金融也是低估的，它们都有比较大的投资机会。所以**不知不觉的人不能赚钱，只有先知先觉的人才能赚钱**。

问 38：贵公司 2017 年收益率高于行业平均，2018 年比较难做的情况下也有了很好的一个开门红，您觉得贵公司能够在 2017 年和 2018 年年初取得良好收益的核心原因是什么？

石波：我们在价值投资理念下，配置的资产和传统的品种有一定差异，**我们认为房地产行业在 3 年内是一个价值投资的机会。第一，它们的估值太便宜了；第二，它们业绩的确定性比较高；第三，它们的 ROE 水平，也就是企业的运营效率出现了阿尔法的机会**。行业集中度在大幅度提高，龙头企业约有 30% 以上的增长，但是它们的估值才 10 倍市盈率，香港的房地产公司才 6~7 倍，因此我们觉得投资的安全边际比较高。

问 39：也有人认为未来五年甚至十年，中国股市都是一个慢牛的格局。您是否认同？为什么？

石波：认同。股票市场已经偏计划经济，因为国家队在里面。去年指数涨了 6%，跟 GDP 差不多。

我们的资本市场首先它在国民心中的地位比较高了。其次是对外开放，第一次真正对外开放，以后外资可能占 30% 以上，就像当年韩国、日本的股市一样，市场会发生很大的变化。跨国投资的话，你到美国或许只能买苹果，因为它们都是 MSCI 指数。所以**中国股市的牛市格局肯定是没有问题的，两个 100 年股市会到 10000 点**。新一代领导人的目标是很雄伟的，一带一路布局全球，他视野很开，全球战略，空间上是全世界，时间上两个 100 年，这样的时代能够打开市场空间。

问 40：除了白酒和家电行业，您似乎对房地产、化工、银行等传统行业也比较看好。请问，您看好这些行业的逻辑是什么？

石波：化工的集中度达到 60% 以上，化工的很多公司和药企差不多，有些是全球第一的，像 MDI、PC，最近 PC 的技术突破，达到 60% 的市占率以后，就拥有定价权，所以这个行业有它的投资价值。

银行因为估值低和中国宏观经济在转好，如果有新周期的情况下，在补库存这个阶段，它的坏账率是下降的，它实际的基本面在改善。并且银行的估值也比较便宜，特别是以**国内零售银行和国外零售银行进行比较，你会发现，我们是低估的**。

问 41：银行和保险，哪一个行业更好？

石波：银行的增速比较慢，银行是百业之母，中国的经济增长也就 6% 左右，所以**银行的估值很难提升，成长性不够，但是可以价值投资，不会有多大风险，要赚多少钱也比较难**，所以我们把它排在后面一些。

问 42：您认为智能手机增长的速度可能会下降，由此会对哪些类型的企业造成负面影响？

石波：对苹果产业链，对电子工业会有一定的影响。**智能手机行业增速放缓，正在重复功能机的故事，成为一个周期行业。**现在的手机都在比像素，创新不够，大家把它做成相机，做成收音机，这是无创新的阶段了。非洲人民都用上了智能手机，说明**智能手机的渗透率很高了，行业渗透率达 65% 以上，超过 50% 就是一个成熟型行业。**成熟型行业是有周期的，有换机的需求，变成周期行业，从成长阶段变成成熟阶段，所以它的估值就会下降。成长期过去以后，没有新的产品，大家就互相抢着做进入对方的产品，竞争态势在逐渐恶化，所以这个行业会失速。**手机的流量红利已经被腾讯和苹果垄断，**流量红利包括传统制造红利也在逐步消失，必须要等人工智能汽车、智能建筑、智能飞机、新的智能家电出现。像智能汽车要是能卖到 30 万辆以上，才能形成一定规模。**去年中国机器人行业有 60%~70% 的增长，**中国的智能制造景气度也逐渐起来，所以**科技行业会从移动互联网转向人工智能。**

问 43：您刚才说，您最看好的四个板块分别是房地产、白酒、家电和人工智能，请问，在您价值投资长期持有的过程中，如果预判大的经济环境会有变化进而带来整个市场的波动，此时您会相对调整自己的仓位吗？还是会不顾环境变化，坚定持有？

石波：我们认为这个市场现在出现了一些价值投资的 3.0 版本，即这次价值投资的一个大背景就是中国经济已经成为消费经济体了。从全球过去的情况来看，**投资品的行业轮动较快，而消费品的波动性则相对较小。**从产业周期的角度来看，消费品属于慢周期，白酒、家电等都是慢周期行业。这样一来，股票的波动性本身就是比较小的，这是第一个特点。第二个方面，我们觉得**价值投资的时间和空间正在拉长。**我们过去在做成长股投资的时候，都是看“五年规划”，但在现在的新时代下，国家的计划很稳定，新一代领导层的时间观念也很长远，提出两个 100 年。在时间线延长以后经济就会比较稳定，经济的发展也会呈现为“L”型，也就是说，我们中国的经济不可能再高增长，可能会在 5%~6% 这个区间稳十年左右的时间。在这个阶段，我们的投资周期也可以相对拉长，企业的价值也会增长。按 DCF 模型（现金流折现模型）来算，时间越长，价值提升的空间就越大。所以在这个方面，**我们对**

重点核心股票会保持比较长的投资周期。

可能每个公司之间会出现一些变化，我们会根据产业的情况比较性价比，不断地做优化和调整。仍旧会保持相对比较重仓的情况，当然，每一个产品我们都会留预备队。**每打一仗我们都会留预备队，以保证在出现闪崩或者大幅回调的时候可以有补仓的机会。**

问 44：3~5 年的长期持有，如何处理回撤？

石波：主要是通过对板块的调整，**不断去寻找更优的标的来进行布局。**一方面，核心的股票会长期持有；另一方面，我们会利用一些灵活机动的配置做调整。

问 45：目前来说，在新兴行业里面 PEG 小于 1 的公司还是挺多的，您 2018 年是否还会延续 2017 年的投资布局？

石波：2017 年我们和其他公司相比有一些不同，比如，**我们认为房地产已经进入价值投资的领域了。**大家过去都是买经典成长，买一些白马股，但是去年我们布局了房地产行业。因为房地产行业过去 20 年都是靠价格上涨带来利润增长，但是过去 3 年，我们发现房地产行业出现了一些效率比较高的公司，它们 ROE 的提高并不是靠房价上涨带来的，而是靠其经营效率和管理效率。**房地产行业去年出现了 ROE 在 30 左右的公司，我们认为这意味着它们具备了价值投资的机会。**特别是它们买地的集中度将达到 60%，在房地产进入平稳增长期以后，该行业的集中度在快速提升。2016 年的时候是 19% 的集中度，2017 的时候达到了 24%，**未来几年，我们认为房地产行业的集中度会达到 60%。这个时候，ROE 水平就会快速提升，如此一来，这个行业的投资机会还是蛮大的。**因为它们的市盈率在六七倍，PEG 也在 0.5 以内，按照存货的价值，卖出去都有两倍以上的空间。**从价值投资的角度来讲，我们认为房地产板块是被显著低估的，**它们业绩的增长性是比较明确的。

问 46：您认为“目前所处的这次牛市为对外开放的结构性牛市”，对外开放的结构性牛市和以往的牛市，在行情表现上，会有何不同之处？

石波：**2017 年是对 A 股的港股化，2018 年是 MSCI 指数开放，是对 A 股的国际化，国际化的特点是龙头股流动性溢价，小股票折价。**香港市场特别明显的一点是，在流动性去杠杆的情况下，很多股票上市和不上市是一样的。

对外开放主要体现在沪港通、深港通、沪伦通、MSCI 指数。MSCI 指数配置中国资产只有 2% 的比例，要达到 17% 的话，很多增量资金要进来。

问 47：您特别看好腾讯这家公司？为什么？

石波：我们上网的时间越来越多，腾讯垄断了移动互联网流量，在人工智能方面也有蔚蓝汽车、智能建筑。他们做的都是平台式的生态企业，土地很肥沃，现在还去收购零售。微信支付已经成为入口，取代了 APP，进入微信后就没什么时间去看其他 APP，所以**腾讯发展的空间还是很大的，它的经营是没有边际的，**任何行业的龙头企业都愿意让它做大股东。**未来十年，腾讯流量变现的空间是最大的。**

关于伟大的新时代

问 48：如今，社会各个层面都在谈论我们国家进入了一个新时代，就您看来，这个新时代有何主要特征？

石波：**第一是稳定，时间的规划更长，有利于长期投资。第二是空间范围更广，**一带一路走向全球，中国产品和中国经济走向全球。**第三是移动互联网的发展，**我们生在一个互联网时代。主要特点是，以前做增量，新时代里是分蛋糕，做存量，结构分化。以前中国经济做量的增长，GDP 一年增长超过 10%，现在降低一半，实现高质增长，所以大家要做品质投资。另外，**以前是流动性驱动，投资驱动，未来是消费和创新驱动，要投资消费品和创新型企业。**

问 49：站在现在这个时点，前十几年如果没有买房子，如今会后悔；后十几年如果没有参与哪一项或哪几项投资，则以后会后悔？

石波：教育和健康产业。世界是你们的，世界是我们的，但终究是活得长寿的人的，所以健康很重要。教育行业未来会呈指数型上涨，因为以前房地产消费占居民消费的大头，二胎时代来临后，家里两个小孩，很多开支都会用于教育消费，成为消费大头。

问50：您认为现在这个时代是“消费经济取代投资经济的时代”。请问，消费经济有何明显特征？投资经济有何明显特征？企业的经营和布局，应如何把握消费经济的机会点？

石波：消费经济比较稳定，吃穿住行与人们日常生活相关的消费就会比较稳定，商业模式好，复购率高，可以看得比较长远，波动性小，成长空间大。投资经济周期短，钢铁、水泥、玻璃、建材等周期品都是靠投资拉动的，波动性大，现金流不好，复购率比较低。

我认为要把握品质消费和品牌消费。现在很多商品都是供过于求，基本需求得到满足后，中国已经进入品质消费时代。此外要投入品牌建设，还有科技创新。第三点是要投虚拟消费，服务业消费，要投资教育、体育、保险、养老等方面。

问51：您认为这个时代正好处于“从互联网时代进入人工智能时代的前夜”。请问，人工智能会率先在哪些行业有所表现？未来，人工智能会不会涉及绝大部分行业？

石波：人工智能有五个阶段，第一个阶段是智能制造；第二个阶段是感知智能；第三个阶段是认知智能；第四个阶段是智能系统，AI手机、无人机、智能汽车、智能家电、智能建筑；第五个阶段是脑机结合，人脑和机器的结合。未来每个行业都能够应用到人工智能，就像互联网一样渗透到人们的生活。目前来看，智能家电和智能汽车的空间会大一些。

问52：就您看来，在经济上，中国用多长时间可以全面超越美国？中国经济从世界第二走向世界第一的过程中，会给企业的发展带来怎样的机会？会给投资者带来怎样的机会？

石波：总量超过美国应该会比较快到来，**按购买力评价现在就超过了。如果按美元计价的话，十年以后应该能够超过美国。**

在中国经济从世界第二走向世界第一的过程中，我们的世界 500 强企业会越来越多，科技企业也会越来越多。虽然总量能超过美国，但是人均还是不行，差距较大。对企业来说，中国的龙头企业要超过美国还是容易的，但也要看别人是否能够认可文化，从品牌的角度超越美国还有很长的路。制造业做到全球第一没问题，但是科技企业、文化企业要成为全球第一，还亟待努力。

对于投资者来说，市值机会更大一些，现在中国的总市值和美国的总市值差距还比较大，如果 GDP 超过美国了，那么总市值也应该按相应比例增加。

问 53：哪些类型的企业，哪些类型的投资者，会成为这个伟大新时代的最大受益者？

石波：品质企业、品牌企业、创新企业、消费驱动和创新驱动的企业，还有把中国品牌做到全球的企业。对于投资者来说的话，**机构投资者、长线价值投资者会受益。**

关于基金行业

问 54：您是最早一批公募基金经理出身的私募基金经理，就您看来，私募基金和公募基金的核心差别是什么？私募基金能给客户带来哪些独特的价值？

石波：私募有门槛，有 100 万起步的要求，是针对风险承受能力较强的投资者，而公募是对社会公开募集。私募针对高净值客户，对安全的考虑更高一些，投资的时间更长。公募是每天公布净值，私募是每周公布净值。**公募是为了满足投资理财的基本需要，私募是为了满足品质投资的需要。**

问 55：在监管趋严的环境下，私募基金的发展步伐会不会受限？是否公募基金的发展空间反而更大一些？

石波：公募行业现在发展得好是因为监管得好，**严厉监管也将有利于私募行业发展**。私募公募不矛盾，满足各种投资理财的需要。

问 56：您如何看待个别私募机构，"私转公"（私募转为公募）的布局？

石波：有些人可能更多追求规模。像我们更多考虑品质，**我们是品质投资的专卖店**。

问 57：就您看来，对一个基金经理来说，做到哪些方面，才算是称职的、优秀的？

石波：首先要盈利，第二是要比指数收益高，第三是要高于同业平均水平。

问 58：您曾说过"基金经理这个职业可能是这个世界上最艰苦也是最光荣的职业之一"。请问这个职业的艰苦主要体现在哪些方面？光荣又体现在哪些方面？

石波："艰苦"主要是和波动率相关。做实业波动率没这么大，但是二级市场的股票是有波动性的，虽然企业有价值，但是受到各种信息的干扰，投资人对于它的认知容易出现偏差。此外和人性做斗争也是很艰苦的，要克服自身的恐惧和贪婪。世界上最聪明的人都在这个行业做投资，战胜其他人也是很难的一件事。成为一个基金经理的话至少要当五年的研究员，两年的基金经理助理，所以**虽然投资看似门槛很低谁都能做，但是实际上要成为专业的基金经理就需要时间和经验**。而且这个行业也是阳光化的，在外部还有很多人关注着，会有很大压力。

光荣体现在你帮别人赚了钱的同时，投资了好的企业实际上是对社会贡献价值。

问 59：贵公司有几个基金经理？是公司自己培养的还是外面招募的？

石波：公司4个，三个是自己培养的，一个是外面招募的。我们以自力更生为主，争取外援为辅。

问60：贵公司目前有多少个研究员？研究员之间如何分工？如何激励？

石波：我们有12个研究员，一个研究员负责两三个行业。基金经理靠业绩提成，研究员有奖金池。

问61：贵公司的名字叫"尚雅"，请问这个名字含义或由来？

石波：雅，古人云"正也"。荀子曰："正而有美德者谓之雅。"《论语·雍也》"质胜文则野，文胜质则史，文质彬彬，然后君子。"文质彬彬的君子风范就是雅。《论语·述而》"子以四教：文，行，忠，信。"四教就是弘道，"就有道而正焉"就是中华文化的精髓。当今，一切规范的、标准的、美好的、高尚的、整齐的，都可称之为"雅"。**我们投资文化就是正道直行、追求真理。**

问62：请您谈谈尚雅的长期发展目标，以及多年后人们谈及尚雅时，您希望听到哪些关键词？

石波：**我们走正道，投资一些高品质的公司，投资伟大的企业，这些是最重要的。**我们对荣誉看得比较淡，我认为幸福感就是健康生活、品质投资。像万科、茅台、伊利、格力等我们在很早就投资了，选择一个伟大的企业并且赚到钱，又改善了社会生活，创造正能量就比较好。**我希望以后提到尚雅，就是规范、美好、高尚、整齐、有品质的一家公司。**

关于人生

问63：您的家乡在川西的千年古镇，小时候每天早上打开窗户就能看到一望无际的川西平原和白雪皑皑的西冷雪山。那时虽然贫苦，但生活却简单快乐，并对未来充满希望。请问，您儿时的成长环境，对您后来世界观、投资观的形成有何影响？

石波：当然有。小时候的环境让我一直崇尚简单，简单就是快乐。又喜欢开阔的感觉，对事情希望看得远一些。

问 64：张承志的《北方的河》一书对您影响很大，甚至可以说这本书影响了您的人生轨迹。请问，您对这本书内容的哪些方面感受最深？这本书对您的人生主要有哪些影响？

石波：这本书讲的是一个研究生在北方游河，北方的河他几乎都游了，游泳的时候负担很重，但他追求一种积极向上、开阔的感觉。我当时生活在一个比较清贫的地区，但是看了这本书后，我毅然决定去北方去读书，因为我觉得四川的天地太小了，同时我也想追求一种事业上的开阔。后来选择股票也是一样，大家喜欢追求平静的生活，但是我喜欢挑战，**股票市场对人性的考验是比较大的。**

问 65：您的心目中，怎样的人生才是成功的人生？才是没有遗憾的人生？

石波：丰盛、快乐、健康、充满智慧的人生。我对这个世界充满热情，我很羡慕巴菲特，因为他很快乐，有些人有钱了就成了负担反而不快乐了。

问 66：一个人从童年、少年到青年、中年、老年，是否应当始终保持学习、进步的状态？一个人的人生格局、视野、境界，能否持续提升，不断升华？

石波：我对幸福的理解就是超越自己的极限，人一定不能自我设限封闭自己，失去进化的能力。但这往往是很多人会犯的错误。我在中学时代跑一万米，是因为没人去我才去参加，当时觉得很辛苦，但是现在对我来说，长跑是件很快乐的事。人是可以永远跑下去的，但是我们从小被告知人的身体是有极限的，其实人的潜力是无穷的。**跑步的时候，每次超越自己就会有幸福感。**

问 67：请您谈谈，您如何看待这个社会"财富的创造、分配、转移、享用"等现象。

石波：超过你需要的财富都是负担，很多人有钱反而是害了他。人的贪欲是无穷无尽的，但是从我个人的本性上来说，我没有那么贪，我认为拥有过多的财富是一种犯罪。但是也不是那么绝对，对很多人来讲，创造财富是一种原动力。**财富是有很多定义的，但是人更多地应该拥有精神财富和健康财富。**财富要用到创造价值的地方，**从时间上来看，教育是可以用财富创造的。**美国很多有钱人会把财富捐给学校，相当于是把财富延续。**从空间上来讲，我认为应该把财富传递到社会进步上，改善社会生活品质。**

问 68：以您二十年的股市阅历，请给投资者推荐三本书，并说说简单理由。

石波：第一本是《巴菲特传——一个美国资本家的成长》，这本书我在1996年就看到了，但是常看常新。我通过这本书找到了价值基石，我突然意识到了这个行业的工作意义。**第二本是《失控》，**讲互联网哲学，凯文·凯利在二十年前就发现了互联网思维。**第三本是《原则》，**告诉我要听取不同的建议，学会换位思考。要学会互相批评，不要在乎面子问题，不然会妨碍到自己的进步，要清楚自己到底追求什么，对自己要诚实。东方文化就是存在这个顾虑面子的问题，导致有人会当面说好话，背后说坏话。但是**投资更注重诚实，一旦有问题就要立刻指出来。**

问 69：最后，请您再给投资者一些建议。

石波：投资最好和生活结合起来，没有必要为了投资让自己变成一个机器。有人说投资要感受到痛苦才能取得经验，这个说法也对，犯错一定要自我检讨，向失败学习。

另外价值投资是一条比较好的投资道路，做投机的话每天都很焦虑和紧张。**最好不要用杠杆，控制风险是第一，盈利是一件水到渠成的事。**或者把钱交给优秀的人管理，他们能够为社会创造价值。

人也不能丧失进化的能力，有些人做到一个层次就不进步了，浅尝辄止。**可以输在起跑线上，不能输在终点线上，**价值投资是时间越长越有价值，越老越快乐，投资是个不会过时，幸福感延迟的行业。

张增继

◇ 价值投资是靠谱的投资，是能让你睡得着的投资

◇ 壁虎就是龟和兔的结合

◇ 我有的东西你没有，这就是一个企业的护城河

◇ 我判断市场不是依赖技术，而是依赖估值

◇ 投那些有可能成为市场领袖的企业

张增继

壁虎资本执行董事、总经理

浙江壁虎投资管理有限公司执行董事、总经理。中南财经政法大学工商管理硕士、上海高级金融学院高级工商管理硕士、美国亚利桑那州立大学博士在读。十余年企业实战经验，在投资管理、营销管理及企业全面经营管理方面有深刻独特的实践经验。扎实的投资实战及理论研究，个人近五年投资业绩堪称创造性裂变。此外出版著作《散户的革命》。

旗下管理的产品“国信壁虎 1 号”荣获 2017 年度七禾基金奖“最佳证券基金奖”。

张增继：选股票不分大小盘，只看成长与不成长

（2018 年 5 月 8 日　张婧雯、沈良访谈整理）

精彩观点：

一旦一个上市公司的优势确立以后，它可能未来 3 年、5 年甚至几十年都不会发生改变，它的护城河如果足够宽广，基本面不会在短期内发生改变。

价值投资是靠谱的投资，是能让你睡得着的投资。

价格和价值要匹配，价格是反映一个企业净资产和未来盈利的总和。

《笑傲股市》是改变我一生的一本书。

我坚持选择基本面非常优秀的公司，最后获得的回报是高于整个牛市效应的。

壁虎资本的定位就是要做成长型价值投资的领航者。

低估是暂时的，回到它本来该有的价值之后，持有它的意义就不存在了。

我更喜欢基本面优秀、净资产回报率很高、能够持续成长、能够中长期持有的企业。

如果没有知识做基础，你对投资就没有太多的信心，对自己的投资理念也会缺乏信仰。

壁虎就是龟和兔的结合。

有一只股票我已经持有 9 年了，这只股票的持有时间肯定会超过 10 年。

壁虎选股的标准有五核心，首先，净资产的收益率要非常高，至少超过 10%~15%；其次，要有非常优秀的管理层；第三，要具备持续成长性；第四，具有行业领袖地位；第五，要有非常强大的研发能力和创新能力。

一个上市公司的核心其实就是盈利能力。

桥水的达利欧和先锋集团的约翰伯格，都远远比不上巴菲特的远见，而且没有人像他那样淡定地投资。

巴菲特投资理念的核心就是护城河。

护城河说到底就是垄断性，要么技术垄断，要么产品垄断，要么品牌垄断。

好公司、好价格是巴菲特核心的选股方法。

中国未来毫无疑问将成为跟美国并驾齐驱的国家，这就决定了伯克希尔哈撒韦公司必然会把投资的重点之一转到中国来。

芒格已经在中国选了不少公司，甚至已经买好了一些公司的股票。

市场上有大量的投资者是不看基本面的，他们看的是 K 线图，心脏也跟着 K 线图在跳动。从这一点来看，我觉得有些人是误入歧途。

我倾向于集中投资，我个人很欣赏巴菲特集中投资的思维，因为可以把有限的子弹，打到正确的方向。

选好一只股票，入场的时机取决于它的估值，有些企业，我会等待很久才会去买。

我们想买入的股票至少要关注 1 年以上，有些甚至关注了 3~5 年。

一年的换手率，平均不会超过 1 次。

价值投资的核心是投资上市公司未来的盈利能力。

我未来的投资方向可能不会超过 20 个标的。

我更看重 ROE 和 PEG。

阿里巴巴靠商业模式来赢得市场，云南白药靠产品来赢得市场，茅台靠品牌、靠独家秘方来赢得市场。

我有的东西你没有，这就是一个企业的护城河。

茅台的天花板可能要再持续四五百年甚至上千年才会出现。

对医药类行业来说，持续的研发能力就是其真正的护城河。

以前在我的眼里，3000 个上市公司里面可能有 100 个好公司，但现在在我的眼里，3000 个上市公司里面可能只有 30 个好公司。

我判断市场不是依赖技术，而是依赖估值。

这波回调让很多股票又闪现出非常宝贵的价值。

两极分化可能不仅仅是2017年的事情，而会是未来十年、二十年的事情。

只要这个市场对价值投资越来越认同，好的公司就会节节攀高，差的公司则会无人问津或只是在一个区间内震荡。

在我的眼里，没有大盘股、中盘股、小盘股，只有具备成长空间的公司和不具备成长空间的公司。

投那些有可能成为市场领袖的企业。

我个人仍然看好生物医药、大消费和人工智能。

如果你真正要做持续成长的话，可能还是要以非周期性行业为主。

中国正在逐步进入到老龄化时代，这决定了医药板块未来的成长空间会很大。

我们在择时上依赖的标准只有一个，就是整体市场的估值。

现在商品的整体估值非常低，可以说是给了我们历史性的机会去参与。

我个人还是对农产品情有独钟。

美元的游戏规则其实全世界都已经识破了。一个被识破的游戏规则肯定是玩不长久的。

世界上目前最适合价值投资的国家除了美国就是中国。而且中国的成长空间更大。

我想腾讯、阿里巴巴、百度、华为这些都算是伟大的公司了，它们创造了一个时代。

恒瑞医药、伊利、茅台，也用成长证明了在当前的阶段是伟大的公司。

比亚迪、吉利、药明康德、金赛药业、复星医药、海康威视等有机会成为伟大的企业。

互联网和移动互联网一定会继续推动社会的进步。

我们希望成为未来价值投资领域里能够载入史册的公司。

财富是用来分享的。

我的钱永远为中国服务，为中国人民服务。

关于价值投资和投资理念

问 1：张总您好，感谢您和我们进行深入对话。您 2000 年开始做股票时，主要看“K线和指标”，但没赚到钱，反而是亏的。就您看来，是用技术分析的方法做股票，本身就是不可行的呢？还是说技术分析是可行的，但不适合您？

张增继：技术分析当然是可以做的，市场上有那么多技术分析高手，他们是赚钱的，赚钱才是硬道理。有些投资者运用技术分析做得非常好，但我自己尝试下来，发现技术分析不太适合，而且**技术分析的随机性太强**，我没有这方面的天赋。

基本面相对来说更确定。技术分析，有时候一根阳线或一根阴线就可以改变你的信仰。对于基本面分析，**一旦一个上市公司的优势确立以后，它可能未来3年、5年甚至几十年都不会发生改变**，它的护城河如果足够宽广，基本面不会在短期内发生改变，这就是我选择做基本面的重要原因。

问2：您是做价值投资的，如果要让您给价值投资做一个定义，您会如何定义？

张增继：我用两点来说明我对价值投资的理解：

第一，**价值投资是靠谱的投资，是能让你睡得着的投资。**

第二，**价格和价值要匹配，价格是反映一个企业净资产和未来盈利的总和。**

问3：2006年，欧奈尔的《笑傲股市》这一本书对您的投资理念和交易方法产生了较大的影响。请问，当时这本书对您具体产生了哪些影响？这算不算是改变您投资生涯的一本书？

张增继：肯定算是改变我投资生涯的一本书，虽然欧奈尔在这本书中用比较大的篇幅讲技术分析的作用，但是毫无疑问在选股的标准上，欧奈尔是严格按照基本面来选股的，**寻找行业龙头，寻找基本面非常优秀的公司，这一点对于我之后坚持走价值投资这条路形成了相当大的影响。**当然，后面我摒弃了他对技术分析过度的重视，但这并不影响**《笑傲股市》是改变我一生的一本书。**

问 4：也就是说这本书中基本面与技术面都有讲到，书中基本面的内容对您的影响更大一些？

张增继：对！基本面的影响更大，在欧奈尔写的这本书中，技术方面，他会讲一些止损止盈的标准，后面我按这些标准做下来，发现会丢掉一些非常大的机会。按照他的技术分析原则，一旦把某些股票止损或者止盈了，可能这辈子也买不回来了，这是这本书的缺陷。

问 5：2006—2007 年您的投资收益非常好，并且对价值投资有了这样的理解“做价值投资实际上是在分享一个国家和一个企业的成长历程”。请问，2006—2007 年您投资股票比较成功的核心原因是您对价值投资的理解和应用，还是因为牛市的财富效应？

张增继：更重要的是对价值投资的理解和应用，2006—2007 年的确是一轮牛市，但事实上你把时间拉长到 2008 年，很多人最后是不赚钱的，因为一轮牛市后面就是一轮熊市。如果你坚持价值投资，即便2008年金融危机发生，你在 2006 年和 2007 年的盈利依然能保留较大一部分，这就是牛市财富效应和坚持价值投资的区别。如果仅仅是因为 2006—2007 年的牛市财富效应，那么在 2008 年金融危机，我赚的钱全部都要还回去，但事实上，我没有。所以**我坚持选择基本面非常优秀的公司，最后获得的回报是高于整个牛市效应的。**

问 6：价值，可以是低估的价值，也可以是成长的价值，甚至可以是事件驱动或政策驱动的价值。您所做的价值投资，主要做哪一种或哪几种价值？

张增继：很显然，我做的是成长型价值投资。**壁虎资本的定位就是要做成长型价值投资的领航者。对于低估的价值，我觉得它只具备阶段性的价值，因为低估是暂时的，回到它本来该有的价值之后，持有它的意义就不存在了。**事件驱动和政策驱动的价值更是阶段性的，所以我**更喜欢基本面优秀、净资产回报率很高、能够持续成长、能够中长期持有的企业**，我是一个成长型价值投资者。

问 7：有人认为价值投资最重要的是“选股”，有人认为价值投资最重要的是“坚守”，而您却认为价值投资最重要的是“知识”。为什么？

张增继： 我所说的“知识”已经包含了“选股”和“坚守”，因为你对某些行业、某些上市公司不了解，不具备这方面的知识或者甚至你不具备一些财务的基本分析方法，那么你就选不到好的股票。你也不可能会真正去坚守，因为如果你对一个上市公司没有非常大的把握，就谈不上坚守，你时常会怀疑自己的观点，甚至第二天你就会否定自己的观点。所以我觉得“知识”包含了“选股”和“坚守”，甚至一些分析方法。如果没有知识做后盾，也就不会有选股的能力和坚守的底气，而且我觉得知识更决定了你的修养，和你对一个事物的信仰，**如果没有知识做基础，你对投资就没有太多的信心，对自己的投资理念也会缺乏信仰，最后你会很轻易地放弃自己的正确理念。**

问 8： 您提出“价值投资是对诚实、正直、善良最好的诠释”。我们应如何理解这句话？

张增继： 首先我觉得中国股市投机盛行，包括一些资产管理机构，都可能采用投机的方法在帮客户打理资产，这本身就是缺乏诚实和正直的一面，因为你在拿客户的钱去冒风险。为什么我说**价值投资是对诚实、正直、善良最好的诠释**，因为通过西方数百年资本市场的历史证明，坚持正确的价值投资理念，肯定能帮客户持续盈利。你所寻找的上市公司是诚实的，说明你也是诚实的，你正确对待客户的资产，说明你是正直的，你帮那么多客户准确地把握市场机会，给他们获得更多的盈利，说明你是善良的。**只有你坚持把客户的钱正确使用，你才能做到诚实、正直和善良。**

问 9： 您曾说过“投资就像龟兔赛跑，长久地走下去才是关键”。虽然龟的定力和耐心非常重要，但兔的敏锐和爆发力也是不错的优点。您觉得在投资上，有没有可能结合龟和兔两者的优点？还是说必须有所取舍？

张增继： 我们是成长型价值投资者，事实上**成长型价值投资已经把龟和兔的两个优点结合起来了。**一个企业一旦具备成长性的时候，它的爆发力是非常强的，它能够持续成长，同时它又符合乌龟的一些特点，能够一直慢慢地往上走，我觉得我们把龟和兔结合得挺好的。可能有的机构愿意投资一些重资产行业或者做一些低估的资产，而我们是做成长型资产的，所以我们是把成长性和蓝筹结合得非常好的一个公司，我觉得**壁虎就是龟和兔的结合**。

问 10：巴菲特持有可口可乐 30 年，您有没有可能持有某个企业的股票 10 年、20 年、30 年？或者说，就您看来，A 股中有没有值得持有 10 年不动的企业（若有，这类企业必须具备哪些条件）？

张增继：肯定有，因为**有一只股票我已经持有 9 年了，这只股票的持有时间肯定会超过 10 年**，当然，我可能会再持有 10 年，甚至 20 年，只要它的基本面优势仍然存在。因为我投资的这家企业不仅现在的盈利能力很强，它的产品储备和研发水平都非常高，所以我相信，这只股票我应该还能持有 10 年，也就意味着这只股票我可能持有 20 年。当然，**我还在寻找能够持有 10 年以上的股票，事实上我已经找到了，而且现在正在做。**

总结下来，**壁虎选股的标准有五核心，首先，净资产的收益率要非常高，至少超过 10%~15%；其次，要有非常优秀的管理层；第三，要具备持续成长性；第四，具有行业领袖地位；第五，要有非常强大的研发能力和创新能力。**这些是我们选股的一些标准，而**一个上市公司的核心其实就是盈利能力**，用财务标准来讲，可能更多地体现在总资产回报率或者净资产回报率上。

问 11：您认为“巴菲特也许是目前我们见到的，唯一的一个最成功的投资大师，没有之一”。您为何如此推崇巴菲特？这个世界上真的没有其他任何一位投资大师能和他媲美吗？

张增继：从成绩上来说，我相信有人可以和他媲美，但是**就投资的格局和境界来看，我觉得到目前为止，包括桥水的达利欧和先锋集团的约翰伯格，都远远比不上巴菲特的远见，而且没有人像他那样淡定地投资**。在不使用任何工具的情况下，淡定地持有上市公司，仅仅通过简单的方法，他能够成为世界首富（曾经），这是很多人没有办法和他比的。

问 12：就您所理解的巴菲特的投资理念的核心是什么？

张增继：巴菲特投资理念的核心就是护城河。对于巴菲特的护城河理念，我的理解通俗来讲，就是这家上市公司能做的事情，其他公司做不来，或者仅有几家能做。其实**护城河说到底就是垄断性，要么技术垄断，要么产品垄断，要么品牌垄断，总有一个模式能够让它在这个市场上占有很高的地位。**

问 13：2018 年 5 月 5 日，伯克希尔·哈撒韦公司的第 53 次股东大会如期举行。您对今年巴菲特的股东大会有没有关注，您从中梳理出来的核心信息或观点是什么？

张增继：毫无疑问会关注，因为我是巴菲特的粉丝，虽然我觉得没有必要直接去参加股东大会，因为每年股东大会的信息都会陆续发布出来。这次股东大会梳理出来的核心内容跟以前一样，从来没有变化，就是用低估的价格买好的公司，**好公司、好价格是巴菲特核心的选股方法。**当然也**有一些变化，巴菲特可能更多关注科技和创新带来的变化，**包括这次他和马斯克就护城河争论，其实也反映了他正在更多地关注科技创新给世界带来的变化。还有一个变化就是**他今年给予了中国更多的关注，**这就给中国投资者树立了更大的信心，因为**中国未来毫无疑问将成为跟美国并驾齐驱的国家，这就决定了伯克希尔·哈撒韦公司必然会把投资的重点之一转到中国来。**事实上巴菲特已经透露，**芒格在中国选了不少公司，甚至已经买好了一些公司的股票，**芒格想买的，也就是巴菲特想买的，因为他们两人数十年的相濡以沫已经融为一体了。

问 14：您觉得投资者应以怎样的理念去看待和买入一只股票？

张增继：任何一只股票对应的都是一家上市公司，上市公司是企业。我们投一家企业的目标是什么？是为了通过这家企业帮你去盈利。那么你要完成这个目标就必须找到一个能帮你持续盈利的上市公司。市场上的很多投资者只把股票当成一个游戏，买进卖出。你真正买入一个上市公司，应该是要指望它明年、后年甚至是十年以内都能够帮你盈利，何必去做短线的买进卖出这些动作？所以，从我个人来讲，**做投资最后一定是要回到基本面上。恰恰市场上有大量的投资者是不看基本面的，他们看的是 K 线图，心脏也跟着**

K线图在跳动。从这一点来看，我觉得有些人是误入歧途。

问15：您是怎么判断基本面的？

张增继：巴菲特说得好，要**用好的价格去买一家好的公司**。那么，什么样的公司是好公司？我们有一个所谓的“壁虎五核心”，其中包括行业的领袖地位、企业盈利的复合增长率、研发能力、管理团队和净资产回报率。基本上通过这五个标准，是有机会挑选出好公司的。

问16：所以对个股的投资研究一定要回归到基本面？

张增继：是的。所以我想，无论是机构也好，还是个人投资者也好，都应该跟上这个时代的变化。我们不能继续再用过去游资打天下的这种模式，很莽撞地利用资金优势或者消息优势去进行市场运作。我觉得一定要慢慢转到基本面上来，无论哪一个品种，脱离基本面的投资总是很短暂的。

问17：在具体选股时，有人倾向于集中投资，有人则热衷于分散投资，您属于哪一种？您一般同时持有多少只股票？

张增继：毫无疑问，**我倾向于集中投资，我个人很欣赏巴菲特集中投资的思维，因为可以把有限的子弹，打到正确的方向**。我曾经也想学习约翰伯格分散投资的理念，去做指数化投资，但最后我思考了很久，还是觉得应该要坚持集中投资。所以**我未来的投资方向可能不会超过20个标的**，现在我们的管理规模不是很大，可能会更集中，只有约10个标的，以后我们会选择20个左右的投资标的。

问18：您现在选股票时，至少以持有多长的时间去评估这家企业？选好一只股票后，是马上买入呢，还是说入场的时机也要有所选择？

张增继：不同的上市公司，我们评估持有时间的长短不一样，有些企业可能会用5年、10年的眼光去看，有些企业可能决定持有它一辈子。**选好一只股票，入场的时机取决于它的估值，有些企业，我会等待很久才会去买，因为要等到合理价格才会买入**。有时候市场长期会给企业一个高估的价格，作为一个理智的投资者，不应该在自己认为价格比较高估的时候去买入这个资产。所以，现在的我或者我们公司与5年前相比不一样了，以前可能我选好一只股票，会迫不及待地想去买入它，但现在我们会耐心地等待机会。

问19：一只股票，从关注到买入，您一般会花多长时间？有没有某些股票关注不久就买入？有没有某些股票关注很久却没有买？

张增继：基本上**我们想买入的股票至少要关注1年以上，有些甚至关注了3~5年，我觉得一个理性的投资决策，一定是要对这家企业有足够的了解。**

问20：当大盘走熊时，从价值投资的角度来说，哪些类型股票应当继续持有？哪些类型的股票应当减仓？哪些类型的股票应当平仓？哪些类型的股票应当加仓？

张增继：我们的风格跟巴菲特的风格还是有一些区别的，因为我们会持有一些周期类的股票，也就是金融股，还有一些与商品相关的股票。跟商品相关的股票，还是会在周期结束的时候平仓，事实上巴菲特也持有过类似于中石油这样的股票，他也平仓了，不是说每一只股票他都要持有一辈子，这可能是很多人对巴菲特的误解。**对于医药和消费类的股票，在确认的前提下，我们可能会持有更长的时间**，甚至是长期持有到公司关闭的那一天。**有一些股票可能它的阶段性成长期结束了，到了繁荣期转衰退期拐点的时候，也会把它平掉，还有一种平仓可能是我们找到了更好的标的。**

我们的处理方式是不一样的，大盘走熊后，**现在采用的方式是用股指期货做对冲**，就像前段时间整个大盘下跌比较厉害的时候，我们成功利用股指期货回避了这波回调。当然这也有运气的成分，但是跟我们现在的意识提升有很大的关系，我们对回撤的控制意识越来越强，而且手段越来越多了。

问21：您做股票的换手率是比较低的，一般来说，您做一只股票一年的换手率大约是多少？

张增继：不会超过一次，因为只有一部分股票会去换手，有相当一部分股票是从来不会换手的，**平均不会超过1次。**

问22：您选择价值投资标的时，比较看重这五个要素：行业地位、业绩复合增长率、产品线及研发能力、管理团队、净资产收益率。您为何着重考虑这五个要素？

张增继：因为**价值投资的核心是投资上市公司未来的盈利能力**，我觉得这5个要素更能反映对未来盈利能力的把握，比如行业地位，企业在这个行业如果没有树立领袖地位，那么未来的盈利能力很轻易会被其他公司动摇。如果缺乏持续的成长性，那么未来上市公司的盈利能力是大打折扣的。为什么我要强调产品线和研发能力？因为没有持续研发能力的公司，它未来的成长性是要打问号的，如果没有创新和研发，就靠一个产品打天下，你可能只是在这个阶段能够赢得市场，在未来未必能够赢得市场。当然最后，再好的产品还需要一个优秀的管理团队来完成公司的盈利，没有一个优秀的团队，一座金山给你，你也会把它挥霍掉。

问23：市盈率、市净率、ROE、PEG等都是评估一个上市公司的指标，这些指标您比较看重哪一个或哪几个？为什么？

张增继：我更看重ROE和PEG，因为ROE是反映企业核心盈利能力的一个指标之一，PEG相对市盈率来说，它更科学，它既反映了估值水平，同时又反映了企业的成长性。

问24：您会不会亲自去参加相关上市公司的股东会，或是进行实地调研？

张增继：我当然会去，我们现在持有的企业基本上全去过，当然，未必是我个人亲自去，有时候是我和团队成员一起去，有时候是他们去。整个团队对壁虎的投资理念都理解得非常深刻，我很放心让他们去参加股东会。

我们的实地调研其实不仅限于去上市公司的生产基地或者是总部，我们经常会剑走偏锋，到上市公司的营销场地，跟他们的销售员直接打交道，直接了解一线数据。

问25：做价值投资的人，经常会提到一个企业的"护城河"、"天花板"。请您举例谈一谈什么是一个企业的"护城河"？什么是一个企业的"天花板"？

张增继：我想护城河其实包括很多方面，要么产品的垄断性是你的护城河，要么研发能力是你的护城河，要么管理团队和商业模式是你的护城河。

举个例子，**阿里巴巴靠商业模式来赢得市场，云南白药靠产品来赢得市场，茅台靠品牌、靠独家秘方来赢得市场。**每个企业的护城河是不一样的，但只要你的某一个特质能够让企业获得市场垄断地位，具有不可替代性，就像我刚才谈到的，**我有的东西你没有，这就是一个企业的护城河。**

企业的天花板其实是很难判断的，这意味着要先知先觉，去判断一个企业未来 20 年会是什么样子。我想，还是要跟护城河结合起来，才能判断出一家企业的天花板。比如说，一个企业的护城河能够持续多久。就像诺基亚，诺基亚曾经风云一时，但因为它是手机行业，更新换代非常快，最后它被智能手机打败了，它的护城河没有持续多少年。但是茅台呢？茅台是一个被事实证明已经持续上千年的东西。也就是说在这一千年里面，白酒行业中没有公司超越过它。以此类推，**茅台的天花板可能要再持续四五百年甚至上千年才会出现。对医药类行业来说，持续的研发能力就是其真正的护城河。**研发团队决定了护城河持续的时间，其中包括团队规模、研发能力、每年投入到研发中的资金比例等。

问 26：一个企业的领导人，对企业的发展至关重要。您希望您选的企业，它的领导人是一个怎样的人？

张增继：要么是极富激情，能带领团队一步步去实现公司战略的领导人；要么是技术狂人，能够专心研究技术，造福人类。比如马斯克、王传福、包括没有上市的华为领导人任正非可能就属于第二类人，他们正是靠不断的技术创新来赢得市场。当然，也包括像吉利的李书福先生，不过**李书福其实更多的是靠管理的魅力来赢得市场份额的。**每一个领导人的特色是不一样的，但这并不影响他们都成为一名成功的领导者。

问 27：这十几年来，您对价值投资的理解，是有所变化并且是越来越深刻的。您现在理解的价值投资，和您刚开始接触价值投资时理解的价值投资，最大的变化是什么？

张增继：最大的变化是越来越简单了。**以前在我的眼里，3000个上市公司里面可能有100个好公司，但现在在我的眼里，3000个上市公司里面可能只有30个好公司，**因为我的标准变高了。这个市场中真正具备持续竞争力的企业是不多的，所以我非常理解巴菲特为什么一辈子只投了二三十只股票。**我现在真的是从骨子里认同巴菲特的理念，并实实在在地践行着他的理念。**其实国内真正具备这种思想并付诸行动的人并不多，我现在正在努力去成为这样的人。

问28：对价值投资者来说，应追求平均每年百分之多少的投资回报率？您能否接受十年中，有一年或两年、三年是不赚钱的或是略亏的？

张增继：我觉得价值投资追求的平均回报率应该在20个点左右。在国内可能要求要略高一点，争取达到25个点的回报。中国的通胀率跟美国是不一样的，而且我们的资金成本相对高，所以我想，中国给投资者的回报应该要高于美国5个点才算是比较合理的。在十年当中如果有一两年是不赚钱或者亏损的，我觉得是可以理解的，但最好不要超过3年，否则可能就说明你的投资理念存在一定的问题。

关于股市和投资机会

问29：2017年底的时候，您表示对2018年的A股市场的基本态度是"谨慎乐观"。请问，为什么是谨慎乐观，而不是特别乐观，或是悲观？

张增继：首先，**我判断市场不是依赖技术，而是依赖估值。**在2017年，整个蓝筹股行情导致好的公司市盈率都已经高达五六十倍了，我觉得这个情况至少在短期内并不是很乐观。但为什么还是说谨慎乐观呢？因为如果你把时间放长，放到3年、5年甚至10年以后，这些上市公司仍然有巨大的上升空间，所以并不影响你继续持有它。但是因为短期估值太高必然会带来相对较大的回调，事实上，现在我们也看到了，回调还是比较大的。

问30：2018年下半年股市的表现会不会好于上半年？为什么？

张增继：其实我不太去判断整体股市的市场会怎么走，但我觉得很显然，下半年股市机会又多起来了。因为上半年快要过去了，市场已经很理性地进行了一波比较大的回调，**这波回调让很多股票又闪现出非常宝贵的价值**。所以我觉得股市下半年选好股票的机会会好于上半年，但我真的没有能力判断下半年股市的表现是否会好于上半年。

问 31：2017 年大盘股和小盘股出现了两极分化的走势，2018 年的股市，会是两极分化，还是表现趋同，或是其他的风格？

张增继：我个人感觉**两极分化可能不仅仅是 2017 年的事情，而会是未来 10 年、20 年的事情**。所以我并不认可大家认为去年两极分化，今年可能会趋同甚至出现反方向的变化的观点。我觉得这个市场一定是强者恒强。**只要这个市场对价值投资越来越认同，好的公司就会节节攀高，差的公司则会无人问津或只是在一个区间内震荡，很难获得趋势性的盈利机会。**

在我的眼里，没有大盘股、中盘股、小盘股，只有具备成长空间的公司和不具备成长空间的公司。哪怕盘子很大，只要有巨大的上升空间，比如说茅台现在已经快万亿市值了，它以后可能是要到十万亿市值的，我仍然认为它是一个成长性好的公司。

问 32：对上市公司的发展来说，有人认为草莽的时代已经结束，精英的时代已经成熟，领袖的时代则刚刚开始（是指龙头股占市场的份额会越来越大）。对此您是否认同？为什么？

张增继：我是比较认同的。其实过去的草莽时代成就了一批人。精英的时代事实上已经开始体现出分化，也就是真正的精英可能会在这个市场上如鱼得水。上市公司的领袖时代也逐渐开始在市场中反映，好的公司会越来越好，越来越大。我个人现在正在持续坚守的一个理念就是，我只会在这个市场上选择极少数的企业去投资，**投那些有可能成为市场领袖的企业**。

问 33：未来 1~2 年，您最看好哪些板块？

张增继：**我个人仍然看好生物医药、大消费和人工智能。**我对周期性行

业的态度，目前还没到乐观的时候，周期性行业我们参与的比例比较小。因为**如果你真正要做持续成长的话，可能还是要以非周期性行业为主**。周期性行业的周期特点比较明显，可能只能在某几年时间能够持有，在其周期结束后是一定要平仓的。但是消费类、生物医药以及互联网、信息技术、人工智能这些企业就可以长期持有。以上是我对板块的理解。

问 34：目前的仓位情况如何？

张增继：持仓部分，医药和消费类占了 50% 左右的权重。另外，人工智能、新能源以及信息技术等板块也占了 50% 左右的权重。根据目前的市场状态，我们**用股指期货不完全对冲，还保留了 20%~30% 的现金**，在市场出现黑天鹅事件的时候，我们希望这些现金能够作为子弹，在极度恐慌的市场中发挥作用。

问 35：未来 1~2 年，小行业的龙头股和大行业的龙头股，哪一类的表现可能会更好一些？为什么？

张增继：大行业的龙头股会表现更好。通常来说，小行业的龙头的成长空间是有限的，大行业的龙头股的垄断地位持续的时间更长，更具备抵抗周期风险的能力。

问 36：您似乎比较看好医药板块，请专门说一说该板块的发展空间和投资价值。

张增继：如果大家有时间去研究美国的资本市场历史就会发现，在最近 30 年，美国涨幅最大的前 20 家公司里，有四分之一是医药股，还有四分之一是消费类的股票。从中国的特质来看，中国是拥有世界四分之一人口的国家。中国的人口结构从 2015 年以后就发生了巨大的变化，**中国正在逐步进入到老龄化时代，这决定了医药板块未来的成长空间会很大**。也就是说，人口因素非常重要。这个因素是没有人可以改变的，是这个社会 10 年、20 年的一个基本背景，也是历史赋予中国的机会。

问 37：您管理的基金产品，在做多股票的同时，有时会做空股指期货对冲。请问，您做空股指期货对冲在择时上如何处理？是全部多头头寸都进行对冲，还是只对冲一部分多头？

张增继：首先可以明确的是**我们只会对冲一部分多头**，因为我们是靠股票多头挣钱的公司，所以不会像其他阿尔法策略的对冲基金一样去完全做对冲，这是其一。其二，**我们在择时上依赖的标准只有一个，就是整体市场的估值**。在市场整体估值过高的情况下，可能会放股指期货的空单，但仍然坚守那些基本面非常优秀、估值仍然合理的公司，目的就是为了把这些股票拿住。

问 38：股指期货有三个，IF、IH、IC，您做空股指期货对冲时，主要选哪一个？不同的阶段，会不会选不同的股指期货对冲？

张增继：在不同阶段选择不同的股指期货做对冲。像前一段时间，IC 和 IF 都会去空。因为 IF 代表整个蓝筹股的行情。我刚刚也说了，2017 年，蓝筹股涨得太快，估值也高了，所以我们空了 IF，同时也空了 IC。因为我认为 IC 的估值一直都是高的，包括现在我们仍然认为 IC 的估值偏高。为什么现在不敢对冲 IH 呢？因为**虽然我们比较看淡金融类的资产，但是它的估值已经反映了看淡的价格**。金融股的平均市盈率低于十倍，这种情况下空的价值就不大了，所以 IH 我从来不空。**IH 的估值是合理的，IF 这次跌完以后也接近合理了**。所以，在不同的时间去做不同的事情，在比较低估的时候就把 IF 的空单平掉。

问 39：您也会少量做一些商品期货，如果说做股指期货的目的是为了对冲，那么做商品期货的目的是什么？您做商品期货的主要理念和策略是怎样的？

张增继：首先强调一下，我们公司的基金产品是不做商品期货的。倒不是说客户不愿意我们做，是我们不愿意在商品期货的研究上花太大的力气。商品期货有日盘和夜盘，我要考虑到员工的幸福指数，不能夜以继日去工作，把人的身心搞得很疲惫。我个人是做一点商品期货的，目的就是为了对冲通胀的风险。**现在商品的整体估值非常低，可以说是给了我们历史性的机会去参与。**其实我在商品上更多的是做多，不太去做空。**我的主要理念其实就是在历史性低位的时候参与整个商品大牛市的行情。**

问40：商品期货您目前最看好哪些板块或品种？为什么？

张增继：我个人还是对农产品情有独钟，然后对贵金属和少量的有色金属比较看好。

问41：有人说在2018年，可能商品期货的投资机会好于股票，您怎么看？

张增继：我个人觉得自己没有能力判断商品的行情究竟会在2018年发生还是2019年发生，甚至是三年以后才有。**我之所以投资商品期货，是因为我觉得不管行情在哪一年发生，某些商品现在就是历史低位。**

问42：中美贸易战是近期的一个热点话题，有人说"贸易战对股市总体是利空的，对商品总体是利多的"。您是否认同？为什么？

张增继：中美两国的经济关系是密切相关的。两个国家已经唇齿相依，没有谁能离得开谁。所以，表面上看来的贸易战，事实上是双方亮出来谈判的筹码。**如果说真的有贸易战，肯定对股市是相对利空的，对商品是利多的。**因为部分商品的流通会被中断掉，这样一来，国内较多商品依赖进口的局势会推高商品价格。

问43：这两天比较热的是伊朗的核计划话题，包括此前的朝鲜话题，您怎么看待这些事件？

张增继：从国际市场来讲，今年其实是大戏连台，贸易战、伊朗核计划，再加上朝鲜，已经有三个大事件了。那么，无论是贸易战，还是南北朝鲜问题，还是刚刚出现的伊朗的核协议的废除，这些其实都很可能会引发市场的动荡。虽然未必是在今天或者明天发生，但我相信，这个市场一定会因为这些事件累积到一定程度而有所表现。更何况美国股市和欧洲股市已经涨了9年，市场本身已经累积了下跌的能量。为了防止市场暴跌，应该要提前布局，我们现在的仓位做了相应的对冲。**倒不是说我们看空这个市场，我们只是在预防黑天鹅事件的发生。**

问44：在贸易战的背景下，也有人提出“进口替代”（某上市公司自主生产的产品可以替代进口的产品）这一板块的股票会有较好的上涨机会。您怎么看？

张增继：其实我比他更乐观，为什么呢？**我认为即便没有贸易战，只要这个公司研发的产品有进口替代的前景，就会获得更好的发展。**不必非得跟贸易战画上等号，贸易战只不过可能在短期内推动了它的股价的上扬。从长期来看，只要你的产品真的具备进口替代的能力，未来的前景一定会比较好。

问45：有分析人士认为在贸易战和美元加息的背景下，美股可能会阶段性见顶，一两年内不会创新高。您是否认同？

张增继：我还是那句话，**没有人能够预测市场。**事实上，在20000点的时候就有人预测美股要见顶了，但现在道琼斯指数已经25000点了。现在判断它见顶的人仍然存在，但也许道琼斯指数会走到26000点甚至30000点。这就是格林斯潘所说的，没有人能够预测泡沫，泡沫是不可预测的。巴菲特也主张不去预测市场，我个人也认同这个观点。

问46：中国股市通过沪港通、深港通、纳入MSCI指数等方式加快对外开放，中国期货市场也将通过原油期货、铁矿石期货引入境外交易者等方式开展对外开放。您如何看待中国证券、期货市场的对外开放？这对我国金融市场会产生哪些方面的影响？

张增继：首先，可能会让人民币的流动更加通畅；其次，因为中国市场相对于欧美的发达市场来说仍然是一个成长性的市场，所以我想**更多会吸引外来资金投资中国市场。**从这个意义上来讲，我觉得**对中国金融市场来说是历史性的机会，这可能仅仅是一个起点。**未来你可能会看到一个庞大的金融市场的流动。而且，人民币要国际化，中国资本市场也要国际化，在这样一个背景下，我们的投资理念也需要国际化，如果仍然抱着守旧的方法去做现有的资本市场，可能很多投资者仍然要交大量的学费。**投资理念的国际化就是要摒弃炒作、做庄这种投机思路。**我觉得无论是股票还是商品，都要更多地依赖基本面去做。我并不否认技术派，但是**离开了基本面，对多数人来说都是具有灾难性的。**

问 47：随着中国金融市场的逐步开放，您觉得是中国的投资者走向境外投资更多呢，还是境外的投资者进入中国更多？为什么？

张增继：其实我刚刚回答过这个问题。中国是一个成长性的市场，**肯定是海外资金流入中国更多。**中国的成长远远没有到头，而欧美成熟市场的成长空间已经有限了。毫无疑问，**在同等估值的情况下，中国的获利机会要远远超于国外。**其实巴菲特这次在他的股东大会上的观点也是非常明确的，就是**中国未来的盈利机会要超过美国。**

问 48：沪港通、深港通和纳入 MSCI 指数等，是否会形成 A 股的估值水平和国际接轨的现象？在国际化的背景下，就您看来，A 股的平均市盈率在什么范围内，算是比较合理的？

张增继：其实现在 A 股，沪深 300 和上证 50 的指数的综合估值已经跟国际非常接轨了，平均市盈率在 18 倍左右，上证 50 指数可能只有 10 倍左右。当然，中小盘股，比如创业板、中小板跟国际市场还有相当大的差距。也有人说纳斯达克现在的估值水平跟我们的中小板已经很接近了。但事实上这个观点是值得怀疑的。为什么呢？因为美国纳斯达克上市的公司和国内创业板、中小板上市的公司的质地是完全不一样的。美国纳斯达克上市的公司都是世界级的好公司，包括我们的百度、360：携程，等等，都在美国上市。而国内中小板、创业板中具备这样品质的公司很少，甚至可以说没有。

问 49：A 股纳入 MSCI 指数，对哪些板块的股票有明显的利好？这种利好是短暂的，还是持续性的？

张增继：我想，这种事件驱动一定是短暂的。但如果从资金流入的角度来讲，它是具备持续性的。因为加入 MSCI 以后，会给 A 股市场带来源源不断的资金，可能是几千亿美元这样一个规模。甚至随着我们开放程度的增加，未来可能有上万亿美元的资金要进入中国市场。从这个角度来看，我觉得是具备持续性的。

至于受益的板块，毫无疑问，纳入 MSCI 指数的标的板块会获利比较大，但一定会产生分化。**我从来不认为所有纳入 MSCI 指数的股票就一定会涨，**仍然要回到基本面去考察。如果你的估值是低的，可能海外的资金就会大量买入；如果估值过高，反而可能会遭到他们的抛售。

A 股纳入 MSCI 指数是件好事。当年中国加入 WTO，其实反对的声音很多，但事实证明中国加入 WTO 以后加速了成长的步伐。我们今天看到了一个强大的中国，这与当年加入 WTO 有着莫大的关系。那么像今天的 **A 股纳入 MSCI，短期内不会有太大的作用，但从中长期来说，对中国资本市场的健康发展肯定是非常有利的。**首先，它加速了海外资金和国内资金的融通，能够让人民币真正走向国际化。其次，在 A 股市场，以前大家一直是关起门来的，我们觉得 A 股的估值是合理的，但事实上，如果加入 MSCI 以后，A 股的估值肯定要逐步与国际接轨。而且这个过程已经正在发生。就像去年我们看到的两极分化的行情，其实就是一个估值回归的过程。一方面，真正有价值的成长股不断在上涨；另一方面，一部分垃圾股或者中小盘内基本面很一般的股票不涨甚至一直在下跌。其实这就是国际估值对中国市场的影响，A 股纳入 MSCI 国际指数则会加速这个影响，而且这个过程可能还要延续 3~5 年。也许 5 年以后，我们可以看到整个估值体系跟美股、港股是比较一致的。

问 50：人民币的逐步国际化，对 A 股的影响如何？哪些板块的上市公司受益更多？

张增继：进口类和做内销的公司可能会受益较多。比较不利的可能是航空，以出口和外汇创收为主要收入来源的公司可能会受到负面影响。**理论上来说，人民币国际化对金融股，包括房地产类的股票，一定是有好处的。**对整个 A 股市场来说，我觉得会给国内 A 股市场带来长期繁荣，因为人民币国际化一定会带来海外资金源源不断地输入中国。现在很多海外资金根本进不来中国，我们是实行货币管控的国家，所以**人民币国际化一定会带来A股市场的繁荣，但是市场两极分化可能会更严重，强者更强。**

问51：一带一路的推进，对A股的影响如何？哪些板块的上市公司受益更多？

张增继：对建筑类、铁路板块，核电、电力设备这些行业是有好处的。包括对研发能力较强的生物医药、人工智能类的公司，都会带来好处。**"一带一路"是个战略，目的之一就是让更多中国的企业国际化。**美国的很多股票牛市是因为国际化带来的，像可口可乐公司，如果没有中国市场做支撑，可口可乐在巴菲特手上的价格就要打折扣了。所以我相信"一带一路"一定会让国内很多公司加速国际化，从而使它们的市场份额更大。

问52：某些投资者认为A股进入了"十年慢牛"的行情。对此您是否认同？为什么？

张增继：原则上我是认同的，但是至于起点是什么时候，我没法判断。因为欧美股市已经走了接近十年的牛市了，一定会有一个比较大的回调在等着我们，或许等到那时可能才是真正"慢牛"的开始。

问53：您认为"指数化投资的时代正在到来"，是不是买个指数放着不动，长期来看就能赚钱？我们应该简单地买入大盘指数呢，还是买某一类指数？

张增继：如果一定要挑一个指数的话，**我认为沪深300更好，因为它包含的行业类别更多，很多行业的机会都能包括在内。**50指数更偏向于金融，一旦金融类股票不涨，就只能眼睁睁看着其他指数上涨，而你一分钱都没挣到。如果你真的不太会选股的话，我还是认为投资指数是个不错的选择。

问54：2008年股市的暴跌，2015年股市的暴跌，这类行情在未来的股市还会不会发生？

张增继：我想肯定会发生。**未来很长，我们仍然不能排除发生疯狂的行**

情，那对应就会有暴跌出现。但是如果说你坚信未来中国有十年、二十年的牛市要发生，这些暴跌仅仅是市场的插曲而已，并不影响我们在市场上持续获利。

问 55：2018 年 1 月底至 2 月上旬，股市短期内快速下跌，这类行情在未来的股市会不会时有发生？

张增继：那就更容易发生了。**股市涨多了一定会发生回调**，技术派比我们更懂这个道理，任何时候没有一直上涨的股市。美国股市走了九年牛市，中间出现了像 1~2 月份的下跌可能已经好几次了。

问 56：在大的市场变化下，一只股票的回撤甚至会超过 20%，那这个 20% 您觉得应该回避吗？

张增继：以个人投资者的身份来讲，我是不回避的。但是鉴于基金的一些特殊要求，我们为了控制回撤，要么减仓，要么去做对冲。

问 57：您是否觉得，进入 2018 年下半年，还是会有一些黑天鹅事件发生？

张增继：我想会的。因为一个传统强国和一个崛起的大国，在交集的过程中一定会出现斗争，而且这个斗争无论是在经济层面还是政治层面都会出现激烈的碰撞，甚至很有可能会引发局部的战争。

问 58：对于您精选的个股，即使是在今年这样动荡的市场中，您也会长期持有？

张增继：如果说中国市场是一个成熟的市场，是一个跟美股一样很稳健的市场，其实我不愿意去做对冲，我更愿意像巴菲特那样选好股票就一直持有到老。但因为中国市场现在还比较年轻，我们的投资者和我们的投资思想都不够成熟，所以它动荡更厉害。您知道，中国私募基金的风控措施是比较严格的，不允许有很大的回撤，否则基金就会面临清盘的风险。所以面对中国市场，为了让回撤更小，为了保住基金的份额，为了让投资者更加认可，我们不得不做的一个动作就是对冲。

人性是有弱点的，在你卖出去以后，不一定还会有勇气再去买回来。人的骨子里都是追涨杀跌的，我们要做的就是克服人性。所以说，**特别优秀的基金经理**就具备这样的能力，他**能够买跌追涨，有勇气将自己丢失的筹码重新买回来，但多数人不具备这样的素质。**我认为自己目前是具备这一素质的，因为我是深入研究基本面的，我买卖一只股票不会拘泥于这只股票3%~5%的回撤，因为我看的是十年。

问59：您2018年的业绩在市场上的排名比较靠前。请问，您2018年用的是什么样的策略？是什么样的投资之道让您在这样一个动荡的市场中取胜？

张增继：我想有两点可能我们做得比较好，其一，**在2017年整个蓝筹股比较疯狂的时候，我们把偏周期类的股票平仓了，**只保留了一些不受周期影响的医药和消费类股票。如您所知，2018年1—4月医药类的股票表现非常亮眼。其二，**在蓝筹股普遍高估的情况下，我们做了一个对冲的动作，**利用股指期货对冲了将近百分之六七十的仓位。所以在这一轮回调中，我们运气很好，整个市场的回调并没有影响到我们的净值，也可以说是跑赢了市场上大多数的同类型基金。

问60：您是什么时候开始做对冲的？

张增继：大约2017年底就在做，只不过刚开始的时候对冲头寸比较小。随着这个市场慢慢表现出调整的预期，我们加大了对冲的比例。目前，我们对冲的仓位在60%左右，但这部分头寸的对冲已经可以覆盖全部的市场回调。为什么这样讲？因为我们对自己选的股票很自信，它们通常都能够跑赢大盘。

问61：您也有做港股，您对A股有对冲措施，做港股有哪些对冲措施？

张增继：港股就缺乏对冲措施了，只能通过A股的股指做对冲。而且我们不做完全对冲，所以港股有一定的头寸暴露也没关系。我们更多的是通过做多市场来盈利，而不是靠阿尔法策略盈利。

关于伟大的时代

问 62：您在 2018 年 3 月一次演讲中提出“中国具备第 5 次站上世界之巅的条件”。为什么说中国具备第 5 次站上世界之巅的条件？大约还需要多少年，中国能再次站在世界之巅？

张增继：我觉得人口因素是一个最基本的因素，因为我们拥有世界上 1/4 的市场，而且中国的消费能力是非常强大的。其二，中国已经是事实上的世界工厂。其三，我们跟美国的竞争是全面的，从军事、科技、教育、消费以及金融，目前在世界上也只有中国，可以在这五个方面和美国同时竞争。大约还需要多少年能重回世界之巅，这个问题仁者见仁、智者见智，**我个人判断大约在 2030~2035 年左右。**

问 63：中国再次站上世界之巅，意味着美国的相对衰弱。就您看来，美国衰弱的核心原因是什么？

张增继：核心原因肯定是美国的相对优势正在消失。比如美国以前引以为豪的科技，其实在一些领域已经被中国赶上了，甚至超过了，另外美国在军事上也不具备更多的优势了。当然它仍然会有很多有优势的地方，像美国的教育短期内是很难超越的。军事方面，中国虽然不一定具备攻击其他国家的能力，但是中国的防守能力很强，没有任何国家能够对中国国土形成致命影响。美国以前是具备这个能力的，想攻击谁就攻击谁，但是现在如果要攻击中国和俄罗斯，它恐怕已经不具备这个能力了。从金融市场上来讲，**美元的游戏规则其实全世界都已经识破了。一个被识破的游戏规则肯定是玩不长久的，所以美元的未来是悲观的，因为美元的霸权地位正在慢慢消失，这也是美国会慢慢衰弱的核心原因之一。**原来美国可以靠印钞票来买全世界的东西，然而今天这种能力正在消失。人民币在国际化，欧元未来肯定也会找到自己突破的方向，尤其是人民币，对美元的威胁是非常大的。

问 64：您觉得美国的衰弱会是缓慢的，还是较快的？

张增继：当然是缓慢的，毕竟美国现在的很多优势是没有人能够动摇的，所以**它的衰落一定是非常缓慢的**。虽然中国目前在各个领域追赶，但是追赶的时间还得花十年、甚至二十年。

问 65：即便美国在衰弱，但它哪些方面依然能在世界上保持领先很多年？

张增继：我认为**在军事和教育方面，美国就具备领先的能力。金融、科技、消费市场这三个方面，美国的优势正在消失。**

问 66：您认为，并不是所有国家的股市都适合价值投资，而中国却很适合。为什么？

张增继：首先中国的和平年代已经到来，没有国家能够像以前一样侵略到中国国土。其次中国在货币、消费市场、科技等领域，已经具备了相当大的优势，而且是唯一一个能够和美国相抗衡的国家。这就决定了**世界上目前最适合价值投资的国家除了美国就是中国。而且中国的成长空间更大，我们**是个很年轻的资本市场，所以未来机会远远要大于美国。

问 67：伟大的时代，让企业更有发展空间。中国现在哪些企业已经称得上是伟大的企业？（不论上市或非上市，不论在中国上市或在境外上市）

张增继：我想腾讯、阿里巴巴、百度、华为这些都算是伟大的公司了，它们创造了一个时代。消费类的企业像**恒瑞医药**、**伊利**、**茅台**，**也用成长证明了在当前阶段是伟大的公司。**

问 68：未来五到十年，中国哪些企业有可能会成长为伟大的企业？

张增继：我认为**比亚迪和吉利有机会成为伟大的企业。医药类的企业里，像药明康德、金赛药业、复星医药这些有可能会成为伟大的企业。当然还有人工智能领域的海康威视**。因为这些企业的市场不仅在国内，在国外也已经有了相当大的空间了。

问 69：有人如此定义中国的四个城市，北京未来将是世界的政治中心，上海未来将是世界的金融中心，深圳未来将是世界的技术中心，杭州未来将是世界的互联网中心。对此，您怎么看？未来三五年，这四个城市的发展机会，哪一个会更好？

张增继：我认为这个定位还是挺准确的，北京还能加个文化中心，上海是金融中心和航运中心。**我个人更看好深圳和杭州，未来的发展空间会更大。**北京和上海可能会比较守旧，北京一旦定位政治、文化中心，那么未来在经济领域的施展空间就不大了。上海作为金融中心的地位其实也是可以被撼动的，因为深圳靠近香港，粤港澳大湾区其实很可能会把上海的金融中心的功能分一部分出去，所以上海的机会相对小一些。

关于人生、创业和财富

问 70：您曾创业运作过互联网公司，甚至该公司还一度成了阿里巴巴的挑战对手，但没有坚持下来。您早年是从什么时候开始看好互联网行业的？当时创业的公司没有运作成功的主要原因是什么？

张增继：没有成功的主要原因就是当时自己本身还不够成熟，能力有限。当然我对行业的判断还是准确的，在2004年我就非常看好互联网行业的前景，因为那时候我们都在用QQ，用户体验是非常棒的，这就使我想到未来可能互联网几乎无所不能，事实上今天的世界已经证明了这一点。没有成功也有多方面的原因，能力不够，管理团队不成熟，但最后导致我们失败的直接原因是资金链断裂。

问 71：对互联网、移动互联网这二十多年来的飞速发展，您最大的感受是什么？

张增继：最大的感受是未来互联网和移动互联网不知道会被什么东西取代，有可能是机器人，也可能大家最后都不愿意使用互联网了，想要回到生活最本来的状态。

问 72：互联网、移动互联网对人们的生活、工作，对各行业企业的运营模式，对社会的管理模式等，都形成了巨大的影响和改变。就您看来，互联网、移动互联网能否继续推进社会的进步？

张增继：我觉得会。因为人的界限被打破了，信息流更通畅了，这就会给全球化、运作效率都带来巨大的提升，所以从这个层面上来说，**互联网和移动互联网一定会继续推动社会的进步**。从全球的角度来说，还有很多国家对互联网的使用是非常不充分的，尤其是亚非拉地区，还有巨大的拓展空间。

问 73：您现在运作私募机构，就您看来，运作私募机构和运作其他类型的公司相比，有何区别？一家私募机构能够长期保持发展的关键要素是什么？

张增继：其他类型的公司在管理和市场把控的能力会决定它的发展空间，但是**对于私募机构来说，核心的投资理念是更重要的**。一家私募机构如果要保持长期发展，第一要有能够让你持续盈利的投资理念；第二是要有非常优秀的运作团队；第三是从财务的角度来说，量入为出，不要盲目扩大；第四是要像对待自己的资金一样对待客户的资金，这就是我一直提到的一个企业一定要诚实、正直、善良。

问 74：您认为“一个基金的灵魂取决于管理这个基金的决策人”。请问，就您看来，怎样的基金经理，称得上是称职的、优秀的基金经理？

张增继：还是刚刚那句话，要诚实、正直、善良，一个优秀的基金经理品德上要具备上述三点。其次在能力上，要具备真正能给客户持续盈利的能力。第三，要为客户考虑，给他节省成本，为客户更加稳健盈利，而不是去冒险。

问 75：壁虎投资这家公司，您准备做多少年？壁虎的核心经营理念是什么？

张增继：希望百年吧，即便我不在这个世上了，也有人传承这家公司。随着时间的增长，越来越觉得我们需要对这个社会有一定责任，像巴菲特从来不缺钱，但他还是在认真地经营公司，甚至已经找好了接班人要传承下去。这是我最近才想通的一件事，因为我以前其实是偏保守的基金经理，要懂得知足常乐，但是现在这些思想都在变化。**我们的核心经营理念除了要保持诚**

实、正直、善良以外，我们也强调知行合一，怎么说的就怎么去做。

问 76：壁虎投资的发展目标是什么？也请您谈谈在您的心中，壁虎应承担怎样的社会责任？

张增继：我们的发展目标是要成为成长型价值投资的标杆。价值投资也分各种流派，格雷厄姆属于保守派，费雪属于激进派，我们是属于费雪这一派的，属于成长型价值投资者。具体来说，**我们希望成为未来价值投资领域里能够载入史册的公司。**壁虎应该承担的社会责任是我们在当前阶段应该对中国投资者进行更多的投资者教育，而不是单纯抱着扩大市场的目的。此外，我们也要为客户长期获得稳健的回报。第三，公司壮大以后，我们可能会用较大一部分钱来回报这个社会，无论是壁虎的股东层还是壁虎的员工，他们要获得回报，还有较多的钱我们要拿来做公益事业，为社会做一些力所能及的工作。

问 77：做投资，每天和金钱打交道。您对财富的基本态度是怎样的？您如何看待财富的作用？您希望自己拥有多少财富？您希望财富能给您带来什么？您希望自己拥有的财富能给社会带来什么？

张增继：首先可以明确地说，我对财富的观念还是比较淡然的。**我的基本思想是财富是用来分享的，**现在我们发的基金产品更多的是为客户着想，为客户节省成本。此外我觉得这辈子让自己丰衣足食的钱应该够了，那么赚了更多的钱首先照顾好自己身边的人，包括家人、亲戚朋友，一些真正需要帮助的人。拥有更多的能力后，可以对需要帮助的贫困地区的人民，对教育上需要帮助的孩子给予帮助。或者直接成立公益基金，通过组织的形式回报社会。但是目前我们壁虎还不具备这个能力，所以还只是个梦想。至于希望自己拥有多少财富，我还是希望越多越好，因为**财富掌握在善良的人手里，总比掌握在那些为富不仁的人手里强很多。**拥有更多的财富，我可以给身边的人，给社会做更大的贡献。**我的钱永远不会走出中国，**不会像很多富人有了钱就都转移到海外去，**我的钱永远为中国服务，为中国人民服务，**这些都是发自内心最真实的想法。

林园

- ✧ 我们的选股方法就是“垄断”加“成瘾”
- ✧ 仓位比例超过 0.5% 的公司，都会去调研
- ✧ 现在大部分的股票，我认为没有任何价值
- ✧ 谁是赚钱机器，谁就是厉害的企业
- ✧ 钱只要没乱花，最后都是国家和全人类的

林　园

深圳市林园投资管理公司董事长

1963 年出生，曾在深圳红十字会医院及深圳博物馆工作。1989 年，以 8000 元进入股市，到 2006 年底，林园持有股票市值达到 20 亿元。近十年来，他的财富继续保持增长。

被誉为“中国股神”“民间股神”。

林园：远离竞争，拥抱垄断
（医药股的牛市会超过 30 年）

（2018 年 5 月 30 日　沈良访谈整理）

精彩观点：

茅台公司掌舵人的眼光还是非常独特的。

对一些行业的把握力是我们的强项。

在熊市和牛市，我们的投资策略是不一样的，完全是顺应市场在做。

投资没有别的，就是垄断。我们的选股方法就是“垄断”加“成瘾”。

目前来看，如果长期持有的话，我们只投和嘴巴有关系的企业。

一定要清楚，赚钱是要在牛市里赚的。

垄断，就是没有竞争对手或者你具有定价权。成瘾，代表了消费的连续性。

投资最核心的东西就两个字——垄断。

“夏天不说空调”，如果一个项目已经很热了，那我们就不说了。选股，要具备一定的前瞻性。

我对他（巴菲特）的理解也是投资垄断企业，投资赚钱机器。

股价在底部的公司，可能经营有问题。

如果在一个大的行业里面，一家公司股价创新高，那说明它的经营能力是向上的，事实上它的股价也会不断创新高。

如果是买入的话，我基本上还是倾向于高成长的小盘股，而小盘长大到大盘的时候，也可能持有。

与同行相比，毛利率越高的企业越好。另外，毛利率的变化要稳定或趋升。

仓位比例超过 0.5% 的公司，都会去调研。

如果我们判断这家确定性的企业估值合理的话，会马上买入，而且会不断买入。

总结来看，我们重仓买入的标的持有时间会相对较长。但按我内心本质的想法来说，不是一定要持有时间长或者短，还是要看行业的成长是否可持续。

如果行业变化大，不符合我们公司的投资逻辑时，就坚决换掉。

不管大盘是牛市还是熊市，我们一直都是满仓操作。我们的心理状态永远是往上看的。

与以前相比，我现在的投资理念并没有出现什么明显的变化。

其实判断一家公司能不能赚钱的指标，大学的财务课本上都已经告诉你了，只是多数人会受市场波动的影响把这些忘了，抓不住重点。

时代造就人，感谢这个稳定、没有战争、没有意外、和平的年代。

革命性的产品都能造就富翁，随着时代的变化，革命性的产品和服务会不断涌现。

我们观察了过去30年的世界股市，只有少数部分，大概只占总市场5%左右的股票能涨。

中国股市在不断发行新股，个股数量很多，但是优股太少。

现在大部分的股票，我认为没有任何价值。

若要去做冷门的公司，失败的概率接近100%。

股票持续涨的时间只有3%，中国股市的规律就是熊长牛短。

该赚钱的时候就一定要赚够。

牛市我们的策略是持有，坚决持有，赚到底。

我判断的是行业的熊市，一个行业如果是个夕阳行业，正在走下坡路，我们是能逃掉的。

行业高速发展的时候，我们就参与，一旦行业分不出谁是英雄，我们就不参与了，远离竞争，拥抱垄断。

医药消费行业中一些真正优质的公司可以永久持有，因为人需要这个行业，这是永恒的行业。

我们主要研究最赚钱的公司，别的公司不过多考虑。

现在我的观点是最能赚最能涨的公司就是医药消费公司。

医药行业，现在已经在牛市初期里运转了。

医药行业的牛市会持续 30 年以上。

我们认为我们的判断是 100% 正确的，所以这时候才发行一些私募产品。

基金经理就要给客户赚钱，不能犯错，每只产品都要赚钱，不能有意外。

如果现在我们大张旗鼓地买入股票，要求 12 个月内要赚钱。如果持有股票，最坏的结果是 3 年，3 年一定要赚钱。

我对整个大的经济前景是谨慎的，对医药板块是乐观的。

这些板块（高血压、心脏病、糖尿病）占长期医药消费的 75% 以上。

现在医药股也处在高度竞争的环境，我们也不清楚哪一家公司是龙头，所以我们要把特定医药行业的股票买一遍。

从 1993 年到现在，我们研究医药股已经超过 25 年。

靠我们中国人的聪明才智，就算没有“一带一路”，也能把中国的好东西带到全世界。

市盈率体现的是需要股票的人和卖出股票的人的供求关系。

我的资产几乎都是配置在了金融资产。

中国的房子太多了，在人口老龄化程度加重后，房子一定是过剩的。

这个伟大的时代在经济上最主要的特征是会出现世界级的企业，应该和中国的人口是相匹配的。比如，未来世界 500 强企业里，中国要占 1/3。

医药企业在当今这个时代会成为最受益的企业。

伟大的企业是具有持续盈利能力的企业。全球最伟大的企业我认为是茅台。

谁是赚钱机器，谁就是厉害的企业。

未来伟大的企业肯定在医药领域产生。

我小时候在医院长大，会去摆摊卖茶水赚钱。

我从前的人生一直是往前进的，从来没有往后退过，希望以后也是如此。

我是个比较乐观的人，我都是往前看，没什么烦恼的事情。

我喜欢去比较哪个东西的性价比高，这是一种乐趣。

钱只要没乱花，最后都是国家和全人类的。

关于价值投资和投资理念

问 1：林总您好，感谢您和我们进行深入对话。前不久，您参加了巴菲特股东大会、茅台股东大会。参与这两次活动，您有何收获？有何感受？

林园：主要就是去感受一下气氛。巴菲特股东大会是别人邀请我去的。诸如巴菲特这些投资前辈已经在这个市场上很多年了，我们主要是看他们的人生经历，感受他们身上的激情。茅台的股东大会，我们则是每年例行去一下，算是对我们所投资的公司的一年总结。

问 2：这次对茅台有没有什么新的想法或感受？

林园：**茅台换领导了，新的一届领导班子有了一些新的气象。茅台公司掌舵人的眼光还是非常独特的。**对于茅台，我还是有一个比较好的评价。

问 3：从广义上来讲，您觉得自己是不是价值投资者？就您看来，怎样的投资模式，可以称得上是价值投资？

林园：我们做投资，首先就是要在买入的时候知道标的高低，价格非常重要。我做价值投资，但可能不是传统意义上的价值投资者。**对一些行业的把握力是我们的强项。**在股市不同的阶段，我们采取的策略是不一样的。**在熊市和牛市，我们的投资策略是不一样的，完全是顺应市场在做。**

问 4：在您心目中，上市公司的核心价值是什么？从投资价值的角度来讲，一个股票为什么值得买入和持有？

林园：我们的投资核心就是投资一些有垄断性质的公司。**具有垄断性，再加上合理的价格。投资没有别的，就是垄断。我们的选股方向就是“垄断”加“成瘾”。**就这点来说，我们和巴菲特说的价值投资是很接近的，只是我们把它量化到了更小的范围内。**目前来看，如果长期持有的话，我们只投和嘴巴有关系的企业。**

问 5：就您看来，什么样的人适合做价值投资？

林园：适合爱钱的人。**他把赚钱当成一种乐趣，一种职业，这就行了。**

问 6：做价值投资，除了要深入研究企业的基本面和市场的基本面，是否需要技术分析（如K线图、指标等）的辅助或配合？

林园：当然，趋势很重要。我们要在牛市里面做投资，**一定要清楚，赚钱是要在牛市里赚的。**技术分析还是可以辅助我们去判断牛市和熊市的差别的。

问7：您曾说过“我赚钱的秘籍是确定性”，还说过“投资一定不能犯错。哪怕投资100家公司也不能错一次，要达到100%的正确率”。请问，确定性从何而来？投资如何做到100%的正确率？

林园：就是“垄断”加“成瘾”。**垄断，就是没有竞争对手或者你具有定价权。成瘾，代表了消费的连续性。**

问8：是否需要考虑股价的高低？

林园：股价高低当然是我们投资的基础，但最终来说，它并不是最关键的。换句话说，不考虑股价也是可以胜利的。我们说的本质是垄断。**投资最核心的东西就两个字——垄断。**

问9：在股票投资上，如何做到不犯错、少犯错？

林园：就是找垄断。我们要牢牢把握住垄断企业，把握住成瘾性的企业。再加一个就是我们要对高低有所认识。**“夏天不说空调”**，在天气热的时候，空调价格往往也在高点，就不要去参与了。也就是说，**如果一个项目已经很热了，那我们就不说了。选股，要具备一定的前瞻性。**

问10：阶段性而言，您在投资股票方面有没有过短暂的失败案例？

林园：有过。如果已经买进去了，那就持有，但这种情况我们很少遇到。

问11：很多人都说您和巴菲特的投资理念比较类似。请问，你和巴菲特的投资理念是不谋而合呢，还是您专门系统性地研究过巴菲特？

林园：我们没有研究过巴菲特，但是我看了过去几十年大家对他的报道，或者有关他的书，**我对他的理解也是投资垄断企业，投资赚钱机器。**也就是我们说的，投入有限、产出无限大的公司。

问 12：您在接受央视采访时曾说过“投资没有别的诀窍，就是找垄断型的公司”。您说的“垄断”是指哪些方面的垄断？（品牌？资源？技术？其他？）

林园：都有，都可以成为垄断的因素。品牌、资源、技术，等等，这些都是门槛。

问 13：您的意思就是一家公司在这些层面垄断得越多，或者门槛越高越好？

林园：那当然了，这样就没有竞争对手。

问 14：您认为“股价在底部的公司未必风险小，股价不断创新高的公司未必风险大”。这是否意味着，您更愿意买入具有成长性的企业，而不是被低估的企业？

林园：其实，我说这句话的意思跟“成长性”和“被低估”这些关系不大。**股价在底部的公司，可能经营有问题。**如果一个公司的发展最后不能体现在盈利上，风险是很大的。**如果在一个大的行业里面，一家公司股价创新高，那说明它的经营能力是向上的，事实上它的股价也会不断创新高。**最主要还是看一家公司的持续盈利能力。

问 15：您会不会主动区分大盘股和小盘股？会不会在某个阶段只买大盘股，或只买小盘股？

林园：会的。对大、小盘股的区分还是会有。我们的概念就是不管大盘还是小盘，不只是和 A 股市场的比，更多的是和全世界同类公司的市值去比较。**如果是买入的话，我基本上还是倾向于高成长的小盘股，而小盘长大到大盘的时候，也可能持有。**

问 16：您挑选公司时，主要关注哪些财务指标？

林园：主要关注毛利率以及毛利率的变化。**与同行相比，毛利率越高的企业越好，另外，毛利率的变化要稳定或趋升。**

问17：您会亲自调研上市公司。您曾买过的股票，是否每一个都调研过？

林园：**仓位比例超过0.5%的公司，都会去调研。**

问18：在调研上市公司时，您最关注哪些方面？

林园：经营的情况，主要还是看这家公司的持续盈利能力。

问19：您印象最深的一次调研是哪一次？

林园：这倒没有。

问20：当您找到确定性的企业时，是马上买入它的股票，还是会再择时、择机买入？

林园：我们通过量来控制风险，要根据市场的情况来看。**如果我们判断这家确定性的企业估值合理的话，会马上买入，而且会不断买入。**如果确实是价位高了，我们认为估值偏高，那可能会少量买入，等待机会。如果没有好的机会，错过也就算了。

问21：您买入一只股票，最短会持有多久？最长会持有多久？

林园：这是比较灵活的，还真没有什么时间的限制。但是，**总结来看，我们重仓买入的标的持有时间会相对较长。但按我内心本质的想法来说，不是一定要持有时间长或者短，还是要看行业的成长是否可持续。**当我们发现有能够替代它的标的，能够让我们赚更多钱的标的，哪怕它还是好的，我们也会做一些取舍。**如果行业变化大，不符合我们公司的投资逻辑时，就坚决换掉。**就像我们前面提到的，如果毛利率变化持续下降，那我们做出卖出的行动。

问 22：在一个股票持仓的过程中，您的换手率如何？

林园：**基本上是很少换手。除非在牛市第三期**，在极个别情况下，会做出这样的行动。牛市第三期往往就是市场最疯狂的时候，完全就是炒股，那时候我也会换股，换手率就相对高。

问 23：您前面提到了牛市第三期，那肯定还有第一、二期，您能否给我们分别介绍一下牛市第一、二、三期的特征？

林园：**第一期就是一些主要的行业和股票涨**，带头的股票能够涨 1~5 倍。**第二期就是更多的股票都会涨**，大概有 10%~15% 的股票会涨，就是一个行业的二线股票也会涨。**第三期就是基本上所有行业的股票都要涨**，有 80% 的股票都会涨。这种情况下，我们就会提高换手率。

问 24：您曾说过“仓位管理是小聪明，满仓才是大智慧”。是不是只要在线就是满仓，而不用考虑调节仓位？

林园：**不管大盘是牛市还是熊市，我们一直都是满仓操作。**这个主要就是我刚才说的，什么样的人适合投资，就是我们很爱钱，所以我们要把每一分钱都用上。**我们的心理状态永远是往上看的。**

问 25：王洪先生写过一本书《林园炒股秘籍》(经济日报出版社，2007 年 7 月第 1 版)，您觉得这本书是否表达了您的投资思想和投资观点的精髓？

林园：差不多吧，大概方向都是对的。**与以前相比，我现在的投资理念并没有出现什么明显的变化。**我们认为这是不能变的，如果变了那就不成体系了，而是会受市场的影响。实际上一家企业能不能赚钱的逻辑是不变的。**其实判断一家公司能不能赚钱的指标，大学的财务课本上都已经告诉你了，只是多数人会受市场波动的影响把这些忘了，抓不住重点。**

问 26：这本书已经出版 11 年了，如今还在再版。请问，您最希望买书的读者从中学到或体会到什么？

林园：我们都说实践是检验真理的唯一标准，我们已经检验过了，不用再去检验了，参考我们的方法去做，成功率更高，不要走弯路。

问 27：您 1989 年凑了 8000 元进入股市，当时您有没有想过投资股票可能失败，可能亏光这 8000 元？

林园：没有，一个年轻人那时候不会想这些东西。这和从小生活的环境也有一定关系。我的父母对我是放养的，从来没有给我一个框框，告诉我说这不能做，那不能碰。我父母在一个县级医院工作，他们可能是当时县里唯一的两个大学生。我在相对贫穷的县级医院里长大。可能和我们当时的环境有关系。

问 28：您的这 8000 元从 1989 年到了 2006 年底，变成了 20 亿。就您看来，这样的传奇性收益，有多少成分是时代赋予的，有多少成分是您个人的智慧和努力创造的？

林园：这肯定和时代有关系，**时代造就人，感谢这个稳定、没有战争、没有意外、和平的年代。**

问 29：现在的中国股市，还有没有可能再实现如此之高的收益？

林园：我认为还可能实现这么高的收益，还是有机会。

问 30：您为什么认为还有这样的机会？有些人表示短期暴涨的机会在未来可能会减少。

林园：这和社会的发展有关系，会出现一些改变人命运的东西。2007 年以后，互联网革命造就了很多富翁，股市应该也是这样。例如 100 年前的钢铁，**革命性的产品都能造就富翁，随着时代的变化，革命性的产品和服务会不断涌现。**

问 31：您认为“股市现在的情况不合适散户”，请问，股市现在的情况和以前相比有何不同？为什么说不适合散户？

林园：中国股市正在发生翻天覆地的变化，**我们观察了过去30年的世界股市，只有少数部分，大概只占总市场5%左右的股票能涨。**这也验证了我们所说的真正能赚钱的企业非常少，这主要是由市场的供求关系决定的。**中国股市在不断发行新股，个股数量很多，但是优股太少，**所以散户很难赚钱，因为他们大部分人不知道投资的方向。上市公司很多，但资金就这么点，只能在有利润的公司放大，这是世界的规律，最后出来的公司强者很强，弱者很弱。所以专业的事情一定要交给专业的人来做。

现在大部分的股票，我认为没有任何价值，我们有去一些公司调研，发现它们是没有盈利能力的，而且行业还在不断地竞争。最后大浪淘沙，只有极少数的公司会有人关注。例如澳洲，大家只关注必和必拓，新加坡，大家的注意力也只放在1~2只股票上，中国的香港包括美国的股市，真正能受关注的公司非常少，就二三十家，其他大部分的股票常年没有人理。**若要去做冷门的公司，失败的概率接近100%。**

问32：回顾您近30年的股市投资历程，您觉得自己最成功的三笔投资是哪三笔？

林园：最早因为行业的变化比较大，我们做得都还比较成功。例如电视机，最早国家普及电视机时，我们买了电视机相关的股票。之后是房地产、金融业，这些都是我们投资的重点。这里要强调的是，我所说的重点，在上面至少赚了50倍以上。接下来是2003年的白酒，到今天我们把投资锁定在医药，我们认为机会都是非常好的。

问33：您说过“大牛市中赚不到钱就是风险”，为什么这么说？

林园：**股票持续涨的时间只有3%，中国股市的规律就是熊长牛短，**如果你抓不住这3%时间，去抓97%的时间，是不对的，**该赚钱的时候就一定要赚够。**个股也是同样，没有赚钱能力的公司，就是风险，投这样的公司，时间和资金都浪费了。该赚的时候没有赚够，要么亏钱，要么亏时间。所以，**牛市我们的策略是持有，坚决持有，赚到底。**

问34：您曾数次逃过熊市。请问，您如何识别熊市？为何能果断离场？

林园：也没有主动逃过整个股市的熊市，**我判断的是行业的熊市，一个行业如果是个夕阳行业，正在走下坡路，我们是能逃掉的。**整个股市的熊市或牛市，我们也没有很强的能力去判断，最多是把一些杠杆去掉，因为我们早期有杠杆。

问 35：也就是说行业的利润变化、行业景气度变化是比较好把握的，但是整个股市的牛熊比较难把握，是吧？

林园：牛熊或许可以从市场的盈亏结果来看，熊市大家都在亏钱，若市场 90% 甚至 100% 的人都在挣钱，肯定是牛市。因为牛市的末期是最能涨的，如果要卖股票，比如最高点是 6000 点，或许是跌倒 3000 点的时候兑现。举一个例子，比如 2007 年的牛市，3000 点涨到 6000 点，大概从当年的 5 月涨到 10 月，之后即使跌了 3000 点卖掉，也就是跌到当年 5 月的价格，实际上也没有损失多少，这不需要做太准确的判断。主要还是判断行业的牛熊，这个更重要。

问 36：判断行业的牛熊，就像现在做电视机的企业，可以赚钱，但不可能赚大钱，是这个意思吗？

林园：中国的家电企业，像美的和格力一直都在盈利，最后会形成垄断，但是这类机会我们不好把握。所以我们的策略就是**行业高速发展的时候，我们就参与，一旦行业分不出谁是英雄，我们就不参与了，远离竞争，拥抱垄断。**

问 37：除了要规避大盘的熊市风险外，一个好公司遇到哪些情况时，也应该先平仓？

林园：主要还是判断行业牛熊，对大盘我们没有主动设置规避机制。我们做了这么多年的股票，也没有平仓线。直到今天为止，我们的这种策略也没有吃亏，最后看都是对的。也就是说**如果行业没有变差，一家好公司要变差的概率比较低，行业的景气度是我们投资的首选。**

问 38：就您看来，有没有特别优秀的公司，可以一直持有，在熊市都不用平仓？

林园：医药消费行业中一些真正优质的公司可以永久持有，因为人需要这个行业，这是永恒的行业。

关于股市和投资机会

问 39：您认为每个阶段都要“投资中国最赚钱公司的股票”，随着时代的发展和变迁，就您看来，哪些板块的公司已经不可能成为最赚钱的公司了？哪些板块的公司有可能成为最赚钱的公司？

林园：**我们主要研究最赚钱的公司，别的公司不过多考虑**，有风险的公司就不去研究了，把精力放在一定能赚钱的公司上才有意义。**现在我的观点是最能赚最能涨的公司就是医药消费公司。**

问 40：您在 2018 年 3 月 15 日的一次演讲中判断 2018 年初是牛熊交替的时点，即股市要从熊市转为牛市。您做出这一判断的主要依据是什么？

林园：我指的是医药行业的牛熊交替，大势我们不能判断。**医药行业，现在已经在牛市初期里运转了。**

问 41：您觉得现在是在医药行业的牛市初期，您觉得这个医药行业的牛市大概会持续多少年时间？

林园：我们判断是 30 年以上。

问 42：您所认为的新开始的这一轮医药股的牛市，上涨的核心推动力量是什么？

林园：**核心推动力就是人们对这个行业的刚性需求**，这是必然的，例如人口老龄化。

问 43：是不是因为您判断新一轮医药股的牛市开始了，所以贵公司重新开始运作私募产品？就您看来，怎样的私募机构称得上是优秀的私募？怎样的基金经理称得上是称职的基金经理？

林园：是的，因为我们认为我们的判断是 100% 正确的，所以这时候才发行一些私募产品。

基金经理就要给客户赚钱，不能犯错，每只产品都要赚钱，不能有意外。

问 44：您说每只产品都要赚钱的时间周期是多长？比如是一年里面都要赚钱，或是 3 年和 5 年？

林园：我们指的是 12 个月，如果现在我们大张旗鼓地买入股票，要求 12 个月内要赚钱。如果持有股票，最坏的结果是 3 年，3 年一定要赚钱。

问 45：有人认为，现在的股市进入了十年慢牛的阶段。对此，您是否认同？为什么？

林园：这个我们不做判断，我们认为大市现在估值不高，但能不能涨，与中国的经济有关。我对整个大的经济前景是谨慎的，对医药板块是乐观的。

问 46：也有人说，未来的牛市，股票是两极分化的，可能只有 20% 甚至 10% 的股票是好股票。对此，您是否认同？为什么？

林园：这个我是认同的，按公司个数来说不会超过 20%。

问 47：您提出“未来的投资标的只有医药股”。您为何如此看好医药板块？

林园：不仅人口老龄化，现在患有慢性病的人口超过 4 亿人，甚至再往后推，45 岁以上的中老年人会更加多。我们做过一些调研，大内科病的就医量翻了一番，这是一个依据。

问 48：您还指出只投高血压、心脏病、糖尿病相关的医药股，为什么只投和这三种疾病相关的医药股？

林园：这些板块占长期医药消费的 75% 以上。

问 49：您看好医药股，和您原本是学临床医学的，有关系吗？

林园：有关系，我们知道重点在哪里。我们知道医药消费什么东西最花钱，这很关键。10多年前，我也在这医药股上挣了很多钱，现在还一直在挣钱，算下来是百倍以上的收益。

问50：产品或服务雷同的医药股有不少，如何从中找出值得投资的个股？

林园：现在医药股也处在高度竞争的环境，我们也不清楚哪一家公司是龙头，所以我们要把特定医药行业的股票买一遍。

对于挑选优质的个股，现在只能看它的报表，看它的盈利能力和股价等各方面，然后做一个综合判断。但现在还没有到集中的时候，如果集中了，就会形成寡头垄断，这时候已经到行业成熟期或末期了。

问51：您认为，优秀的医药股，未来能上涨100倍，为何如此乐观？这100倍是怎么算出来的？

林园：我们看医药股的市值和国外相比较差100倍，再加上我们有能力消费医药的人口占全世界的四分之一。其实我认为还要乘以5才对，**最少涨100倍，最多涨500倍。**

问52：除了医药股，您现在还相对比较看好哪些板块？

林园：从1993年到现在，我们研究医药股已经超过25年。我们现在看好的行业，比如新能源汽车、传媒、食品、精神上消费的行业等，都是不错的行业。但是，我们现在首先是看好医药，**成熟的行业就是医药，别的行业都还在研究阶段。**我今天就在跟别人说，不管用不用，我先把国产领导品牌的汽车都买一遍，体会体会。可能5年后，10年后，20年后我才会去真正介入这些企业，但是我认为这是大方向，那我就会去研究。**我们研究的步伐永远要在市场之前。医药行业门槛高，几乎是垄断的。像汽车行业，技术门槛其实是比较低的，而且未来不确定因素也大。**所以现在我们只投医药股，但是未来有希望的行业板块我们也会有所研究，这样才能使得投资具有前瞻性。

问53：中国股市通过沪港通、深港通、纳入MSCI指数等方式加快对外开放，这对A股市场的估值、涨跌风格、投资者结构等会产生哪些方面的影响？

林园：影响不大，中国股市和全世界的股市是相通的，能涨的股票大家都知道是好的。**中国股市有一个特点是以散户为主，在一定时期的供求关系会受到影响。要上市、融资的那些股票，壳价值在下降。**我觉得到最后有些上市公司的老板都不愿意看他们的股价，都赚不到钱，成为过路神仙。可能那些公司资产还值10亿、20亿，但最后估值只剩下2亿、3亿，这是全世界的规律。上市不一定是好事，国际上都是这么回事，我们肯定会和国际接轨的。

问54：请您谈谈“一带一路”对中国股市的主要影响。

林园：靠我们中国人的聪明才智，就算没有“一带一路”，也能把中国的好东西带到全世界，中国人的竞争力非常强，特别是赚钱的能力。

问55：请您谈谈“人民币国际化”对中国股市的主要影响。

林园：这个影响不是很大。现在就是比较难出去，其实过去十年外国股票容易赚钱，而中国一直都是熊市。如果人民币国际化程度慢慢推进，那会有更多国外的机构和投资者来参与中国股市。

问56：您刚才所说的上市公司供应量越来越大，这会不会导致中国股市的整体市盈率要下降？

林园：那肯定是的，现在已经在下降了。**市盈率体现的是需要股票的人和卖出股票的人的供求关系。**

问57：您现在个人资产的配置情况，A股大约占多少比例？

林园：55%，其余的45%配置在全球资产，包括国外的股票、债券。**我的资产几乎都是配置在了金融资产。**

问58：请您谈谈对未来房地产的看法。就您看来，深圳的房价在五年内会如何表现？

林园：这个我不做判断，中国的房子太多了，在人口老龄化程度加重后，房子一定是过剩的。

关于伟大的时代

问 59：如果说我们现在正在经历的时代，是一个伟大的时代。那么，这个伟大的时代在经济上有何特征？

林园：这个伟大的时代在经济上最主要的特征是会出现世界级的企业，应该和中国的人口是相匹配的。比如，未来世界 500 强企业里，中国要占 1/3。

问 60：哪些类型的企业，在当今这个时代会成为最受益的企业？

林园：医药企业在当今这个时代会成为最受益的企业。

问 61：符合哪些条件的企业，称得上是伟大的企业？在您的心目中，全球最伟大的三个企业是哪三个？中国最伟大的三个企业是哪三个？

林园：伟大的企业是具有持续盈利能力的企业。全球最伟大的企业我认为是茅台，因为现在我觉得已经没有什么紧缺的东西了，唯一紧缺的就是茅台。很多东西火了一阵就不行了，至少茅台已经火了十年了。我们做投资的话，**谁是赚钱机器，谁就是厉害的企业。**

问 62：中国有哪些企业，未来可能成长为伟大的企业？

林园：未来伟大的企业肯定在医药领域产生。伟大的企业，会承担更多社会责任，而我们作为投资者，考虑企业能否赚钱才最重要，更多是从投资回报的角度来评判这个企业伟大与否。

问 63：5 年、10 年、20 年后，中国会不会出现类似或接近巴菲特这样的伟大的投资家？

林园：肯定有，而且在中国还不止一个“巴菲特”。

问 64：普通人应如何顺应这个伟大的时代，以实现财富的持续增值？

林园：这要根据一个人的年龄来划分。如果是一个年轻人，就要义无反顾地去投资，努力赚钱以后享受生活；如果是一个老年人，就不要去冒险了，用储蓄享受生活。

关于人生和财富

问 65：您是陕西汉中人，小时候的成长环境和家乡的风土人情，对您后来的价值观、投资观有何影响？

林园：这个是有影响的，**我小时候在医院长大，会去摆摊卖茶水赚钱，**做点小生意，所以从小就知道要做销售，知道需求，知道利润怎么产生。

问 66：您曾在深圳红十字会医院及深圳博物馆工作，当年进入股市是不安于清贫，还是其他的原因？

林园：那倒也不是不甘清贫，那时候对金钱的概念没有这么强烈。我当时也不缺钱，主要是用不了几个钱，工作赚的钱都能攒下来。当时一开始就赚钱，从来没有失败过，就一直把投资当作乐趣。

问 67：媒体和股民们称您为“中国股神”“民间股神”，您本人有何感受？

林园：我也没多大感受，**因为我从前的人生一直是往前进的，从来没有往后退过，希望以后也是如此。**

问 68：不管市场同行、股民和媒体如何看您，如果让您用几个关键词描述自己，您觉得哪几个词能够体现真实的您？

林园：林肯说过，我们要永远往前走，不要后退。我觉得这也很适合自己，我虽然不是一个长跑健将，但我们是要永远往前走的。

问 69：从公开的一些照片上看，您似乎比较喜欢笑，看上去很开朗。您觉得自己是个乐观的人吗？在生活中，有没有让您烦恼的事？

林园：我是个比较乐观的人，我都是往前看，没什么烦恼的事情。

问 70：就您看来，是股市更复杂还是人心更复杂？为什么？

林园：肯定是人心比较复杂，每个人都觉得自己有独到的地方，每个人都觉得自己最聪明，而且贪婪是人骨子里的东西，对于普通人来说，以这样的人性去处理股市上涨跌，那么失败的概率比较大。**其实对上市公司的判断标准书上都写了，但是多数人管理不好自己的情绪。要如何去平息自己内心的欲望很重要。**

问 71：近十年您比较少出现在公开场合，这十年您做了哪些布局？

林园：我也没做什么布局，就做好自己的事，先在股市上把钱赚了再说，不要走弯路。

问 72：您虽然拥有了不少财富，但听说您生活上是比较节俭甚至在吃穿上对自己有些吝啬。您如何看待财富的作用？就您看来，哪些钱值得花，哪些钱不值得花？

林园：我也没有刻意吝啬，都在正常花销。可能和个人骨子里的东西，和从小的经历相关。**我喜欢去比较哪个东西的性价比高，这是一种乐趣。**

问 73：就您看来，对拥有 10 亿以上财富的人来说，应当尽哪些社会责任？

林园：只要这些钱你没有浪费就行，最后财富都是社会的。所以我认为不一定要做慈善，**钱只要没乱花，最后都是国家和全人类的。**我觉得赚钱就是一种工作，是一种享受，和钱多钱少没什么关系。

张峰

- ✧ 优秀的人的品德，是成功的原因，而不是结果
- ✧ 聚焦投资伟大的公司
- ✧ 企业天花板更多是指企业家自身的天花板
- ✧ 价值投资的人遇到熊市恰恰是打败市场最容易的时候
- ✧ 市场只奖励与众不同的，而且又是正确的思考
- ✧ 大部分人亏钱的原因是没有用价值投资
- ✧ 投资是一个世界杯，我们要代表中国队参赛

张　峰

银杏环球资本董事长兼首席投资官

张峰先生专注于价值投资实践，拥有逾 18 年资产管理和战略咨询经验，经历过完整的牛熊市转换，投资领域覆盖股权、证券及固定收益。张峰先生运用“PE 选股”逻辑，科学且深入地进行投资研究，聚焦投资伟大公司。

从孜孜不倦阅读巴菲特年报到巴菲特面授“投资，就是独立思考”，张峰先生渐得价值投资真传，创立银杏环球资本，开始实践知行合一“独立思考”的投资理念。

十载太极悟道，练就投资定力；二十年勤勉阅读，醉心研究伟大公司。张峰先生相信只有坚持每一天的简单和专注，才能到达不简单的彼岸，没有捷径。

张峰：现在这个点，好公司的股价比房价更安全

（2018 年 6 月 28 日　张婧雯、沈良访谈整理）

精彩观点：

买股票就是买企业。我们的重心不应该放在研究现象上，而应该更多地去研究企业的经营战略、组织活力以及进化力等。

巴菲特十分重视对伟大公司的长期复利投资。

你见到他（巴菲特）的第一感觉就是他表里如一，很睿智、很深刻。他非常快乐、非常幽默。

见到巴菲特本人，不仅不会让你失望，甚至还会超出你的预期。

优秀的人的品德，是成功的原因，而不是结果。

学巴菲特非常难，首先学就很难。更难的是，还要放之于实践，然后知行合一，来调整、优化自己。

不变的是他（巴菲特）有一颗冠军的心。变化的是他不断地减少自己认知的误区。

一个堪称巨匠的人必须要让自己的体系有所建构，必须是从一个极简出发来解释复杂。

我们的第一性原理是聚焦投资伟大的公司。伟大公司对时代的塑造是显著的，是非对称的。

我认为对价值投资的根本理解，不应该不同。

（对价值投资理解）几种典型的错误：1. 认为长期持有等于价值投资；2. 认为低 PE 买入就是价值投资；3. 认为抄底就是价值投资。

最关键的一点就是知道自己什么不知道。

你越是谨慎地外推，越有可能使你的能力圈边界更清晰。

不用价值投资，每个机构亏钱的风险都会变大。

股市处于泡沫期的时候，价值投资的价值在于帮你回避亏损；股市处于低点的时候，价值投资可能帮你找到回报。

价值投资这个流派是被几代大师反复打磨的。

我认为价值投资完全可以应用在科技股上，只不过企业要耐心构建自己的护城河。

价值投资，物超所值，本身就是风控。

价值投资从某种角度来说也是反人性的，要求理性，要求删繁就简，要求从噪音里找到信号。

结合技术分析、择时的投资，我认为是非价值投资。

价值投资中风格不同我认为很正常，有集中的，有分散的，有长期的，有短期的。

巴菲特代表的是主航道，集中地长期持有高质量的成长公司，我们也是这个流派。

频率高一点的买卖可能也是价值投资，但不是最主流、最优秀的价值投资。

什么样的护城河是最强的？就是生生不息的护城河。

企业天花板更多是指企业家自身的天花板，他的胸怀格局、战略眼光等会有天花板，否则他大可以突破原有的赛道。

复利本身强调的是你持有的这家公司是否能持续成长，这是收益的来源。

一级市场的目的就是给二级市场输送更多优秀的上市公司。

卖出有三种常见的情况，第一是股价远远涨到了价值以上；第二是有更好的投资机会需要资金，而你手头的项目相对而言不是最有吸引力的；第三是公司的基本面发生了你没有预计到的重大变化。

没有好的回调就等。不是看回调多少比例，而是等到价格低于价值再买。

市场没有好的投资机会，不是真的没有机会，而是你不知道而已，或者你对机会视而不见。

价值投资的人遇到熊市恰恰是打败市场最容易的时候，因为价值投资偏理性，而熊市往往就是理性彰显的时候。

市场只奖励与众不同的，而且又是正确的思考；反之惩罚随波逐流，追涨杀跌。

我们的核心投资纪律就是不仅要找到高质量的公司，还要找低估或者合理的价格，而且最好我们还能够为它带来价值。

所有持仓的公司我们都调研过。

大部分人亏钱的原因是没有用价值投资。

中国具有纯粹竞争力的公司中，有不少来自于先进制造业。

投资逻辑上，不应该分大小盘，应该分好和坏。我对大小盘股没有偏好，只偏好“好公司”。

越来越多的好企业选择在A股上市。

A股的波动大，不少时候，如果有耐心就可以等到好价格，甚至比一级市场的价格更好。

跟世界各地的市场一样，一批国内的机构最终也会成长为有全球竞争力的机构。

现在这个点，好公司的股价比房价更安全。

太极教给我的就是生生不息、定力以及虚实的平衡。

伟大公司可以穿越牛熊，而且不受市场短期干扰。

在整个宇宙中，地球是非常小的一个星球。能让自己的一生过得快乐且有价值，就很好了。

我想做好长期复利，留给世界十年、二十年甚至更久的长期复利的业绩。

投资是一个世界杯，我们要代表中国队参赛。

“最高道德标准”就是把客户的回报、客户的利益作为最高目标。

“雪球原理”就是指要用复利的思维去积累成功的品德、知识和洞见等。

关于价值投资和投资理念

问1：张总您好，感谢您和我们进行深入对话。您连续八年参加巴菲特股东大会，孜孜不倦阅读巴菲特年报。就您看来巴菲特投资理念和投资方法的精髓是什么？

张峰：巴菲特的投资理念，总结起来的核心就是三句话：

1. 从本质论出发，**买股票就是买企业**。它的本体是企业，**我们的重心不应该放在研究现象上，而应该更多地去研究企业的经营战略、组织活力以及进化力等。**

2. 要意识到市场是什么，**市场是一个根据供需定价的地方**，所以巴菲特将其形容为“市场先生”，把它人格化之后你就发现它的特点是由人性放大之后的特点。情绪的乐观和悲观，会推动股价的上涨和下跌，而且群体的效应会带来进一步的上涨和下跌。中美股市很大的一个差别就在这儿，**中国市场的波动的极端性更强。**

3. **安全边际**。你对股市要完全免疫是很难做到的，这种情况下你还想让自己不败，怎么办呢？买卖都要有一个安全的余量。佛家里面叫无常，为人处世的核心就是要留有余地。**面对不确定，你要在自己的能力圈内划一条线，划完这条线后再给自己打个折。**

这相当于欧式几何里面的三个公理，通过公理我们可以推出各种定律。这三个就是出发点，往后延伸你会发现，**巴菲特十分重视对伟大公司的长期复利投资**。他不光是买股票，甚至还买公司，买到公司的控制权。这个体系是非常严谨的。

问 2：2011 年，您与巴菲特面对面共进午餐。近距离接触巴菲特和平时在电视上看、书上看，有何不同？

张峰：“神交”这个词，讲的就是你读过他的书，然后再见面。在我看来，大部分情况下，你读完书之后再见到人都会失望的，因为书里面是他更精华、更浓缩的内容，但是巴菲特不会给你这种感觉。**你见到他的第一感觉就是他表里如一，很睿智、很深刻**。还有几个印象可能是在书里看不出来的，就是**他非常快乐、非常幽默**，这一点是无法伪装的。他很乐于跟每个人打交道，哪怕是在一段很普通的交流中，他也能获得自己的乐趣。这些只有见了面才能感受到。另外，**他愿意花时间给年轻人，有一颗慈善的心**。在书里面，你可能只能读到他捐了一大笔钱，但你不知道的是，他几十年如一日地捐时间给学生、给他的股东。每年的巴菲特股东大会都有几万人来，为什么？很大程度说也是来学习巴菲特的教义的，他很无私。**见到巴菲特本人，不仅不**

会让你失望，甚至还会超出你的预期。

问 3：除了投资理念和投资方法，巴菲特身上的哪些闪光点，也值得我们学习？

张峰：正直，对品德的重视。他通过各种故事、寓言告诉我们，**优秀的人的品德，是成功的原因，而不是结果。**所以他曾经说，你应该列出你所有的朋友最闪光的特征，并想办法学习。然后把你最讨厌的那部分人的品性也列出来，并回避它。巴菲特对于道德的态度是孜孜以求的，而且是永无止境的。每年巴菲特股东大会前播放的小电影中，唯一不变的一部小电影就是当时在所罗门公司出现危机的时候，巴菲特面向美国的国会听证表达的一段文字。他说，公司面临困难了，我是董事长，既然这件事情已经发生，我们会遭受财务上的损失，但我不能遭受有关声誉的任何损失。为此，他欢迎外部的监管机构派专业人员尽职调查。他说，我们缺少这样的监察工具，所以帮我查得越清楚、越彻底、越深刻，对我们越好。这种姿态正是其内在品德的表达，他的公司也因此在危机中化险为夷。这就是品德的力量，赢得信任非常重要。

在今天的中国资产管理行业，最大的瓶颈就是信任。怎么取得信任？我觉得对资产管理者的要求就是你要有道德的追求，而不能仅仅只是做到受托责任就够了。这是投资以外很容易被低估的一个重点。

问 4：这些年来，您深入学习巴菲特的最大收获是什么？

张峰：我觉得就是不断地进化。中国人学习讲究精进，精进要的是反思自己，观照别人。巴菲特很大一个特点就是给你一个观照的对象。他从 26 岁开始写第一篇年报，到今年 88 岁，每一年都对自己有一个深刻、如实的总结，而且往往是过大于功。这样一个人物的反思也会推动我们去做类似的事。**我也每年写自己的年报，一直坚持到现在**，收获就是观照自己，对照伟大的投资者，不断看到自己与之的差距，当然也看到自己的进步。这是一种巨大的收获。**他是一个活着的，一个正在进行的进化体。**即使在今年，他还在总结自己过去一年犯的错误。这表明他是在不断进步和学习的，这对我的触动很大。

问 5：向巴菲特学习的人很多，但可能真正学到巴菲特投资精髓的人并不多。就您看来，为什么大家都趋之若鹜，但真正领悟的却寥寥无几？

张峰：每年参加巴菲特年会的人，特别是华人，越来越多。但每年真正读完巴菲特所有年报的人，大概增加的不多。**学巴菲特非常难，首先学就很难。**如果你缺少登山的决心，可能爬到山脚就歇了。**更难的是，还要放之于实践，然后知行合一，来调整、优化自己。**如果不对自己的错误进行纠正，领悟也是肤浅的。

问 6：据说您把巴菲特过去 60 多年每年的年报都仔细看过了。从这 60 多年年报的内容来看，您觉得巴菲特身上不变的是什么？变化的是什么？

张峰：不变的是他有一颗冠军的心。在巴菲特的办公室里，有一个口号，叫“Play like a champion today ”，就是今天你要像冠军一样去比赛。他是一个有冠军之心的人。在对卓越业绩的追求上，他是几十年如一日的。他热爱这个比赛，所以他没有因为有钱就放松自己。**变化的是他不断地去减少自己认知的误区。**比如说，他早期执着于买低价；比如说，后期他也曾经对美国以外的国际竞争缺少重视。所以他不管是后来做鞋子生意的投资还是早期做面料生意的投资，最后都被国际竞争打败了。最近，他对科技可能对报纸、电视等传统媒体造成的冲击也予以反思。**所以巴菲特变化的是他的认知，不变的是他对卓越业绩的追求。**竞争精神始终是巴菲特一以贯之的。

问 7：去年年底，您曾在上海交通大学高等金融学院做了一个主题分享“投资巨匠的第一性原理”。请问，何为“投资巨匠的第一性原理”？

张峰：如果你把“投资”这两个字去掉，仅留着“巨匠”二字就可以理解了。比如说，物理学巨匠的第一性原理，是牛顿的力学的三大核心原理。如果你把它放到欧式几何，也一样。第一性原理就是它的出发点、公理假设，这代表对这个体系底层的认知、底层的假设、底层规则的理解。刚才说的巴菲特投资理念的那三点就是他作为价值投资学派巨匠的核心公理。每个大师都有自己的公理，甚至于一生都在总结。物理学之外，生物学呢？达尔文的第一性原理就是进化论。经济学呢？亚当·斯密的第一性原理就是经济发展和专业分工。**一个堪称巨匠的人必须要让自己的体系有所建构，必须是从一个极简出发来解释复杂**。这里面的核心就是"一"，"一"是什么？"一"就是原点，就是核心逻辑。

问 8：贵公司银杏环球资本在投资方面的第一性原理是什么？

张峰：我们的第一性原理是聚焦投资伟大的公司。伟大公司对时代的塑造是显著的，是非对称的。就像《相对论》里面提到说，我们的运动是因为时空的弯曲，时空弯曲又是由更大质量和动量的物体来影响的。我的理解就是，**在社会的这个时空中，大型企业、伟大公司对我们商业时空的塑造是非对称的**。所以你理解它们，助力它们，推动它们，传播它们的成功，是有价值的，是符合规律的。

问 9：不同的人，对价值投资的理解是有所不同的。您所理解的价值投资，是一种怎样的投资方法？

张峰：我认为对价值投资的根本理解，不应该不同。应用的水平和应用的范围可能有不同，但是核心出发点不应该有不同。就像大家考欧式几何，你不能说欧式几何公理体系下，有完全不同的原理，这是不可能的。但是它的应用领域可以有所不同，有些人把它用到早期投资，有些人把它用到晚期投资，有些人把它用到了债券，有些人把它用到了股票。但它的核心原理，我认为不应该不同。

但是，对其理解错了，似是而非了，这是有可能的。**比如说有几种典型的错误：1. 认为长期持有等于价值投资**，这就错了。如果这个公司长期来看是要失败的，估值要降到 0，而且三年内就要降到 0，那我们拿 10 年有意义吗？ **2. 认为低 PE 买入就是价值投资**。还是上面的例子，10 倍 PE 便宜吗？如果它只能活三年，而且每年的利润还在下降呢？ **3. 认为抄底就是价值投资**。比如股价跌了一半去买，看似抄底进去，但你怎么知道它不会再跌一半呢？

反过来讲，对于价值投资的股票，你可以利用市场的波动，买在低点，卖在高点。可能有人会问这是做波段，怎么能叫价值投资？我不这么认为，**买入有安全边际，即买在价值以下，卖出也有安全边际，如果你稳稳地卖在价值以上，为什么就不能卖呢？**所以还是要回到哲学的角度，要看本质，不要用现象来做投资。现象永远是纷繁的、变动的、局部的。但如果你抓住了本质，抓住了本体，就会有一个判断是非的清晰标准，而**这个标准本来就不应该是模糊的，模糊了就说明没有抓住核心。**

问 10：就您看来，一个投资者要做好价值投资的关键是什么？

张峰：最关键的一点就是知道自己什么不知道。即使是对于自己知道的，也要采取相对保守的姿态，再打个折，留些余量。然后不断小心地、勤勉地、耐心地扩展你的认知边界，也有人把它叫作能力圈。

没有谨慎就谈不上能力圈。没有谨慎，你就会认为自己心之所向就是你的能力所在，这是妄想。**你越是谨慎地外推，越有可能使你的能力圈边界更清晰。**

问 11：哪些机构？哪些类型的投资者，比较适合价值投资这种投资方法？

张峰：没有适合不适合，只有自己信还是不信。**我觉得不用价值投资，每个机构亏钱的风险都会变大。**

问 12：有人说现在的中国股市，比以往任何时候都更适合价值投资。您是否认同？为什么？

张峰：我不认为现在就是一个特殊的时刻，**价值投资应该是在任何时候都适用。股市处于泡沫期的时候，价值投资的价值在于帮你回避亏损；股市处于低点的时候，价值投资可能帮你找到回报。**难道 5000 点的时候不用价值投资好处更大吗？我觉得是损失更大。

问 13：就您看来，在中国股市，哪一批机构或哪一批人，是价值投资的倡导者和引领者？

张峰：我觉得倡导者和实践者需要分开，就跟教授和实际操作者也有区别一样。**真正的实践者只能用五年、十年甚至更长的业绩来证明**。所以我觉得，**岁月会告诉大家谁能真正做好投资**。所有开始写的人，都是对传播价值投资有帮助的，但做的人还是相对较少。而且即使是同一个人，要坚持好每时每刻、长时间价值投资，也是很困难的，这是反人性的。他也是在不断优化、调整中。所以只要是遇到这样的人，都应该去鼓励、赞赏和支持。

问 14：任何一种方法都有好的地方和不好的地方。请问，做价值投资的人，必须接受哪些可能的负面问题？这些负面问题，能否通过某些方式避免或减少？

张峰：价值投资这个流派是被几代大师反复打磨的。到了今天，价值投资这个流派大体来说，它的缺陷是比较少的。细节上来说，有几个容易出现问题的地方，其实也已经被很多高手、大师指出来了。比如，科技股是否能够用价值投资。**我认为价值投资完全应该应用在科技股上，只不过要耐心构建自己的护城河**。2012 年巴菲特被问道，如果你只想学一个行业，你想学什么？他说就是科技，因为科技能产生很多好东西来，而且体量非常大，所以他觉得很遗憾自己学这个有点迟了。还是那句话，最重要的是你能用好价值投资。

价值投资经常还会提到的一个问题是价值陷阱，价值陷阱其实已经有非常成熟的阐述了。这些负面问题，恰恰是因为价值投资领域大师辈出，大部分可能遇到的负面陷阱都已经被一点点挖出来了。所以**价值投资是最经典的，最充分的投资流派，理论本身也接近完善**。现在有些人觉得不完善，就好比你觉得牛顿的理论不完善，是因为你还没读爱因斯坦的相对论。

问 15：有人说价值投资需要风控，也有人说价值投资不需要风控。您怎么看？价值投资需要怎样的风控？

张峰：价值投资，物超所值，本身就是风控。如果真把原理做好了，就不需要所谓的被动风控，比如净值低于 0.8 就要清仓，净值没有高于 1.5 之前，仓位不能超过多少，这些是被动风控，是在你缺乏投资哲学的情况下的风控。**价值投资在深化到每一个个股的选择都有阀门**，如果缺乏这些阀门的话，你只能运用一个机械的总阀门来予以管控。后者是必要性不大的，甚至是愚蠢的。

问 16：您经常提到“定力、简单、专注、聚焦”等词汇，请问，这是不是做好价值投资必须具备的素质或状态？

张峰：我认为是的。因为**价值投资从某种角度来说也是反人性的，要求理性，要求删繁就简，要求从噪音里找到信号。**而人是一个在人群中的人，是一个有情绪、欲望的人，所以要做到非一般人的这些素质，是至关重要的。而且不光是投资，如果你想在下棋、科学、艺术、功夫、商业各个领域做到出类拔萃、不同凡响，可能都要克服人性的缺点。“定力、简单、专注、聚焦”这四个词在很多领域都是适用的。

问 17：我见过只做“成长”的价值投资者，也见过只做“低估”的价值投资者，或者是两者结合的价值投资者；见过集中持股的价值投资者，也见过分散持股的价值投资者；见过长期持有的价值投资者，见过切换股票较频繁的价值投资者，也见过择时而动的价值投资者；甚至还见过价值投资结合技术分析的投资者。您觉得自己属于哪个流派？这些流派，您认为哪一个或哪几个最接近巴菲特的价值投资？

张峰：从价值投资的原理出发，**结合技术分析、择时的投资，我认为是非价值投资。价值投资中风格不同我认为很正常，有集中地，有分散的，有长期的，有短期的。巴菲特代表的是主航道，集中的长期持有高质量的成长公司，我们也是这个流派。**股票买卖频繁不见得是错，如果每次买的都是低估的那也没问题，只是很可惜，可能你没有在少数特别好的公司赚到特别多的钱，没有赚到复利的钱。**频率高一点的买卖可能也是价值投资，但不是最主流、最优秀的价值投资。**

问 18：做价值投资的经常会说到“企业的护城河”。请问，一个企业的护城河一般由什么组成？怎样的护城河才是防御性最强的？

张峰：企业的护城河我认为最起码有五种（无形资产、转换成本、网络

效应、成本优势、规模优势），我建议大家可以看一本书叫《巴菲特的护城河》，是晨星公司出版的。这里面讲得很详细，我在此就不过多重复。**什么样的护城河是最强的？就是生生不息的护城河。**没有亘古不变的护城河，像长城现在几乎就没什么用了。但是如果再把护城河不断加宽加厚，那结果就不一样了。

问 19：另外，做价值投资的也常说起“发展的天花板”。请问，哪些类型的行业或企业，发展的天花板比较高，甚至不可限量？

张峰：看具体行业和企业。有些行业市场天然就小，但是这也不代表企业不能突破。亚马逊已经跨到了电商、人工智能，所以企业也可以自己选择自己的赛道。**企业天花板更多是指企业家自身的天花板，他的胸怀格局、战略眼光等会有天花板，否则他大可以突破原有的赛道。**

问 20：您经常提到一个词“复利”。有人说复利是个伪命题，因为他们认为任何投资方式都有不可控的风险。您怎么看？就您看来，怎样的投资方式才能确定性实现复利？

张峰：如果你的投资不是想着今天投完，明天就要把钱全用掉，那就要用未来很多年来衡量你的投资结果。数学上来说，只要时间够长，复合成长率就是你终极的判断回报的标准。所以用复利去衡量，我不认为是伪命题。价值投资指的是要买的不亏钱，买的物超所值。**复利本身强调的是你持有的这家公司是否能持续成长，这是收益的来源。**

问 21：您的选股逻辑定义为：“PE 选股”逻辑。请问，该逻辑的核心要点是什么？

张峰：“PE 选股”这个标签更多的是因为我本人有股权投资的从业经验，**私募股权通常比股票投资期限更长，产业深度更深，对企业有更多附加值。**在这几点上来说，我们确实是在这么做的，我们希望能够聚焦并且帮助这些伟大的企业，这是 PE 常做的事情。我们要做这些好公司长期的股东，像它的产业合伙人一样的股东，这也是 PE 思维。从这个角度来说，标签贴为“PE

选股”这也没错。

问22：您以前也做过一级市场，就您看来一级市场投资和二级市场投资，两者最大的不同点是什么？最大的相同点是什么？

张峰：不同点是，一级市场主要做的是非上市的公司，所以长期来说，二级市场的公司标的要更多、更好。**一级市场的目的就是给二级市场输送更多优秀的上市公司。**一级市场的合约是非标准的，所以要去谈价格、谈条款。二级市场是标准合约，主要是看价格的波动。**一级市场主要是竞争，在于你能不能说服企业，让你投资。二级市场不需要你说服，价格能不能买得到才是重点。**相同点我认为如果你段位足够高，可以跨两个市场，既可以买到好公司，又可以买到好价格。

问23：关于一个上市公司的股价是否被低估，行业没有统一的标准。您如何判断一个公司是否被低估？

张峰：用现金流折现的方法。**如果现金流折现算下来了，估值范围远高于现价，就是被低估。**

问24：一个被低估的优秀公司，您买入了，它的股价涨了，涨到什么程度，您会考虑卖出？遇到什么情况，必须马上卖出？

张峰：**卖出有三种常见的情况，一个是股价远远涨到了价值以上；第二是有更好的投资机会需要资金，而你手头的项目相对而言不是最有吸引力的；第三是公司的基本面发生了你没有预计到的重大变化。**

问25：当您看中的一个公司，因为股价相对较高而没有买入，您可能会等它价格回调，如果它老是没有像样的回调，您怎么办？或者它回调了多少比例，您会毫不犹豫地买入？

张峰：**没有好的回调就等。**不是看回调多少比例，**而是等到价格低于价值再买。**

问26：假设您手里有一大笔钱，但市场没有给您较好的买入机会，您会怎么办？

张峰：如果有钱，但是市场没有好的机会，那就多做研究。因为往往市场没有好的投资机会，不是真的没有机会，而是你不知道而已，或者你对机会视而不见。

问27：您认为"如果公司质量值得长期持有，选择波段操作就是错的"。请问，遇到熊市，或整个股市阶段性的大幅回调，也不主动回避吗？做价值投资的人，遇到熊市了，该怎么办？

张峰：我不认为波段就是错的。价值投资的人遇到熊市恰恰是打败市场最容易的时候，因为价值投资偏理性，而熊市往往就是理性彰显优势的时候。所以非理性的，过于乐观的人就会被市场远远甩下。而我们大部分超越市场的业绩都是在熊市取得的。

问28：您倡导"知行合一"。其实，有些人是不知道，有些人是知道了做不到，要做到知行合一是很难的。就您看来，如何才能做到知行合一？

张峰：知行合一很难，难在很多人"行"就没有认真做，"行"完之后更是没有去思考怎么做得更好，不较真，所以就无法"合一"。还有就是性格问题，即使是对于自己在意的事情也很难做到言行一致。虽然不容易，但还是能做到的，取决于你有多强的定力，有多专注，有多执着。

问29：您还倡导"独立思考"。请您谈谈，对一位基金经理来说，独立思考的重要性。

张峰：独立思考至关重要，市场只奖励与众不同的，而且又是正确的思考。反之惩罚随波逐流，追涨杀跌。

问30：在投资中，任何人都会犯错。基金经理应如何看待自己的错误？如何修正自己的错误？

张峰：瑞·达利欧的《原则》一书封面上的图就在告诉大家，向上的东西都来自于对错误的展示。所以**正确地犯错是一个基金经理必须经历的，也是他成长的路径。**

问 31：对一个私募机构或一个基金经理来说，往往需要一些投资纪律来约束自我。请问，贵公司最核心的投资纪律是什么？

张峰：**我们的核心投资纪律就是不仅要找到高质量的公司，还要找低估或者合理的价格，而且最好我们还能够给它带来价值。**

问 32：上市公司的领导人、经营层对上市公司的发展和业绩至关重要。就您看来，怎样的领导人、经营层算得上是优秀的？

张峰：对于一个上市公司来说，首先是有德，重视股东的价值，能够平衡好客户、股东、员工之间的利益关系，而且要让该平衡更多依赖于优秀的超越同行的价值创造。此外，该循环还要能长期生生不息。

问 33：您在买入一只股票时，一般考虑它未来多长时间的发展？半年，一年，三年，五年，还是更长？

张峰：我建议**首先看得越长越好**，看长的同时还要把光圈缩小到近期、再近期。**至少得弄清楚三年到五年。**

问 34：您是否经常对上市公司进行调研？您持仓的公司有没有全部调研过？

张峰：**所有持仓的公司我们都调研过。**

问 35：如何从参加股东会、看上市公司公开信息、看季报年报等，挖掘到重要的信息？

张峰：**关键是看企业家是否言行一致。**参加股东大会听他们说，看他们写出来的，还要看以前承诺的能不能做到，也要**看他们前瞻性的判断**是否真的应验，是否领先于同行。**看他们的执行**，是否在同行业都做得很艰难的时候，能够远远超越平凡。

问 36：上市公司的 PE、PEG、ROE 等估值和财务指标，您最看重哪一个？为什么？

张峰：这几个指标都重要，但看一个是不行的。**比较重要的是 ROE**，它是对企业一年的运营较为浓缩的一个财务指标。

问 37：不同的企业有不同的市盈率。就您看来，哪些类型的企业可以给予较高的市盈率？

张峰：**长期稳健、高速成长的企业市盈率应该较高。**

问 38：据统计，股市中很大一部分投资者是亏钱的。就您看来，股市中大部分投资者较难获得成功的主要原因是什么？

张峰：**大部分人亏钱的原因是没有用价值投资。**

问 39：您曾对投资的成功提出三条标准：穿越牛熊之后要赚钱、跑赢指数、敢于重仓。投资成功的标准可以有很多种、很多条，您为何突出这三条？

张峰：要说标准的话，我认为是前两条，穿越牛熊之后要赚钱、跑赢指数。因为这是结果指标，不赚钱就根本谈不上立足，**真正的专业选手要成功就要跑赢指数，终极目标是要跑赢通胀，所以得先赚钱再跑赢通胀。**

问 40：您曾借用围棋选手的段位将价值投资分为不同的段位。请问，您是如何区分价值投资段位的？

张峰：这是我原创的，也有可能是错误的，但是我想要把这个立意抓出来，**高段位就是投资、实业和创新融为一体。**最高段的是世界级的原创创新，这是十段。九段是他在一个领域具有了世界级的竞争力，像 3G 资本，在啤酒这个领域也许创新不够多，但是有世界级的竞争力。

附：张峰先生对价值投资段位的划分和解读

价值投资的“段位理论”

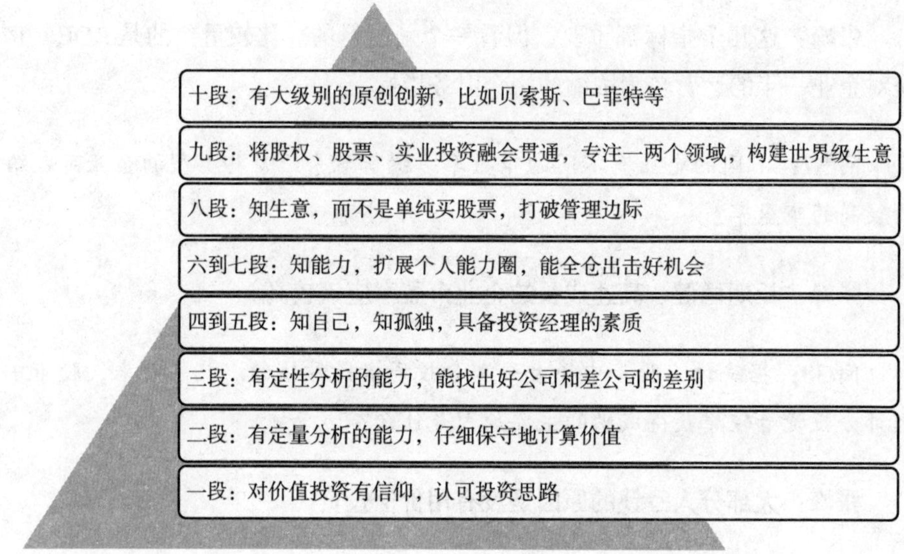

一段，要对价值投资有一定的信仰，认可安全边际。先想怎么不亏钱，要足够保守，这是价值投资入门。另外，比如投资者今天还在想能不能拿到一个重组消息，价格高一点我就卖掉，这是在投机；或者说去估计黄金的价格、石油的价格，如果预判会涨就买入。那你怎么知道自己是买在低位呢？因为它跌了 50% 或 40%？所以，我们要先把投机摒弃掉。

二段，要开始会算账，能够定量计算资产。

三段，要有定性的能力，能够找出好公司和平庸公司的差别、卓越公司和好公司的差别、卓越公司和优秀公司的差别。虽然很难分辨，但从复利的角度看是差之毫厘、谬以千里。

四到五段，要有忍受孤独的能力，和自己斗争，因为决策和投资是个人的事情，重要的是独立思考。2011 年，巴菲特先生对我说了两遍“投资就是独立思考”，令我印象非常深刻。即使听了所有人的建议，最终还是要静下心来做判断，为什么这个公司是被低估的？为什么这是一个卓越的公司？

六到七段，要能够把容量做上去。投资的天敌是什么？一个是通胀，一个是规模。规模大了之后，回报天然会面临很多劣势，比如规模大了，周围的卖方越来越多，可能有噪音进来，这不可避免。管理的规模越大，越要能够扩展能力圈，接受这个挑战。我有一天读巴菲特的年报悟到了，为什么巴菲特不分红？因为对于资本的雪球，巴菲特可能属于全世界最执着的少数人。他一年要堆千亿美金的雪球，每年还有上百亿的增加，他说他愿意把这些钱再投资到全世界少有的好机会。其他企业家可能会认为主业用不掉就分给大家，而巴菲特在不断地扩展自己的能力圈，包括最近他还在学习科技股。

八段，要有买生意的概念，不能只买股票。巴菲特说他是好的生意人，同时又是好的投资人；反过来，很好的投资人也是很好的生意人。

九段，要在一两个领域构建出世界级的优势。比如 3G 资本在啤酒领域构建了世界级的优势，伯克希尔在保险领域有世界级的优势。

十段，要求更高——原创级的创新。巴菲特是第一个把保险和投资循环推到这个级别的人，他的再保险就是世界最大的再保险公司；贝索斯创立了网络书店、网络电商，今天亚马逊也是世界级的公司。山峰的顶部，实业家和投资是融通的，但是登山没有捷径，只能一步一个脚印踏踏实实地往上走。

关于股市和投资机会

问 41：2017 年曾出现过“漂亮 50”和“垃圾 3000”一九格局的分化。您觉得这种现象是 2017 年偶然发生的，还是以后也会经常发生？

张峰：以后也会发生。只不过一九格局的概念在变化，未必是大盘和小盘，也有可能会反过来。大盘可能反而全在泡沫期，小盘则全在价值时，这些都有可能。而且这个“一九”比例可能也会变化，因为大家变得越来越聪明了，但整个世界的数学分布还是非线性的。

问 42：2018 年上半年大盘不太好的情况下，贵公司管理的基金表现相对良好的主要原因是什么？

张峰：是因为**我们坚持买好的价格**，而且知行合一。2017 年，其实只要抓住一批好公司就可以了，但2018年很多人心中可能会存在一些偏见，认为大的公司就好，其实是在追涨杀跌。

问43：有人认为未来十年，中国A股市场将走入一个慢牛的格局，您是否认同？为什么？

张峰：这个问题没人知道答案。**大部分人都希望是慢牛，但是很多人都错误地把希望等同于现实。**

问44：您似乎比较看好消费、医疗、科技板块，为什么？

张峰：主要是因为我熟悉这三个行业，而且也能淘到好公司。

问45：有人说消费、医疗、科技板块的好公司，估值已经比较高了。您怎么看待这些公司的投资价值？

张峰：这是见仁见智的，而且得看具体公司。

问46：除了消费、医疗、科技板块，您还看好哪些板块？为什么？

张峰：先进制造业。**中国具有纯粹竞争力的公司中，有不少来自于先进制造业。**

问47：某些价值投资者只投大盘股，不投小盘股。对此，您怎么看？在选股逻辑中，您有没有明确的大小盘之分？您更偏好大盘股，还是小盘股？为什么？

张峰：**投资逻辑上，不应该分大小盘，应该分好和坏。我对大小盘股没有偏好，只偏好“好公司”。**

问48：A股正在通过港股通、纳入MSCI指数等形式加快对外开放。就您看来，逐步地对外开放，对A股市场会产生哪些影响？

张峰：会使得投资理念更加国际化，向更成熟的方向进化。**对A股而言，**

会更愿意给好公司好的估值，并尽量减少那些基于概念炒作、板块轮动的投资思维。

问 49：港股和 A 股相比，有何优势？

张峰：很难说优势，港股和 A 股各有优势，我们可以称其为特点。首先它的货币是跟美元挂钩的，所以它的特点是受国际资本的影响较大。而且港股目前也更开放，让一些利润未必达标的高成长公司上市融资。港股的机构比例较高。当然它也有缺点，很多小市值的公司流动性特别差。

问 50：现在的 A 股，对境外资本来说，有没有吸引力？吸引力在哪些方面？

张峰：有吸引力，因为**越来越多的好企业选择在 A 股上市**。而且 **A 股的波动大，不少时候，如果有耐心就可以等到好价格**，甚至比一级市场价格更好，以低价买到更高质量的公司。

问 51：未来，随着境外投资机构不断进入 A 股市场，赚钱会不会越来越难？

张峰：从竞争的角度来看，**成熟的境外机构会加大价值投资者的竞争，赚钱会变得困难。另一方面，好公司不断在 A 股上市，所以也有了更多可选择的目标。**我们的能力也在竞争中变得更强。所以我还是相信，**跟世界各地的市场一样，一批国内的机构最终也会成长为有全球竞争力的机构。**

关于伟大的时代和伟大的公司

问 52：十九大之后，我们国家进入了一个新时代，这个新时代是一个伟大的时代。就您看来，在这个新时代，国家在经济发展层面可能有哪些变化？

张峰：首先是在驱动力上，会更加由需求来驱动，特别是国内需求。国际的出口会更加多元，美国的比重会下降，其他经济体的比重会提高。**其次，投资的比重会逐渐下降到一个相对稳定的水平。第三，支柱产业也会因此发生改变**，就像美国的支柱产业从铁路、钢铁、石油逐渐发展到汽车，再发展到金融，中国的支柱产业也会发生类似的变化，变得更有活力、更加均衡、更有持续性。**第四，市场的决定作用会更大，会拓展到更大的边界。**一些保护很久的产业也会逐步开放，而且会向国际市场开放，包括医疗、金融等。这些都是非常积极的变化。

问 53：新时代经济层面的变化，对股市投资风格、投资机会有哪些影响？

张峰：资本市场的投资风格、投资机会都会变得更加国际化。所以，更具国际水准、更成熟理性的投资风格会成为主流，而且中国的投资机构也要有全球性的竞争力。我觉得**中国的基金公司在不远的将来会具备较大的全球竞争力。**现在能买到海外好的基金吗？能够配到全球最优秀的公司吗？还不行。我们这个行业应该要解决这个问题，要给中国的投资人提供全世界优秀公司的投资机会。从这个角度来说，我们必须要变得更有全球性的竞争力。跟我们在制造业的企业一样，跟家电行业、互联网行业一样。

问 54：伟大的时代更容易诞生伟大的企业，而您一直醉心研究伟大的公司。就您看来，伟大的公司必须具备哪些要素？

张峰：第一，要有为国人、为全球的消费者服务的使命；第二，要具备全球性的竞争力；第三，要有强大的利润，同时还能够一往无前地投入到更大级别的创新项目上；第四，对未来有更好的塑造力，引领这个时代，而不仅仅是追随而已；第五，不只是猜想，而是真的 make it happen，把对于未来的展望都做出来，而且竞争力要领先于同业，把不确定性变为确定性。

问 55：哪些类型的行业，更有可能诞生伟大的企业？

张峰：我们选择的这些行业都有很大可能诞生伟大的企业。消费、医疗、互联网、高端制造业、消费金融等都有可能。我们投资的就是要投现在或未来会成为伟大公司的股票。

问 56：您是否只投资现在已经是伟大的公司，和未来可能成长为伟大的公司？对已经是伟大的公司，和未来可能成长为伟大的公司，这两者的投资策略是否有所不同？

张峰：策略的原理是一样的。不同点在于我们可能对未来的伟大公司更感兴趣。

问 57：从过去来看，最好的公司成长超过 1000 倍。向未来看，还有没有可能出现成长 1000 倍的公司？怎样的公司能成长 1000 倍？

张峰：当然可能出现成长 1000 倍的公司，但现在越来越要从一级市场开始寻找投资机会才能赚到这个 1000 倍。因为现在股市的上市门槛已经越来越高，假设你在 60 亿上市，1000 倍就得 6 万亿了，这是非常高难度的一件事。但如果你从早期，从 6000 万开始投，难度就会低一些。

问 58：就您看来，为什么过去十几年中，中国绝大部分上市公司的成长落后于中国房价的成长？

张峰：过去十几年，为什么大部分上市公司跑不过房价，是因为**房价的上涨很大程度是价格的上涨**。在过去货币超发、投资拉动、地方经济急需地产来作为支柱产业的背景下，房地产价格上涨形成了一个社会的合力，形成了泡沫。大部分实业追不上泡沫，更何况这个泡沫还是加杠杆的。

问 59：在未来十年，有没有可能出现大部分上市公司的成长高于中国房价的成长？为什么？

张峰：伟大公司的一个特征就是它们能够创造巨大的复利的财富，而且还不用加杠杆。在经营风险上，也比房地产低很多。**未来，房价上涨的复利特征会减弱，更多上市公司的成长会高于房价的上涨。**原因是中国上市公司的平均 ROE 在 13，部分优秀的企业更高，房价要保持 13 的 ROE 还是很困难的。

问 60：站在今天这个时点，您觉得股价更安全，还是房价更安全？

张峰：现在这个点，好公司的股价比房价更安全。每个人的投资倾向不同，我觉得优秀公司的股价，很长一段时间都比房价安全。

关于人生和事业

问 61：您练了十年太极，从中您感悟到了怎样的人生哲理？这对您的投资有何影响或帮助？

张峰：太极教给我的就是生生不息、定力以及虚实的平衡，对我还是很有帮助的。投资跟其他一样，要克服人性，意志力要很强，性格中要有这个力量。太好动的人，做投资是有挑战的，要动静结合。

问 62：您受索罗斯“投资是能实证思想的实验”启发，开始投资生涯。经过多年的投资实践，您觉得自己的思想在投资中实证了吗？

张峰：我们在实践自己的思想。**伟大公司可以穿越牛熊，而且不受市场短期干扰。**

问 63：您所尊敬的巴菲特先生是一个非常乐观的人。您觉得自己是否也是一个乐观的人？在投资和生活中，您有没有烦恼？

张峰：我是一个挺乐观的人。对于烦恼，我们应该看开一点，看透一点。我们的一生很短暂，也就三万多天。**在整个宇宙中，地球是非常小的一个星球。能让自己的一生过得快乐且有价值，就很好了。**那些无谓的烦恼，是没有意义的。

问 64：您曾说过“专注做点东西，至少对得起光阴岁月，其他的就留给时间去说吧”。您在专注做哪件事？您希望自己十年、二十年后成为一个怎样的人，才算对得起自己？

张峰：第一，**我想做好长期复利，留给世界十年、二十年甚至更久的长期复利的业绩。**第二，每年写一份年报，把我们的所思、所想、所学分享出来。

问 65：您现在作为创始合伙人运作私募机构，贵公司的名字叫“银杏环球资本”。请问，为何取名“银杏”？

张峰：取“银杏”这个名字是因为银杏是世界上最古老的植物之一，非常有生命力，而且很美。**我们的寓意就是生生不息、独特。**

问 66：贵公司的经营理念是：生生不息。请您诠释一下，您所理解的一家私募机构的“生生不息”。

张峰：生生不息就是能够对抗一个组织、一个生命所必有的懈怠、失去初心等。生生不息要求你通过不断创新和深度的思考抓住对用户的核心价值。生生不息意味着你赚了钱，还要把资金再循环投入进下一个价值创造，也意味着你要不断提高自己的认知。你认为这是好的公司，就要去想有没有更好的公司。你选择的员工能不能更热爱这样的公司。生生不息还有一个特点是，**我希望我退休的时候，银杏能够远远活得比我长，有下一批管理人来承载这个品牌、价值和责任。**

问 67：您曾在贝恩资本任职，对境外资产管理机构的运作相当了解。就您看来，国内的资产管理机构要向海外成熟的资产管理机构学习哪些方面？

张峰：很多人想的都是怎么做大，但更重要的是怎么做强和做长。贝恩资本创立于1984年，到现在已经有三十多年。这个机构已经运作得非常成熟，它不会因为一两人的变化就出现崩盘。就这点来说，中国的私募机构还有很长的一段路要走。**投资是一个世界杯，我们要代表中国队参赛**，这是我们这一代价值投资者包括资产管理机构所需要去完成的一项使命。

问 68：银杏环球资本的价值观是：1. 以客户为中心，坚持最高道德标准；2.100% 价值投资，聚焦伟大公司的复利投资；3. 人才是我们的竞争优势，以奋斗者为本；4. 持续艰苦奋斗，坚持持续改进的“雪球原理”。请问，何为“最高道德标准”？如何做到“以奋斗者为本”？什么是“雪球原理”？如何持续改进？

张峰：“最高道德标准”就是把客户的回报、客户的利益作为最高目标。不因为个人的私利或者情绪伤害客户的利益。把认真学习、批判错误、不断提高当成自己的道德责任。“以奋斗者为本”就是对于持续奋斗者要给予丰厚的长期回报，鼓励长期奋斗的人。**“雪球原理”就是指要用复利的思维去积累成功的品德、知识和洞见等。**

问 69：怎样的基金经理算得上是称职的？如何评估一个基金经理业绩的好坏？

张峰：首先，最低标准是长期赚钱；其次，要长期打败通胀。但我认为**对称职的基金经理要求是打败指数，而且是越长期越好，超过指数的越多越好，规模也是越大越好。**这是一个巨大的目标，也是一个很大的乐趣。

王文

- 秉持长期和价值两个理念，拉长了看，所有风险都会过去
- 最核心的价值是垄断
- 你可以考虑第二、第三名，但应该是买第一名的效果更好
- 不论是中国还是美国，大家都要过好日子
- 每个人都很渺小，都搭载在国家这艘船上

王　文

香港博文基金董事长

毕业于中国农业大学，1993 年开始从事股票投资，自称“深圳投资老中医”“非典型价值投资者”。

微博名：股道热肠也

王文：股市最低迷时，靠对国家的信念坚持过来

（2018 年 7 月 19 日　沈良访谈整理）

精彩观点：

投资泰斗巴菲特一生也经历过四次大的回撤（1973—1975 年回撤 59%，1987 年回撤 37%，1998—2000 年回撤 49%，2008—2009 年回撤 51%），在他最低迷的时候是靠对国家的信念坚持过来的。

我觉得适合投资的人肯定要有专业素养、心理素质要好，还要对国家、民族有宏观的认识。

我们赚的都是爱国之财，在股票很便宜的时候，根本不是在谈股票，而是在谈国家的未来。

金融市场中散户是系统性风险的主要承担者，如果不保护好自己，去做一些高风险的投资，买一些高估值的股票，就会成为市场风险的出口。

秉持长期和价值两个理念，拉长了看，所有风险都会过去，股价一定会反映企业的价值。

世上万物都在变化，价值也会变化。我觉得最核心的价值是垄断。

价值投资由巴菲特给出了清楚的阐述，而我们这些人都不过是管中窥豹。

能垄断的企业生意是很长久的，能对抗通胀，产品能涨价。

年复利能达到 15%，我就满意了。

我们过去经历的时代也是伟大的时代，大多数人低估了过去的时代。

归根到底还是一句话，你相信这个世界未来会好吗？这是超越一切宏观的拷问。

价值是个变量，不能一成不变地认识价值。

价值投资是反人性的，人性是追涨杀跌的，在这个市场里很少有人愿意慢慢变富。

现在投资已经走到了下半程，小企业长大的机会变小了，互联网的应用给大公司的管理提供了很好的条件，给了大公司快速发展的机会。

但斌这本书《时间的玫瑰》把价值投资在中国的实践写出来了，可以看到他的心路历程和反思，是一本很全面的书。

白酒商业模式简单，对茅台来说，在中国第一就意味着在世界第一，有非常大的竞争力。

茅台是中国真正的奢侈品。

投资一家公司实际上是一个连续观察、不断矫正的过程。

当市场低迷的时候，我多相信一些好的东西；当市场氛围高涨的时候，我就多相信一些坏的东西。

如果你相信哲学的话，一定要相信，坏完了就会变好，不会一直不好。

可能因为我们在这个市场里待得比较久了，所以往往会发现给你赚大钱的公司反反复复就那几家。

在这个市场待得越久，就越会觉得其实没什么特别的，只要好好把巴菲特的书看了就行。

你可以考虑第二、第三名，但应该是买第一名的效果更好。

投资是不确定的。可能你现在觉得这个公司挺好的，但最后也可能会出现很多的变数。

我觉得最重要的一点就是，你要相信，不论是中国还是美国，大家都要过好日子。

可以比较长时期地持有，直到觉得它不行了。

我认为市场中百分之八九十的公司都还是有问题的，至少在现在这个位置，估值还是贵。

以过去的经验来看，每一次向下波动都会给我们带来买便宜货、买好货的机会。

从根本上讲，“贪婪”代表你有野心，你可能因此而有所成就。

如果真的是错误，就要立刻砍仓，发现错误第一时间就改正，没有什么好想的。

中国老百姓比较勤劳，平均受教育程度较高，我觉得中国人是世界上比较有竞争力的人种，这才是最大的基本面。

中国股市当前有很多高估值的公司，当然也有不少价值股是低估的。

我觉得可能随时是底，但也可能不是底，这不是某一个人能够预测的。

别人判断的底，我不会相信。

其实有时候我看不懂这个市场，只能看好自己买的那些股票。

概念、题材都是浮华，本真就是价值，如分红、企业现金流等。不要听太多的故事，很多都是“鬼故事”。

银行是这个社会风险的承担者之一，所以银行股可以等到金融违约基本上看清楚以后再买不迟。

我有买医药股，但是我买的比例不多，这肯定是个方向，但我希望能买到估值更合理的价位。

我还是最看好保险、白酒、消费板块。老百姓把钱花在哪里，哪里的企业就有机会。

每个人都很渺小，都搭载在国家这艘船上沉浮，国家好，我们才好，所以我很强烈地希望国家越来越好。

越多人愿意接受你的服务，你就是好企业，就是有价值的企业。

阿里、腾讯、平安、茅台等都是好企业，都是伟大的企业。

我应该算是一个乐观的人，至少我的朋友认为我是乐观的人。

坚持正确的投资，财富会越来越多。

关于价值投资和投资理念

问 1：王总您好，感谢您和我们进行深入对话。您认为股票投资是个非常艰辛的职业，只适合千分之一的人。为什么说这个行业非常艰辛？适合这个职业的那千分之一的人，是怎样的人？

王文：我觉得中国的金融投资市场很明显有个牛短熊长的特点。从民族性讲，我们是个居安思危的民族，群体的赌性又比较强。投资有个多重博弈的概念，投资者要跟国家博弈宏观政策，要跟上市公司的大股东博弈，作为一个普通的流通股东，实际上是处于一个非常脆弱的位置。比如你买了机场股，突然出消息说机场补贴不给了，就会对你非常不利，无论从宏观、中观、微观上来看都是这样。从一个更长远角度跳出来看，你可能会看得更清楚一点。国外很多人不懂博弈，只靠财务报表就可以做交易，而在中国市场，大家心里都明白，以前有问题的财务报表太多了。在这种背景下，投资行业的生存率更低。

投资泰斗巴菲特一生也经历过四次大的回撤（1973—1975 年回撤 59%，1987 年回撤 37%，1998—2000 年回撤 49%，2008—2009 年回撤 51%），在他最低迷的时候是靠对国家的信念坚持过来的。但是在中国，当股市处于低迷期，股价比较低的时候，随之而来的反而是拷问，我们的国家会好吗？所以说从总体来看，投资真的是很艰难。

在投资过程中，我的感受是似乎很少有人真正看好市场，大家总认为一个非常大的危机在后面。当过了两三年后，危机并没有到来，大家就对股票有一致看好的预期。各路资金的进入就会让上升势头非常迅猛，在很短的时间内就把行情走完了，随后又是一轮漫长的下跌。所以我经常说**要做好投资，必须要有个锚，了解估值、风险率、收益率大致是个什么情况**，但是一旦进入高波动的市场，就被绑到了“赌桌”上，要不断拷问自己。我们大众面对的市场就是这样的市场。

我觉得适合投资的人肯定要有专业素养、心理素质要好，还要对国家、民族有宏观的认识。我们可以看到现在移民的朋友比较多，他们对美国的信心比对中国强。这些年我也常在想，**我们赚的都是爱国之财，在股票很便宜的时候，根本不是在谈股票，而是在谈国家的未来。**2015 年股灾后可以看到很多便宜的股票，到现在一些股票的性价比也非常高，但是要拷问自己的不一定是企业的基本面怎么样，而是我们的未来会好吗？这已经不是一个投资问题了，是一个哲学问题。在投资过程中，你需要应对市场的种种骚扰，应对无所不在的负面新闻的压力。人是一个信息反馈的综合体，要应对这些，说说容易，但做起来真的不是那么容易。

问 2：您说过“做证券投资的人，是世界上最脆弱的人，没人会心疼你”。为什么这么说？

王文：**金融市场中散户是系统性风险的主要承担者，如果不保护好自己，去做一些高风险的投资，买一些高估值的股票，就会成为市场风险的出口。**拿乐视来说，上市后冲进去几十万散户，最后落得现在的下场，这些散户其实是帮助证券公司、上市公司大股东等很多人分担了风险。普通散户在整个股市利益链条当中，跟国家、地方政府、大股东、管理层相比，是排在最后的，所以肯定是最弱势的一环。如果不知道自己是最弱势的话，很难制定正确的投资策略。

问3：您坚持用价值投资多年，在财务上告别了平凡。就您看来，现在的中国股市，是否依然是平凡者走向非凡的通道之一？

王文：在过去一些年，只要坚持正确的理念，还是能够赚到钱。但是也不是说每个人都可以的，核心是一定要符合长期和价值两个理念。短期来说根本不知道自己在赌博还是投机。有时候即使算得很好，价格也会跌得面目全非。如果不长期坚持价值投资，可能经历几次牛熊后，最终还是没能赚到钱。**秉持长期和价值两个理念，拉长了看，所有风险都会过去，股价一定会反映企业的价值。**

问4：请您用三到五句话阐述您本人理解和使用的价值投资。

王文：对于“价值”二字，市场一直是众说纷纭，**世上万物都在变化，价值也会变化。我觉得最核心的价值是垄断**，比如我做得比较多的煤炭股，就是自然垄断。中国石化、茅台也是一种资源、品牌垄断。**价值投资由巴菲特给出了清楚的阐述，而我们这些人都不过是管中窥豹**，根据自己的投资实践来理解和遵循巴菲特所说的理念。有人说能超越巴菲特，但是我认为巴菲特在我们这个行业就像是教主一样的存在。比如结合我国的国情，投资煤炭股就是很好的选择，煤炭企业的现金流也很好，但是在国外就不太有人投资煤炭股，它们天然气和石油很多，煤炭就没有太大价值。白酒股也是，国外都不太喝白酒，所以要根据巴菲特的原则结合实际情况来进行投资。**我认为最重要的是企业要垄断，有持续竞争力。能垄断的企业生意是很长久的，能对抗通胀，产品能涨价。**比如随着货币的发行，无论是煤炭、白酒还是中药，其实一直处于一个涨价的过程。单价上涨叠加销量增长，那就必然带来总销售收入的增加、总利润的增加，分到股东手上的钱也会增加。

问 5：您曾写过一句话“我们要在能力圈里赚钱，在能力圈以外学习”。请问，您的能力圈是什么？而您在能力圈外主要学习什么？

王文：每个人都有自己的专业能力，比如学历，有些人学工科，就会对科技类理解比较深一些。投资能力还与每个人的经历和阅历有关，像我是山西人，对煤炭的理解可能比较深一点。再加上我经历过的时代，可能使得我对于煤电、房产、银行、保险等感受较深。但是随着时代的发展，就会有很多新的东西出现。**如果能坚守在原来的领域也不错，但如果想做得更好的话，一定要去学新东西。**

我们以前在煤炭、金融、地产大发展的时代赚了一些，比如招行、万科、煤炭等企业。在 2008 年以后这些公司都涨幅一般，慢慢切换到水电、保险、消费品等。尤其是在 2015 年买了白酒、家电，包括腾讯，其实很多东西我都不是很了解，但是我还是会努力去理解。有些人可能觉得在以前的能力圈里很舒适，但是世界不可能不产生变化，以后很有可能导致你的收益率产生变化。到了未知的领域有些害怕是正常的，但是一定要学习。就像我说的，**在能力圈范围内守住自己的大部分，但是在能力圈范围外就要不断学习**，看看能不能发现新机会。**未来肯定是一个消费的时代，所以我买了茅台、中国平安。**除此之外，教育、医疗等是否还能有新的拓展仍需要我去学习。

问 6：您说过，做价值投资的人要活得足够长。您希望自己用价值投资的方式再做多少年？如果再做 30 年，您希望这 30 年获得多少倍的回报？

王文：年复利能达到 15%，我就满意了。其实这么一路走下来，结果要比我当初的预想好。**我认为我们过去经历的时代也是伟大的时代，大多数人低估了过去的时代。**未来照道理来说也会好，但是毕竟是不确定的。所以归**根到底还是一句话，你相信这个世界未来会好吗？这是超越一切宏观的拷问。**每当环境不好的时候，用经济学的观点来看哪里都不好，可能导致股票不断下跌，但是用哲学的观点来看价格一定有底，不好也有不好的价格，所以最终一定会好起来。

问 7：价值投资的方法相对来说比较简单，但这简单的方法有些人不屑于用，还有些人想用却用不好。您觉得出现这两种情况的主要原因是什么？

王文：我觉得“知不易，行更难”，“知”难在要知道什么是价值，因为**价值是个变量，不能一成不变地认识价值。**“行”难在**价值投资是反人性的，人性是追涨杀跌的，在这个市场里很少有人愿意慢慢变富。**

问 8：您和但斌先生比较熟悉，您觉得您的价值投资和他的价值投资，有何相同之处？有何不同之处？

王文：我还是挺佩服但斌的。他应该是很早就理解了价值投资，他的视野更宽广。从我的能力圈来说不如但斌，他很早就买了腾讯和茅台。但从我个人的角度来说，因为一直是个人投资，我就保持仓位扛过了很多低迷的时候，但是他作为公众人物，他需要考虑得更多。

价值投资者一定是殊途同归，可能但斌有些领域理解得更深一些，但是我认为都不离根本的价值二字。他买了很多名牌股，我当时买了很多中小型的股票，但是我认为在现在我们的投资慢慢趋同了。因为在那个时代中国很多小型企业成长为大型企业，比如张裕、茅台。而**现在投资已经走到了下半程，小企业长大的机会变小了，互联网的应用给大公司的管理提供了很好的条件，给了大公司快速发展的机会。所以我们现在都更倾向于配置更多的大公司。**

问 9：但斌先生的著作——《时间的玫瑰》您看过没有？这本书最大的亮点和最大的漏洞分别是什么？

王文：我看过。我觉得他很真诚，告诉了大家很多投资的细节和思考。我刚才说了“知不易，行更难”，对于这些理论上的知识，反复去阅读能够增加自己的理解，坚定价值投资的信念。**但斌这本书把价值投资在中国的实践写出来了，可以看到他的心路历程和反思，是一本很全面的书。**

我认为任何一本书都不应该去刻意找漏洞，这不是看书的目的，看书是要看能学到什么，哪些东西能够给你启发，读书的时候人的心态一定要对。

问 10：您参加茅台股东大会时，曾带母亲一起过去。为什么会带母亲去参加茅台股东会？

王文：那时候是茅台很低迷的时候，刚刚股灾结束，我在 2015 年去的五粮液调研，在2016年去的茅台。其实每次股市大跌的时候我们都有很大压力，倒不是因为亏钱，而是找不到方向。如果能够找得到方向和原因，大跌反而能找到机会，看到希望。在那个时点我其实是感到了机会，心情是比较轻松的，所以就带了我母亲一起去，相当于陪伴母亲旅游。**白酒商业模式简单，对茅台来说，在中国第一就意味着在世界第一，有非常大的竞争力。**如果连茅台都不好了，那白酒这个行业也不会好，所以我在那时就对这个行业比较有信心。

问 11：就您看来，茅台这家企业最核心的价值是什么？

王文：**我觉得茅台是中国真正的奢侈品。一瓶茅台卖多少钱不是茅台公司说了算，是人民银行说了算。**只要人民银行放水，茅台酒就会涨价，所以说垄断带来的护城河是非常强的，而且货币不断增发这件事是比较确定的，很多人都在茅台上赚到了钱，我也认为买茅台的忧虑是最少的。从现在的情况看，茅台已经有一点收藏品的味道，这个现象实际上会导致茅台需求量更大。

问 12：您如何看待有些地区很难买到茅台或买茅台要排队的现象？

王文：这是供不应求的表现。按中国目前的人口数来算，大概有三四亿个家庭，有 10% 的家庭喝得起茅台，那就是三四千万个家庭的需求，但茅台其实是供应受限的。我们也可以预见，其产量增长是有限的。**我觉得不论是有意还是无意，茅台供不应求的情况一定会延续。**过去年收入十万元钱的家庭，可能只有三四千万个，但是现在年收入十万人民币的家庭数量可能已经达到两三亿，基本上大部分家庭都能达到。每个家庭喝一瓶茅台，根本没有那么多产量。这和中国人的特性也有关系，比较好面子。另外亚洲人比较腼

腆，需要白酒来释放情绪。我觉得这种需求是永恒的。

而且就我的观察来看，越有钱的人喝酒的频率越高。外出就餐这件事情实际上就直接反映了收入状况和经济状况。外出就餐的一个核心其实就是喝一点酒，而不是吃饭。所以酒水消费在支出中所占的比例是会上升的。基础消费之后多余出来的部分会投向奢侈品，这是毫无例外的。为什么会出现投资这件事情，大家用各种方法去投资，说到底也就是每个人在实现基本需求之余更多地会去满足自己的精神需求。比如说一个家庭每年的基本消费是5万，当他有多余的5万时，他并不需要再去多买一个面包，这时候主要就是去满足他的精神需求。消费行业最大的特点就是消费者和生产者之间存在着严重的信息不对称。消费者的知识和认知能力是一定会让生产者占便宜的。

问13：未来五年，您觉得茅台平均每年的利润能增长多少？它最大的利润增长点体现在哪些方面？

王文：我觉得只要能达到15%就可以了，未来五年累计增长一倍。一是要增量，二是要提价。提价包括卖更多比普通白酒价格更贵的一些产品，以提高综合市场价。还有就是要不断把增量投入到电商等领域，不让经销商赚取巨大的利润差。这次茅台调整领导层以后，应该会通过各种方法把茅台的均价提高上去。另外，从需求端来看，我们也没有看到不好的迹象。

问14：您对中国平安这个企业有着深入的研究，就您的分析和总结来看，中国平安这家公司的价值体现在哪些方面？

王文：茅台处在一个资源垄断型的行业，中国平安则处在牌照垄断型行业。作为保险公司来说，它的对手主要就是国企。在一个国有企业占据主导的行业中，有一家民企升到这样一个位置，它对其他公司的竞争优势是碾压性的。现在保险的总资产大概是十五点几万亿，在金融业里的占比是比较低的，这意味着这个行业有着很大的发展空间。在行业空间很大的时候，有一家民营企业占据了重要位置，我觉得它的竞争力会很强。**中国平安在未来的岁月里会享受到竞争力给它带来的保险业内含价值的红利。**

2018年的情况就很明显，中国平安的保费有20%的增长，中国人寿就只有 4% 的增长。平安处在一个强管控行业，在强管控行业，企业的管理层非常重要。平安这家公司的管理层非常优秀，事实证明也是如此。贵州茅台和中国平安两个公司净利润的复合增长率都在 20% 以上。**中国平安以寿险作为突破口，将整个金融链条做得很详尽，时时刻刻都在不断加宽自己的护城河。**我看到的是同业与它的差距越来越大。所以在我看来，**在一个成长性很高的市场内，有一家公司竞争力非常强，管理也做得特别好，那这家公司的前景是很可观的。**我觉得中国平安 2018 年的分红大概率会超过 3%，它兼具了分红和成长，在这个行业里是碾压竞争对手的，这是非常难得的。当然，**它的缺点是跟宏观高度相关，当宏观环境不好的时候，卖它的人会比较多，**这些都是可以理解的。如果你相信这个国家是好的，那么宏观就不是问题。如果你认为这个国家不好，那恐怕茅台也不见得会好。

问 15：您去参加上市公司股东大会时，主要看什么？听什么？

王文：在十年前，那时候因为信息不对称，我去参加股东大会，有时候去了以后就会买。因为在参加上市公司股东大会的时候会得到很多信息。但现在信息的透明度比过去要高，获取信息的渠道要比过去多。**现在去上市公司调研，可能更多的是看董事长的愿景、气度以及对公司的发展规划等。**以前我们买了一些小规模的企业，要了解的是其生产和经营情况，现在更多的是看跟自己的预期有多大的差距。以前参加股东大会的人少，几个人一起讲讲，很容易拿得住股票，也能获得一些不是内幕的“内幕”消息（是公开的信息，但很少人关注）。反正股东大会都是开的，不去不知道，去的就知道。现在好多公司的股东会一去好几百人，这样一来，获得信息的价值就不一样了。当然，在一些转折的时点，你去参加一下股东大会，你的信心会增强，投资逻辑也会变得更清晰一些。现在是一个投资的时代，投资机会特别多。**我感觉现在参加股东大会就像参加嘉年华，能够获得有价值的信息是比较有限的。**

问 16：您去上市公司实地调研时，主要关注哪些方面？

王文：去调研的话肯定会了解一些关键节点的情况。上市公司实际上也会给出一个规划，我们在调研的时候就要看它是否完成了自己的规划，如果没完成，原因是什么。然后，我们再以此不断修正自己对这家公司的判断。虽然现在一些技术类的公司确实也不太容易搞懂，但我们还是可以通过它们了解一些行业的前沿信息。

问 17：如何从上市公司的年报、季报、各类公开信息中，理出有价值的要点？

王文：还是**要认真读年报**。我觉得这一点包括很多专业的投资人都不一定能做得到。公司年报里面包含了一些比较详细的信息，这个还是很重要的。**我们看一家公司不能只是简单地看看信息，而是要连续地观察。**连续观察实际上就是看他说的做到了没有。**投资一家公司实际上是一个连续观察、不断矫正的过程。**

问 18：您做股票时，对“经济周期、产业周期、企业周期、人性周期”这四个周期都有研究。请问在具体研究时，这四个周期的层级和比重是怎么安排的？

王文：这里面**最重要的是把宏观周期看透，这样能让你的投资更愉快一些。**可能一些投资者认为这个不重要，重要的是买好的公司。宏观和微观之间的取舍真的是有难度的，它们之间有时候是矛盾的，这也是我们需要努力突破的方向。如果说宏观环境不好，但你选择的公司很好，该怎么办？对我们价值投资者来说，永远会买一只很好的股票，你永远会觉得自己买的这只股票是有价值的。**宏观和微观哪个更重要？可能对大部分人而言，微观更重要，就是你买的股票更重要，因为宏观更难分析。**

宏观和微观往往是一对矛盾体，我们要做的就是如何解决好这个矛盾。对价值投资者来说，一般在一个股票涨得很离谱或者市场情绪变得悲观的时候就会比较纠结。举个简单的例子，比如在某个时点，市场上出现了一种声音，说我们国家可能会出现金融危机，股票会从 2800 点跌到 2000 点。其实我也不知道会不会发生，但从理性的角度讲，我认为不应该出现这种情况。但万一真的出现这种情况怎么办呢？我要做好什么准备呢？这时候应该要能拿住股票，不丢失自己的仓位。在这个问题上，我就相信哲学。**当市场低迷的时候，我多相信一些好的东西；当市场氛围高涨的时候，我就多相信一些坏的东西。**其实，只不过是一种声音把另一种声音掩盖了而已，但声音是一直存在的。另外，还是我刚才讲的观念，**如果你相信哲学的话，一定要相信，坏完了就会变好，不会一直不好。**

问 19：说起价值投资，经常会说到“要买便宜的股票”。但对怎样的股票是便宜的，似乎没有统一的标准。您觉得符合哪些条件，才算是便宜？

王文：可以看它的分红。我们从两个角度来说，**第一，不分行业看分红。**现在一些公司的分红可能比银行利息或者十年期国债高，比如说公司分红六个点，十年期国债只有三个点。为什么我觉得分红很重要呢？当股票不好的时候，为什么国债利率也是很低的？因为很多人的钱都去买国债。当然，还有一部分钱是闲着的，这部分钱并没有消失，只是不买而已。不消失的钱，为了安全暂时放弃了收益率的要求。但实际上，对资金来说收益率是最主要的。如果你的分红高，那市场资金一定会有所反应，一定会去买的。

第二，分行业看分红。比如说银行、地产这类行业，我们可以把它们的 PE 的要求再提高一点。因为实际上它们有坏账的问题，也就是说它们身上有别人的风险，有可能别人把风险转移到它那里。所以对银行、地产行业，我们可以在刚才讲的基础上要求再高一点，给自己更多的安全边际。事实上，如果银行完了，我们的国家就完了，这是不可能的。另外，像消费品这类公司，其实是一个净现金的状态，不欠人家的钱，就可以把要求放宽。比方说二十多倍可能就很便宜了，因为它有成长。我们可以用 PEG 这样的指标来估值。这不是一成不变的。

问 20：请您谈谈您的选股逻辑和流程。

王文：**可能因为我们在这个市场里待得比较久了，所以往往会发现给你赚大钱的公司反反复复就那几家。**当然，我们也会买一些新的公司，我觉得不同的时代还是应该有一些不同的选择。现在这个时代，很多小的企业在风险投资等介入以后，估值都是很贵的。**我还是会比较倾向于看分红、PE 以及**

护城河等方面的信息，然后根据这些信息去评估持有时间的长短。

我是从很传统的角度出发的，没有什么很特别的东西。**在这个市场待得越久，就越会觉得其实没什么特别的，只要好好把巴菲特的书看了就行。**但是，向巴菲特学习还要有和他一样的信念。没有信念是不行的，不然股票一跌你就没方向了。

问 21：您认为做股票投资就是拿钱和行业第一名合资，然后让它给我们打工赚钱。您是否只找第一名，第二、第三名考不考虑？

王文：肯定考虑啊。我买过茅台，但是五粮液和老窖我也都考虑。**但考虑第二、第三的结论是什么？就是不如不考虑**，因为它只是给你一个心理上的安慰。总而言之一句话，**买老大、买龙头、买行业第一，一定是最好的。**你去看中国人寿，上一轮的时候它是一万亿，中国平安是六千亿，现在中国平安一万亿，中国人寿六千亿。很多人会说，你这个不涨，我这个涨得快，某一阶段好像是这样，但如果把周期拉长，肯定会出现天翻地覆的变化。所以说，我觉得**你可以考虑第二、第三名，但应该是买第一名的效果更好。**另外，你买第一可以获得很多东西，比如心态上的优势。它不光能帮你赚钱，还会给你很多别的好处。我看到很多成功的人，他们都是买老大，他们的人生也过得比较舒畅。所以你不要去纠结，你买老二、老三一定会纠结。它们既然不能做老大，一定是有不如别人的地方。所以我觉得，永远买老大就对了。

问 22：您以前学了一首诗，“自小刺头深草里，而今渐觉出蓬蒿。时人不识凌云木，直待凌云始道高。”据说根据这首诗的逻辑，您选到了一些好公司，但也吃过亏。请问，这首诗告诉了我们怎样的逻辑？为什么会有吃亏的经历？

王文：投资是不确定的。可能你现在觉得这个公司挺好的，但最后也可能会出现很多的变数。判断一个公司能否成长为一个伟大的公司是很艰难的，就好比我们在一个人一年级的时候就去判断其能否上清华或者哈佛一样。即使我们看到了他的潜质，但他最后能不能成功也是不确定的。所以有时候，我们对这些公司的持有也是阶段性的。

另外，在以前，很多公司都很小，它们中的大部分都可以长大。**而现在，我们面临的是一个寡头的时代。现在小企业的发展空间相较以前更小了。**我们那时候买的招行、万科等都是中小型上市公司，市值都不大，但现在它们已经这么大了，这时候别的企业再去和它们竞争就很难了。以前和腾讯差不多规模公司就有多少呢？所以有人会说，如果你不懂的话，就买腾讯，因为腾讯懂。当然，腾讯也有不确定性，买它的确定性可能不如买茅台和平安高。不过归根结底，在这所有之上，**我觉得最重要的一点就是，你要相信，不论是中国还是美国，大家都要过好日子。**这是根本，如果没有这个基础，那就很难讲了。

问 23：您更认可集中持股还是分散持股？您更倾向于长期持有还是经常换手、切换个股？

王文：长期持有，比较集中。

问 24：您说过“总体而言，股票比钱多，无数的人都做上市梦，而钱又比好企业多，所有好企业总是上涨的”。这是否意味着，大部分上市公司的股票不值得持有，而好企业的股票则值得一直持有？

王文：对，就是这个意思。当然也不是绝对地一直持有，而是**可以比较长时期地持有，直到觉得它不行了。**当你觉得一个公司不行的时候，它可能已经跌了 20%，你只需要在那个时候出来就好了。在这之前你不会觉得它不行的。任何一个公司只要上涨，你就一定会觉得它行。其实我们现在的状况就是这样，**我认为市场中百分之八九十的公司都还是有问题的，至少在现在这个位置，估值还是贵。我们不能给估值贵找理由。**

问 25：您认为“坚持价值投资，忍受波动是价值投资的必修课，是必须过的关”。面对市场短期向下的较大波动时，价值投资者应如何应对？

王文：控制好仓位，不要去借钱炒股，或者可以把事情想得坏一点。对我而言，我还是会坚持持有，不太会去想把这些企业抛掉。

问 26：您认为“对一个职业投资人来说，其实股市波动越大越好”。为什么？

王文：**以过去的经验来看，每一次向下波动都会给我们带来买便宜货、买好货的机会。**如果一直在往上走，我们也没有机会买到便宜的好货。

问 27：如何才能在心理层面熬过股票下跌的日子？

王文：我觉得还是要理解企业的价值。当你理解了一个公司的价值，就会知道它是物超所值的，这样你就能对波动稍微看淡一些。如果你不理解这个价值，那肯定很难熬过股票下跌的日子。**还是要对自己所投公司的价值有一个比较深入的理解。**

问 28：您说过“贪婪和恐惧是好的”。为什么这么说？

王文：**从根本上讲，“贪婪”代表你有野心，你可能因此而有所成就。**如果你完全没有这个心理，那就很佛系了，这与做股票的心理是有所违背的。

问 29：做投资，难免有成功有失败。应如何面对自己的失败？如何处理自己的错误？您曾经历的最大的一次失败是哪一次？

王文：**如果真的是错误，就要立刻砍仓，发现错误第一时间就改正，没有什么好想的。**就像开车回家，开到第一个路口发现没有拿家里的钥匙，就需要立刻掉头回公司去拿，不然会越走越远的。

最大的一次失败应该是买伊泰的时候，从 11 元跌到 1 元 6, 跌了非常多，当然，我们后来还是在这个公司上赚了钱。

关于股市和投资机会

问 30：2018 年开年至今，A 股表现不佳。就您看来，股市低迷的主要原因是什么？

王文：两个原因，一个是金融去杠杆，一个是贸易战，两个原因叠加在一起，超出了大家的预期。

问 31：您觉得中国股市现在最大的基本面因素是什么？今年 6 月以来，股市行情的表现是否脱离了基本面？

王文：中国老百姓比较勤劳，平均受教育程度较高，我觉得中国人是世界上比较有竞争力的人种，这才是最大的基本面。所以中国一定会在未来的世界经济体系中站到一个非常重要的位置。

最大的问题就是我们过去这么多年积累下的债务问题，最大的机会就是中国有世界上最勤劳、最有生产力、平均受教育程度比较高的劳动者。

我觉得目前的估值反映情绪面因素比较多，中国股市当前有很多高估值的公司，当然也有不少价值股是低估的。

问 32：有人说现在是底部，也有人说还会有不小的下跌空间。您怎么看？

王文：情绪是没有办法判断的，我只能从逻辑的角度来讲，我希望政府维护股市基本的价值，阻止极端的情况发生。因为下跌是没有底的，如果说下跌 20% 是底，我不会相信这样的话，下跌 20% 之后，别人会说再跌 20%，永远都这样。当股市失去了锚以后，你就不知道什么时候是底，所以股市不言底。但是对于现在的估值，比如当前拿着一堆现金和这些资产收益率比，价值股已经挺好了，大家都不买，就不知道什么时候是底。我觉得可能随时是底，但也可能不是底，这不是某一个人能够预测的。有一点要明白，就是现在拿着的资产是否吃亏，只要觉得现在持有这个资产是物超所值的，我就倾向于拿着，因为我不知道哪里是底，别人判断的底，我不会相信。

问 33：如果您现在个人手上有较多的闲钱，会去股市抄底吗？

王文：我肯定会买，我经常控制不住买股票的冲动，觉得便宜了就想买。

问 34：2018 年下半年，您觉得大盘股的表现会更好，还是小盘股更好？

王文：其实有时候我看不懂这个市场，只能看好自己买的那些股票，只能看到它们的基本面情况。

问 35：如果后续股市会上涨，您觉得是大部分股票都涨，还是只有少数龙头股涨？

王文：这我不太懂，我觉得只要看好自己持有的那些股票就行了，**每个人其实把自己能看明白的看明白就行了。**

问 36：您认为“2012 年、2013 年线下民间高息借贷崩盘，随后 2014 年、2015 年股市迎来了大幅上涨；2018 年线上的 P2P 不断崩盘，2019 年、2020 年，股市会有不错的表现”。您的意思是不是说，当社会的借贷行为风险越来越大时，资金会不断向股市流入？产生这种现象的本质原因是什么？

王文：P2P 肯定提供了虚假的无风险收益率，当这些崩掉以后，钱又会回到银行，最后还是要投出去，而股市成为了一个为数不多的投资市场。

问 37：2018 年以来，和上市公司相关的“股权质押危机”频频爆发，某些券商和银行被迫成了上市公司的股东。这方面积累的风险是否越来越大？对股市有何影响？

王文：肯定有影响，但是谁的孩子谁抱走，各家想各家的招。

问 38：就您个人感受而言，现在流动性是偏松还是偏紧？您觉得下半年的流动性和上半年相比，会不会有所变化？

王文：**未来肯定要宽松一点。**现在银行的钱多，但钱不一定到得了企业，地产和股市提供了两个资金从金融机构到企业的桥梁。当股票市场不好的时候，桥梁就窄了，可以抵押融资的比例就少了，钱就出不来了。当前钱是有的，钱从银行体系能不能到实体经济是个问题，现在的桥梁不太畅通。

问 39：有人说现在对企业的经营信贷是收紧的，而对居民的消费信贷是放松的。您感觉是这样的吗？

王文：我觉得有这个可能，但是因为大家都怕受伤，都会小心，消费者借贷情绪也不高。原来有的人借钱去炒房，或是做其他，现在很多人都不敢去做了，所以也不太需要借钱了。

问 40：2018 年 6 月 19 日，在股市跌破 3000 点当天，您在微博上发表了一首打油诗："飞流直下三千点，疑是银河落九天。洗尽铅华始见金，褪去浮华归本真。"请问，在 A 股市场，哪些是浮华？哪些是本真？

王文：**概念、题材都是浮华，本真就是价值，如分红、企业现金流等，**我觉得这些东西是永恒的。总之，**不要听太多的故事，很多都是"鬼故事"。**

问 41：您希望把 CDR 停了，为什么？

王文：第一，现在市场没有承受能力；第二，那些股票的估值很高，会助长 A 股的炒作。而且不同的法律框架，该如何监管，还有较多问题没有解决。

问 42：如今，银行股大面积跌破净资产，市盈率都很低，现在买银行股算不算价值投资？您觉得银行股有没有较大的上涨空间？

王文：**银行是这个社会风险的承担者之一，所以银行股可以等到金融违约基本上看清楚以后再买不迟。**因为一些金融产品的资金是从银行来的，违约会造成什么影响，等看清楚了再投资。

问 43：今年医药股比较热，您有没有关注和参与？您觉得医药板块的成长性如何？现在的医药股价格，有没有阶段性涨过头的风险？

王文：**我有买医药股，但是我买的比例不多，这肯定是个方向，但我希望能买到估值更合理的价位。**有合理的估值再买入，或者只买估值相对合理的股票。

问 44：您对新能源汽车这个板块怎么看？这个板块有没有可能出现上万亿市值的公司？

王文：这很不好说，我觉得工业企业还是小心为妙，工业企业的竞争很激烈，**工业企业要涨到上万亿市值真的很困难**。

新能源是个方向，但是标的很难找。

问 45：您在微博上提醒过“小心环保股的陷阱”。请问，环保股可能存在哪些风险？

王文：很多环保项目是地方政府的，地方政府并没有那么多的钱，可能用 PPP 的方式做，项目完成后，如果地方财政收入不好，环保企业可能暂时收不到钱，变成了应收款，现在就面临这个问题。

问 46：除了上述谈到的几个板块，您比较看好其他哪些板块？为什么？

王文：**我还是最看好保险、白酒、消费板块**。它们是未来的一个方向，随着收入水平提高，大家在这方面花的钱就会增加，企业就有钱赚。说白了，**老百姓把钱花在哪里，哪里的企业就有机会**。

问 47：您如何看待沪港通、深港通对 A 股的影响？

王文：长期来看，**有助于价值投资理念的形成**。不然，大家在垃圾股里打滚、互相欺骗的时间会更长。

问 48：您对深圳的房价怎么看？

王文：我觉得房价会平稳，待去杠杆结束了，可能会稍微好一些。

问 49：您如何看待比特币、各种币的“热闹”现象？

王文：我觉得这**就是泡沫，没有投资价值**。

关于伟大的时代和伟大的企业

问 50：您说过“中国会在未来 15 年成为全球最大的经济体，这基本上确凿无疑的一个事情”。您为什么对中国的经济这么有信心？

王文：**作为中国人，我觉得不比别人差**，每一个人的 GDP 乘以 14 亿，就是全球最大。人均 GDP 总会涨上去，除非我们国家有比较大的问题出现，我现在觉得没有问题，也不会有太大的问题出现。

问 51：您认为“价值投资的第一个最重要的条件，是我们需要一个伟大的祖国”。为什么？

王文：这是肯定的，国家好，国民才能生活得好，巴菲特曾说他中了卵巢彩票生在美国，美国有这么长时间的经济增长，他才能有这么好的收益。如果国家经济不增长了，我们所有关于增长的假设和故事都不成立，所以我觉得没有一个伟大的国家，就不会有很好的结果。**每个人都很渺小，都搭载在国家这艘船上沉浮，国家好，我们才好，所以我很强烈地希望国家越来越好。**

问 52：做价值投资的人都希望和伟大的企业同行。我们应该从哪些角度评判一个企业是否称得上是伟大的企业？

王文：伟大这个词本身就很模糊，我觉得还是要从竞争力来看，比如这个企业能否从很小的市值做成很大的市值，或者它能够为这个社会提供多少服务和价值。例如腾讯，大家都用微信和 QQ；例如平安保险，这么多人在买保险；例如茅台，几乎每一个中国人都想喝。我觉得能够为越多人服务的企业就是好企业。**越多人愿意接受你的服务，你就是好企业，就是有价值的企业。**

问 53：您所认同的国内最伟大的企业（包括上市公司和非上市公司）是哪几家？

王文：**阿里、腾讯、平安、茅台等都是好企业，都是伟大的企业。**

问 54：腾讯、阿里、百度、网易，这四家公司，您觉得未来哪一家发展前景更好？或者说这四家公司，各自在哪个领域会有重大突破？

王文：我不太懂，但我比较喜欢腾讯，因为我天天用微信。

问 55：您在微博中多次提到希望政府对企业减税。减税能给企业和整个经济带来哪些好处？减税有没有坏处？

王文：减税之后，企业的负担就会降下来，企业的日子就好过了。把企业所得税减了，投资价值就会提升，企业的税赋还是偏重的。

我认为在目前阶段，减税是没有坏处的。财政少收一点，可以多发一些国债。

关于人生和财富

问 56：您觉得自己是不是一个乐观的人？在投资上，有没有令您郁闷的事情？在生活上，有没有令您郁闷的事情？

王文：**我应该算是一个乐观的人，至少我的朋友认为我是乐观的人。**

在投资上有很多郁闷的事情，这是一个无法回避的问题，如果要投资，一定会面临压力和损失。所以，要多读一点哲学书和佛经，管理好自己的情绪，不要被自己的情绪所打倒，因为 A 股市场比较容易让人郁闷。

问 57：您是微博活跃分子，您的微博有个置顶帖“独抒情志，兼济苍生”。请问，您把这个帖子置顶，想要表达怎样的意境和情怀？

王文：我说的这些，其实就是把我最真实的想法分享出来，不一定对，也不一定错，但这就是我的想法。我希望对大家能够有所帮助，**我能力有限，只把自己最真实的想法分享出来。**

问 58：您说过您非常感谢微博，我们也发现您一天要发好几条微博。微博在您的生活和工作中充当了怎样的角色？

王文：**微博实际上是我们自言自语的一个平台，我以前在饭桌上把自己**

的想法分享给朋友，现在在微博上，我可以把这些想法分享给不认识的陌生人。无论对错，只是把自己的感受和想法分享出来。

问 59：您如何看待您拥有的财富？

王文：很多时候，我不是特别把账户里的数字当钱，我的想法是坚持做一件事情，希望自己做的事情是对的。我相信，只要按照正确的方法做，坚持正确的投资，财富会越来越多。

朱雀

- ✧ 想活得长，首先是要活着
- ✧ 比它应该有的价值更低的价格买入，这就是价值投资
- ✧ 一个行业往往是被你没想到的另外一个行业颠覆
- ✧ 可以把宏观研究理解成择时
- ✧ 能够形成共识的好公司，可能它会变成一个安全岛

朱雀投资

朱雀投资成立于 2007 年 7 月，是上海首家有限合伙企业，亦是中国证券投资基金业协会理事单位和普通会员、中国证券业协会会员、陆家嘴金融城常务理事单位，管理资产规模保持私募业前列。

在中华传统文化的语境中，朱雀是生生不息的灵兽，是降福人间的祥瑞。朱雀投资因之而名，是希冀伴随中国资本市场的发展走向强盛。朱雀愿做持续创造价值的“灵兽”，倡导“透明、信任、激情”的价值观，秉承“保守、专注、创新、思辨”的投资理念，践行“做行业专家，像内部人一样理解公司”的投资实践。

朱雀：愿做持续创造价值的“灵兽”

（2018 年 8 月 8 日　张婧雯、沈良访谈整理）

精彩观点：

长线人生，长线投资，追求的是一个“长”，想活得长，首先是要活着。

“保守”更多体现在风险意识，也就是不要冒自己不能承受的风险，也不要冒客户不能承受的风险。

一个投资团队很难在所有的方面都做得很好，一定要有自己“专注”的点。

“思辨”讲的是，要看到市场上有很多聪明人，他们会有怎样的想法，另一方面要跟市场保持适度逆向。

我们的目标是长期相对平稳，并处在市场相对领先。

红杉的沈南鹏先生专门讲过赛道和赛手的问题，我们认为除了赛道和赛手，上面还要有个赛场。

对行业发展变化的历程、所处的生命周期、内部的结构架构以及竞争格局有一个清晰的认识之后，再去找公司。

中期的投资应该有两到三年，长一点的应该有三到五年。

中国要从高速增长转变成高质量增长，经济的增速在放缓，这时你就要调整预期，变得更加从容。

大家都期望自己的人生是逐步向上的过程，哪怕爬得慢。

我们过去的持股周期平均下来都在半年以上，有一些比较关注的公司可能好几年都会持有。

未来大概率我们持股周期会变得更长一些，因为大家越来越聚焦好公司，它能变成龙头企业肯定是在行业中竞争出来的结果，好企业的抗风险能力会更强。

每个人的想法是有差异的，就是因为判断有差异，所以才能产生交易，也就产生了流动性和市场，如果所有人判断一致，也就没有交易，没有流动性了。

比它应该有的价值更低的价格买入，这就是价值投资。

我觉得做低估的投资者和做成长的投资者这两类人本质上是一类人，我相信他们都是价值投资者，只不过对价值关注的侧重面有一些差异。对朱雀来说，我们稍微偏成长一些，但是在成长中对确定性的关注会更高。

一个行业往往是被你没想到的另外一个行业颠覆。

现在的竞争格局，可能只有龙头企业有正向效应。龙头不是说只有第一名，可能最领先的前面几名都算龙头。

选股我们会从几个维度看，一个是公司的核心竞争力，就是它自身的商业模式。第二，比较关注企业的治理结构。第三，从公司的财务报表分析财务的稳健程度、经营业绩等。最后，当然还会落实到对它的估值。

一般持有二三十只股票，最少的话也不会太少，十几只总归是有的，是一个相对集中的组合投资。

业绩的含金量主要是看主营业务的盈利情况，而不是说有的公司赚钱了，发现是因为它卖了一块资产。

可以把宏观研究理解成择时，希望它对系统性风险或者机会形成指导，对仓位给出一个提示的作用。

现在应该说是A股一个低估的区域，是在历史最低的20%这样一个区域。

如果大家能够判断出来中国经济已经在一个底部区域能够稳住了，同时在有效推进经济的改革创新，产业的转型升级，向高质量增长。只要这个共识能够形成，那我觉得A股机会就来了，而且可能会是一个很大的机会。

大家会越来越把资金聚焦在一些好公司，尤其是能够形成共识的好公司，可能它会变成一个安全岛，会表现得更强大。

在治理结构方面有硬伤的公司，最好不要去碰。

食品饮料它既是最古老的行业，也可以说它是一个最新的行业。因为它具有持续性。

医疗行业的发展空间是很大的，可以从中国的人口基数、人口结构逐步老龄化、中国的经济发展、人民生活水准的提高等几个大逻辑上得到推断。

高端装备制造我们一直比较看好。

长期决定房价的是人口因素，短期可能是金融，中期则是城市的定位、产业格局的变化、土地供给政策等。

近期人民币出现了一定的贬值，面对中美贸易摩擦的持续，适度的贬值会对冲一些不利影响，对稳定经济是有好处的。

我们倒不认为人民币会进入一个长期、持续的贬值通道。

如果从 PE 这些角度来讲，目前港股的估值应该更低一些，接下来是 A 股，美股的估值相对来说是比较高的。

从历史上看，往往在市场比较差的时候，二级市场的投资机会反倒比较多。

要转变经济增长的方式，提高增长的效率和效益，就需要降低杠杆，降低对房地产的依赖。

资产管理的本质就是你的管理能力，能否发现好的投资机会的能力以及对这些机会进行合理估值的能力。

未来的机会可能在于：一、通过自主的科技进步带来的科技和技术方面的成长；二、内需和消费。

所有做投资的人，在本质上都是持乐观态度的。投资就是压抑当下的消费，然后去追求明天一个更好的结果。

不忘初心，我们的目标就是给投资者可持续地创造价值。

在资产管理行业，核心的资产是人，要把人聚拢起来，第一要请得来，第二要留得住，第三要用得好。

你怎么去研究和评估别人，也就应该用同样的标准来要求自己。

乐观的心态和稳健谨慎的运作之间是不矛盾的。

管理能力应该走在管理规模前面。

规模实际上是业绩的一个结果，没有业绩，再大的规模也不过是在沙上筑塔。

关于价值投资和投资理念

问 1：朱雀投资您好，感谢您和我们进行深入对话。贵公司秉承“保守、专注、创新、思辨”的投资理念，请问“保守、专注、创新、思辨”分别体现在什么方面？

朱雀投资：这些理念是我们创业以后逐步形成的。对于“保守”这个词，刚开始讨论时也说是不是用“稳健”比较好，但后来还是选择了它。因为我们创业时说长线人生，**长线投资，追求的是一个“长”，想活得长，首先是要活着。“保守”更多体现在风险意识，也就是不要冒自己不能承受的风险，也不要冒客户不能承受的风险。**

就像巴菲特总是讲自己的能力圈一样，**一个投资团队很难在所有的方面都做得很好，一定要有自己“专注”的点。**微信朋友圈里面有一个鸡汤文，讲的是一万小时定律，其实它强调的就是专注。**现在讲的工匠精神其实也是专注**，我们的核心工作就是资产管理，对投资标的会有一些选择，希望在某些领域做得更深入，看得更前瞻一些。

投资中有些话听起来有些矛盾，就像我们又说“保守”又说“创新”，听起来似乎有矛盾。就像有的人说不要把鸡蛋放在一个篮子里，也有人说鸡蛋要放在一个篮子里但看好篮子才行，这两种说法听起来是矛盾的。但大家可能是从不同的角度不同的层次上思考问题，因为市场总是在变化。中国经济在不断发展，资本市场也是在不断发展。个人也要与时俱进，不管是对投资理念还是新的投资工具的认知都应发展变化。比如老外问我们阳光私募是什么意思，为了让他们理解，就说是中国的对冲基金。但其实在创业之初都不能算对冲基金，因为没有对冲工具，你就是一个 long only，后来才有对冲。实际上还是要根据市场的变化做出改变，**对于新的东西我们应该让自己尽量多的做好准备，然后去逐步尝试，慢慢地去学习铺垫，再把它融合到过去的理念中。**

“思辨”讲的是，要看到市场上有很多聪明人，他们会有怎样的想法，另一方面要跟市场保持适度逆向。这个度是我们试图去把握的，但从来不敢讲一定能把握得很清楚。就像你觉得一定要跟大家不一样，人多的地方不能去。

但你也要明白，比如所有的人都说高压电不能摸，那你非要去摸，这就是过度了。

问 2：以“保守”为前提在这两年是很正确的，但在 2014 年、2015 年，牛市的时候会不会收益率不如那些趋势投资者高？

朱雀投资：2015 年我们也有较高的收益率，当然，跟有些收益率一倍两倍的同行比我们不是很高。这又涉及如何理解投资回报和投资风险的问题，**我们追求长期相对平稳的投资收益，不认为自己有能力在任何短期都跑得很快**。从投资者的角度来说，会看产品的进攻性、收益率、回撤，会考虑波动性等，最后变成 Sharpe Ratio。**我们的目标是长期相对平稳，并处在市场相对领先。这是我们的追求，既然有所得就要有所失。**

问 3：贵公司践行“做行业专家，像内部人一样理解公司”的投资实践。请问，对研究或投资的上市公司，如何做到像内部人一样理解？

朱雀投资：首先，要有自上而下的考量。**红杉的沈南鹏先生专门讲过赛道和赛手的问题，我们认为除了赛道和赛手，上面还要有个赛场。赛场其实就是我们所处的时代和国家**，现在的大时代就是改革开放四十年，这是所有这一代中国人所处于的时代，加上你在中国，这两点决定了你面临的最大的外部环境。然后会有一个中观层面，也就是产业发展的角度，我们会从行业生命周期的角度去看，试图找到那些处在成长行业中的好公司。

你要是希望像内部人一样理解公司，一方面首先要对行业有比较深的了解，这是一个不断学习的过程，除了自己的学习，还要借鉴于行业内部的各种专家，借助于卖方的研究机构。**对行业发展变化的历程，所处的生命周期，内部的结构架构以及竞争格局有一个清晰的认识之后，再去找公司**。我们一直都强调专注，希望研究人员能够长期跟踪一个企业，你跟的时间长了，就会对它的情况有更多的了解和认知。另一方面，尽可能地期望我们的研究员能多角度地去看一个公司，也就意味着要保持一定的调研频度，争取和公司的高管层，比如跟董事长、总经理交流公司发展的方向和战略的把握，跟董秘、证代建立定期顺畅的信息交流。比如说你要投一些消费的公司，就应该做很多实地的调研。现在都在讲产业链研究，你还要和它的同行做对比，与上下游做一些交叉的研究。总之，经过长期的跟踪，对一个企业的情况就会更了解。

问 4：关注贵公司的微信号，收到的自动回复的第一句话为“长线人生、长线投资，感谢关注朱雀投资！”请问，多长时间周期的投资可以称得上是长线投资？作为长线投资者，是否需要关注市场的短期波段？

朱雀投资：多长时间算长线这个问题，大家的理解肯定是见仁见智的。如果是个人投资者，应该从自己整个人生的角度去规划投资结构和投资周期，在人生的不同阶段要有不同的规划，也要根据资产状况做不同的规划。

在国内，我从二级市场的角度来说，产业的发展期可能都是在 5~10 年，当然现在很多行业发展变化很快，但是再怎么快，三五年也是基本的。所以，**中期的投资应该有两到三年，长一点的应该有三到五年。**要是特别长，其实是在把握大方向。但很精准地把握节奏很难，我相信很多上市公司的高管也很难精准把握自己企业的发展节奏，但是他对大的方向肯定有自己的判断。

做长线，短期的波动是回避不了的，市场每天都在波动。这个时候需要更多从风险管理的角度去考量，就像把波动分成 α 和 β 一样，要强调的是自下而上。看波动是不是跟企业的 α 有关，是不是公司发生不太好的变化，甚至基本面在恶化，等等。如果出现这种情况你就要去重新考量。如果企业基本面没有变化，它可能受宏观形势的影响而波动，这时你还是要考虑风险管理的因素，当然，适度逆向的机会也来自于这里。

说起来很容易，其实做起来很难，而且每次做都不一样。我知道七禾网有期货方面的内容，期货有杠杆，大家都说做期货的人经常看对做错，时点稍微把握得不好，仓位管理有问题，一个波动可能就让你 OUT 了。

问 5：有不少人认为，人生短暂，出名要早，赚钱要快。对此，您怎么看？

朱雀投资：坦率地说，相对于比较成熟的经济体，中国过去的发展速度是飞快的，有三四十年 10% 左右的 GDP 年增速。一方面这是一个伟大的成就，但另一方面大家都在拼命地追求快，你也可以说有浮躁的气息。我们都明白，**中国要从高速增长转变成高质量增长，经济的增速在放缓，这时你就要调整预期，变得更加从容。**就像我们实现共产主义是为全人类谋幸福，对于幸福来说，速度只是一个方面，最后还是要看综合质量。

大家都期望自己的人生是逐步向上的过程，哪怕爬得慢。没有人希望自己的人生是一个过山车，前面爬得很高，最后摔得很快，我相信大家没有兴趣过这样的人生。

问6：贵公司以往的持股周期一般为多长时间？未来持股的时间会变长还是变短？为什么？

朱雀投资：我们过去的持股周期平均下来都在半年以上，有一些比较关注的公司可能好几年都会持有。有的是长期在我们股票库关注视野之内，可能会根据市场状况有时多点有时少点，但是会长期持有。**未来大概率我们持股周期会变得更长一些，因为大家越来越聚焦好公司，它能变成龙头企业肯定是在行业中竞争出来的结果，好企业的抗风险能力会更强。**

问7：贵公司坚持价值投资。对股票的“价值”、“价值投资”，不同的人有着不同的理解。就您看来，什么是“价值”？怎样的投资理念和投资模式，是价值投资？

朱雀投资：就我个人来理解，**对价值的判断有主观和客观结合的因素。**首先它不可能是绝对主观性的判断，像我们经常说投资是艺术和科学的结合一样，如果纯粹的主观判断，投资就是全艺术了，那就是个人行为了。

价值的判断本身有很多科学的地方，有大量的针对估值的模型，这些东西是你认知它的基础。但是对价值判断有没有主观性的地方呢？我觉得是一定有的，就像你去学宏观经济学，有讲什么是价值。大家可能首先观测到的是价格，但是宏观经济学一开始就在讲价值，只不过不同的学派有不同的价值论，马克思讲的是劳动价值论，西方经济学里有主观的效用价值论、有边际的价值论。反映到投资中，**投资是基于信息来做判断的，但你不可能掌握所有信息，对信息未来变化的情况也不可能都能做准确地预判，必然有不了解、不对称的部分，这一部分就导致了波动，这也是构成价值的一部分**

内容。

每个人的想法是有差异的，就是因为判断有差异，所以才能产生交易，也就产生了流动性和市场，如果所有人判断一致，也就没有交易，没有流动性了。

什么样的投资理念和投资模式是价值投资，站在我们的角度来讲，**实际就是在比它应该有的价值更低的价格买入，这就是价值投资**。当它到了你认为合理实现的价值你还可以持有，但是它太贵了，超过你认为合理的价值，高估了，就把它卖掉。说白了就是低买高卖，只不过什么是低，什么是高，大家有不同的判断。

那怎么去做呢？对我们来说肯定是做基本面的分析和研究，要看当前的宏观状况，财务报表的分析，也会去考虑行业和企业未来的成长变化情况。因此也就带来了一些不确定性，首先对未来的变化、成长、速度、持续性肯定是有不同的判断，每个人只能基于自己的理解来做。

问 8：有集中持股的价值投资者，也有分散持股的价值投资者；有寻找低估的价值投资者，也有寻找成长的价值投资者。贵公司的价值投资有何特点？

朱雀投资：做价值投资，首先要找好公司，当然找的时候要有一个自上而下的框架，从哪里去找要有一个主观性的选择，但是更大的工作是自下而上一个公司一个公司地去看，看到了真正的好公司又有好的价格，你就应该去持有它。从这方面来讲，一下子找一大堆公司难度很大，因为每个团队，每个人的能力是有限的。我个人理解，如果偏重自下而上考察的话，应该会是相对集中的持股，你不可能 3600 个股票一下就发现 1000 个好的，全面研究的可能性是比较低的，所以应该是相对集中的。但是为什么不是只买一只两只，这里面又有一个均衡，风险管理的概念。第一，不是只有一两只好股票；第二，稍微多一点也是和风险管理相匹配的。

我觉得做低估的投资者和做成长的投资者这两类人本质上是一类人，我相信他们都是价值投资者，只不过价值关注的侧重面有一些差异。所谓的偏成长的人对未来的价值看得更多一些，觉得未来有很大的价值所以现在去投资。狭义上的价值投资者，可能对未来的成长觉得不确定因素多，所以考虑得比较少，更关注当前，所以会按照现在低估去投资。

对朱雀来说，我们稍微偏成长一些，但是在成长中对确定性的关注会更高。

问9：朱雀致力于打造一个“产融结合生态圈”。请问这个生态圈包含哪些层面？主要有何特征？能实现怎样的功能？

朱雀投资：现在我们一直在讲脱虚向实，金融要为产业为实体经济服务，实际上，这就是产业和金融相融合的过程。金融是现代经济的血脉，但它是要依托在一些具体的产业上，而不是大家纯粹地空来空去，那就没有意义了。

生态圈就是我们会去关注哪些行业，尤其是行业中的那些具有竞争优势的公司，它为了自身的发展需要与金融进行更多地结合，如果我们能在这些方面提供价值和帮助，是非常愿意去协助企业的。

问10：朱雀曾提出“很多行业都会有家腾讯”，是否意味着较多行业的集中度会提高？就您看来，哪些行业最有可能出现垄断型或绝对领军型企业？

朱雀投资：我们提出这个观点的意思是，首先要找行业中优秀的公司，我们是把腾讯当作好公司的代表，打的是一个比方。简单地做一个二分法可以把行业分成相对传统的行业和新兴的行业，相对传统的行业就是我们国家传统的制造业等，原来都会面临的压力和问题，比如产能过剩、对生态不是很好等，后续会有行业集中度提高的过程，可能慢慢地生产效率、技术、优势没那么强的公司就被竞争出去了。所以很多卖方的研究报告都爱用“剩者为王”这个词。

新兴行业也有这种情况。现在新兴科技和移动互联网的出现，大鱼吃小鱼，快鱼吃慢鱼。逻辑上讲，过去一个行业的发展，大家在里面都很容易赚到钱，大的小的公司都有各自生存的空间。但是互联网出现后，尤其是移动互联网出现后，物理上的半径一下子打开了。像上海有2500万人，大家都要吃午餐，过去小饭馆有很多，因为传统餐饮行业都有一个服务半径，现在有了移动互联网，有了外卖，有了手机下单之后，一下子会带来一些新的现象，可能赢家通吃会更强。这是现在跟以前不一样的地方，确实是需要我们思考的。

问 11：朱雀提出寻找“未来世界的世界冠军”和“明日中国的中国之最”的投资策略。是否意味着朱雀的重点工作，是去发现和投资在一个领域内有可能成为世界第一或中国第一的公司？

朱雀投资：这是我们的目标，说这句话主要就是想强调我们要去投行业中具有竞争优势的领军性公司。

对于已经领先和未来领先，坦率地来说这两个我们都会去看。对于现在明显处于领先位置的，当然会比较关注。但还要持续地跟踪，因为世界总是在变化，并不是谁现在是一个领先者，它就会一直领先下去，总会有竞争者、颠覆者，可能被行业内部颠覆，甚至被别的行业颠覆。

大家现在越来越感觉到，**一个行业往往是被你没想到的另外一个行业颠覆**，就像短信是被微信颠覆掉的，中国移动和中国联通竞争得好好的，突然发现微信把它们都打败了。所以你得不断地去观察。

问 12：朱雀投资很早就提出“聚焦行业龙头”，请问，股票投资为何要聚焦龙头？行业的第二、第三名是否也值得关注和投资？

朱雀投资：因为**现在的竞争格局，可能只有龙头企业有正向效应**，它的行业地位高，它的生产效率高，它也更有能力和实力进行不断地技术提升，它有一个正向加强的过程。其他的企业可能就很难跟它竞争，非龙头公司的投资价值就会降低。

当然，**龙头不是说只有第一名，可能最领先的前面几名都算龙头**。因为你不能说第二名就一定没有投资价值，投资还会有性价比等因素的考量。

问 13：学习和研究巴菲特的人，经常会提到“能力圈”这个词。请问贵公司的核心能力圈是什么？在能力圈外需要学习的是什么？

朱雀投资：我们自己也是在不断地打造“能力圈”，希望能够对产业和行业中的公司有更多的了解，一个是希望认知的前瞻性能强一些，第二个是深度希望能深一些，至少在资产管理的行业内，我们对某些行业和公司的理解要更深一点。

关于能力圈之外的学习，我的理解，影响市场其实是多因素的，它是一个共振的结果，一个公司股价的变动或者整个市场的波动，肯定跟基本面相关，也跟外部的政策环境以及整个市场的资金供求相关，从全球来说影响因素更是非常多的。希望能看到的宽一些，但不可能平均用力，肯定有自己最关注的。对我们来说，**外部环境不可能忽视，但还是行业和企业本身的一些状况更重要。**

问 14：贵公司 2018 年 2 月初的一篇文章，提到了“护城河”，并且提出：护城河的“扩张方向”，而非宽度，似乎更加重要。请您谈谈怎样的护城河才是真正固若金汤的护城河？

朱雀投资：我们理解的是指**企业的布局要符合产业发展的方向，而不是说企业什么都投**，不是说布局得很宽就会比别人强。

一级二级没有本质上的差异，你会发现有些很有名的股权投资公司，它其实是在某一些领域、某一些行业中看得比较深，和这些行业中的龙头公司建立很强的联系，实际上大家是互相扶持着，它跟着这些公司走，公司也依托于他的资金、眼光来不断拓展，延伸自己的链条。这样双方都可以把护城河挖得越来越深，壁垒就会提升。而不是到处布局，听到什么就布一个。就像移动互联网的 BAT，其中的 A 和 T 两家又特别大，它们把关联性强的行业、产业融合在一起。金融可能也会跟它们有互动融合。我是这样理解的。

问 15：您刚刚更多是从一个投资公司的角度去谈的，那么作为一个在经营的企业，比如说是一个做实体的企业来说，它自己的护城河要怎么去做，别人才真正很难去超越它？

朱雀投资：从比较泛的角度，可能各家说的都一样，差不多就是技术、管理、渠道等。但是可能不同的行业，会有自己的特征，有的行业最核心的就是技术，有的行业是品牌的运营，有的行业则是渠道的拓展或者掌控。不同的企业会有差异，这就像你问学生怎样学习能学得好，我估计问十个人九个人的答案都差不多，什么专心听讲了，提前预习了，认真做完作业之后复习，等等，但是每一个学生肯定会有差异。

问16：请您谈谈贵公司选股的核心标准有哪些？

朱雀投资：选股我们会从几个维度看，一个是公司的核心竞争力，就是它自身的商业模式。第二，比较关注企业的治理结构，是不是比较完善，各方面不应该有硬伤，在历史上不应该有大的问题。**第三，从公司的财务报表分析财务的稳健程度、经营业绩等。最后，当然还会落实到对它的估值。**大概就是这几个方向。

问17：在选个股时，主要关注哪些财务指标、估值指标？

朱雀投资：估值指标我们会做DCF的分析，当然大家都明白，DCF里有很多的假设，不管是对于折现率还是对于未来现金流。平常我们更多会去看相对传统的PE、PB或者PEG等。

财务指标的话，可能不同的行业不同的公司，或者不同发展阶段的公司，侧重点会不一样。比如现在市场流动性偏紧的时候，可能对负债率更关注。比如有的公司有大量预收款，就需要由行业研究员根据情况进行特定分析，不同的行业预收款的意义可能是截然不同的。当然，现金流是大家都很在乎的。

问18：贵公司选股的模式，是属于自上而下地选个股（先考虑宏观，再考虑行业，然后选择个股），还是自下而上地选个股（先看企业的财务指标，再看行业前景，然后看宏观格局）？

朱雀投资：我觉得很难完全按照自上而下或自下而上，其实大多数时候我相信是两者结合的。**逻辑上讲，可能会自上而下先去考虑方向，但是更多的精力一定是自下而上进行分析。**

我经常开玩笑，打个比方说，一个小男生他想找女朋友，你说他自下而上还是自上而下？我说他一定先有个自上而下的判断，他说他要到北京电影学院门口去蹲着，而不愿意蹲到北京钢铁学院门口，这就是自上而下。但是北京电影学院出来的女生多了，具体找哪个，需要自下而上地观察。

问19：贵公司一个基金产品最多持有多少个股票？最少持有多少个股票？

朱雀投资：一般持有二三十个股票，最少的话也不会太少，十几个总归是有的，是一个相对集中的组合投资。

二三十个股票也不是完全平分仓位，我们会根据对不同股票的判断认知，可能有的相对重一点，有的相对轻一点。

问20：贵公司是否注重对上市公司的实地调研、参加股东会等直接接触？在实地调研、参加股东会时，主要关注哪些方面？

朱雀投资：我们非常重视上市公司调研，包括实地调研，我们对研究员跟踪的公司有各类研究要求，关于调研的频度也有具体要求。实际上研究员调研之前他都要做很多事先的案头准备工作，最终相当于形成一个问题清单，就是去企业关注什么，问什么问题。但是问问题的具体方式，因为每个企业的特征不同，可能关注的点是有差异的。调研一个高科技的公司，你可能最关心的是技术方面的突破，要是调研一个制药公司，尤其是研发型的制药公司，你可能会关注它的几个药在什么阶段，临床的哪一期。关注一个造船企业，你可能关注目前在手的订单状况。而关注一个品牌消费品，你可能关注的是它的渠道、铺货。会有相对的侧重点，没办法完全一律，更多的是基于企业的特征。

问21：贵公司有文章提出，不但注重企业的业绩增长，也注重业绩的含金量。请问，对一个上市公司来说，何为“业绩的含金量”？

朱雀投资：业绩的含金量主要是看主营业务的盈利情况，而不是说有的公司赚钱了，发现是因为它卖了一块资产。有玩笑说某公司在北上广深随便卖一套房，然后企业就盈利了，这样的盈利就没多大意义。

问22：您如何看待企业领导人在企业经营和发展中的作用？您更青睐具备哪些特质的企业领导人？

朱雀投资：一直以来，企业之间的竞争是很激烈的，**企业家的精神非常重要。企业家精神第一是他是不是非常热爱所处的行业，第二是拼搏，然后是抗压的能力、学习的能力等**。我们都知道现在进入经济结构的转型期，市场变化非常快，能不能有前瞻性是很关键的。**企业家还要谦逊**，也有企业家做出一定成绩后，就变得不像以前那么努力了，或者说有点资本后就膨胀了，这就容易犯错误。企业家的这些特质，我们都很在乎。

问 23：贵公司的研究范围覆盖国民经济各主要产业链的上、中、下游。如何在不同的时期，识别并布局有发展前景的行业？对那些较长时间内都不太可能有大发展的行业，是否还有必要保持研究？

朱雀投资：在人力的配置上，我们至少上、中、下游都有布局，但肯定不是平均用力的。**我们对产业的生命周期是有跟踪的**。实际上，去关注哪些行业，肯定也是从行业、产业的生命周期的角度来选择。在这个生命期，哪里会有机会？也可以有国际的比较，毕竟中国还是一个追赶型的经济体。对于我们整个经济的发展方向、结构变化，可能有些发达经济体在一定程度上能够提供经验借鉴。

就像十九大说的，我们现在的矛盾是不平衡、不充分之间的矛盾，这都和人的消费有关。由此，你也就能对某些行业的上、下游产业链有一定的判断。如果你看好新能源电动车，可能会传达上游的金属锂，而其他行业上游的煤炭未来的前景可能就有较大不同，虽然两者都算是采掘业。

问 24：朱雀不只是深挖产业和企业，也注重对宏观的研究。请问，贵公司的宏观研究在股市投资决策的比重大约是多少？宏观研判对择时、仓位管理等能否起到正面作用？

朱雀投资：宏观研究就是对大背景的研究，肯定是需要去做的。我们内部经常说更多的是**追求方向上判断的正确，就是要把处在春夏秋冬的哪个阶段形成基本判断**，但是每一天温度的变化，其实很难说清。春天也有倒春寒，秋天还有秋老虎，昨天都立秋了，照样还很热，但是要明白立秋之后，总体上温度要向下。我们可以把**宏观研究理解成择时，希望它对系统性风险或者**

机会形成指导，对仓位给出一个提示的作用。但是你要说很具体的比重，其实有时候也很难讲。

问 25：对坚持价值投资的人来说，应如何在阶段性的下跌中减少损失？

朱雀投资：这跟公司风险管理的制度流程相匹配，一般来说，针对净值的回撤，会落实在仓位上进行一定的控制，防止它出现特别极端的、太大的回撤。

关于股市和投资机会

问 26：2018 年以来，股市跌了不少，您觉得主要是什么原因导致 A 股表现不佳？

朱雀投资：我觉得是内外两个方面的原因，外部的原因主要是中美贸易摩擦，很多人担心中美贸易摩擦对中国经济带来更大的扰动和压力。内部的原因，我想主要是跟金融的强监管、去杠杆等有一定的关系。两者共同作用，对流动性带来了一些影响，可能对实体经济也有一定的冲击。

问 27：现在 A 股市场最大的基本面是什么？

朱雀投资：现在 A 股市场最大的基本面，短一点地看，就是整个经济虽然是在向下滑，有一定的压力，但总体上还是在一个相对稳住的状态，这是最核心的判断，如果这能形成共识，对市场是一个最大的支撑。

看得长一点，就是经济的转型升级能不能真正开始启动和推进。比如说降杠杆，解决房地产比重过高、房价过高等问题。如果这些方面能有推动和改变，我觉得未来大家的信心会变得更足。

问 28：大盘指数在现在这个位置，能否预判为底部区域？为什么？

朱雀投资：我觉得判断底是很难的，但是大家也都做了很多的纵向历史的对比，也从估值的角度评估，前两天大家都开玩笑说中国 A 股市值居然都不够七个苹果。我们的 GDP 是 80 多万亿，但是我们现在市值只有四十几万亿，资产证券化率只有 57% 了。有很多比较的指标和方式，总体比较下来，**现在应该说是 A 股一个低估的区域，是在历史最低的 20% 这样一个区域。**

问 29：解决哪些问题后，股市就会转好？如果股市进入下一轮牛市，该牛市将会有怎样的特征？

朱雀投资：如果大家能够判断出来中国经济已经在一个底部区域能够稳住了，同时在有效推进经济的改革创新，产业的转型升级，向高质量增长。只要这个共识能够形成，那我觉得 A 股机会就来了，而且可能会是一个很大的机会。这个机会可能会出现一些结构性的分化，不是说所有的公司都在这个过程中有机会，因为既然是一个高质量的成长，肯定会有好公司和坏公司，表现会出现分化，这是肯定的。就是说应该更多基于对基本面的分析判断，对好公司投资和持有，靠炒作赚钱的可能性会变得越来越小。

问 30：未来一段时间，假设指数依然没有起色甚至有所下跌，哪些类型的股票会比较抗跌甚至逆势上涨？

朱雀投资：大家会越来越把资金聚焦在一些好公司，尤其是能够形成共识的好公司，可能它会变成一个安全岛，会表现得更强大。

问 31：2018 年 2 月中，贵公司在接受媒体采访时表示相对看好“中盘龙头股”。现在是否依然保持这一观点？为什么？

朱雀投资：这是我们当时的一个想法，**一是看龙头股，二是关注偏成长的行业或方向中的龙头。**如果是这样的龙头股，它一般会有一定的体量或市值，所以说它可能就算中盘或者中大盘。

另外，投资讲究性价比，有些好公司其实大家都公认，但经过 2017 年的上涨之后价格比较高，估值已经绷得很紧，我们就会偏谨慎一些。所以首先是好公司，其次在这个基础上关注性价比，我们现在也还是这样的想法。

问 32：早在 2012 年，贵公司曾表示“长期看好消费板块”，现在来看，消费板块的哪些子板块的股价已经基本体现其价值？哪些子板块的股价仍有较好的上升空间？

朱雀投资：消费板块其实挺宽的，比如说零售，**我们会关注新零售**，现在线上线下的融合是一个大的方向和趋势，纯线上的好像也都在往线下走，线下的也在积极地拥抱线上，这会体现在很多领域，不光是新零售，包括纺织服装、家装家居等，我们会在这些子行业里头去寻找机会。

另外，我们把医疗医药、健康保健也当作消费的重要方面。**老百姓在日常生活中最多的几个痛点，分别是医疗、教育和住房。**既然十九大讲了，不充分不满足，这就是矛盾。这些不满足的地方，其实从反过来的角度讲，这可能就是你投资的机会所在，因为要解决这些问题。

问 33：就您看来，哪些类型的公司现在不能碰，以后也最好别碰？

朱雀投资：我们对于公司的治理结构还是很关注的。在治理结构方面有硬伤的公司，最好是不要去碰。说得简单一点就是这家公司容易犯错，并且没有纠错机制，你就没有办法去判断它，甚至有的公司你感觉就跟无底线一样，这样的公司最好不要去碰。

问 34：有人认为现在的白酒行业，是一家独大、持续发展可能性大、最确定的行业。您怎么看？

朱雀投资：白酒，首先它是一个具有中国特色的消费品；其次，优质公司的品牌消费和消费升级等能得到体现。**食品饮料它既是最古老的行业，也可以说它是一个最新的行业，因为它具有持续性**，只不过里头情况会不断地变化。我们觉得肯定是值得去关注的，这点毫无疑问。

问 35：对医疗行业，有人说成长空间巨大，也有人说估值偏高。您怎么看？

朱雀投资：医疗行业的发展空间是很大的，可以从中国的人口基数、人口结构逐步老龄化、中国的经济发展、人民生活水准的提高等几个大逻辑上得到推断。医疗一定还有很大的成长空间，而估值的高低是有阶段性的，其实最近市场的波动导致这个板块也下来了不少。

问 36：一段时间以来，区块链比较热门，贵公司有没有进行相关研究和投资？贵公司如何看待区块链技术的未来前景？

朱雀投资：我们没有进行投资，我们的科技研究员可能对此有一些初步的了解，但是总体上我们在区块链还没有布局。

问 37：您是否看好人工智能，贵公司有没有布局？

朱雀投资：我们有研究跟踪，有些投资标的也涉及这方面的应用。但这个领域毕竟比较新，我们会持续关注，短期可能不会作为重大配置的板块。

问 38：除了上述讨论的行业，朱雀目前还看好 A 股的哪些板块？

朱雀投资：高端装备制造我们一直比较看好，因为中国毕竟是个制造大国，并且要成为制造强国。而且现在中美贸易摩擦其实很大一块是盯着我们的中国制造 2025。不管怎么说，这是我们必须坚定走的路。另外，**像新能源汽车，从长期看，我们觉得这是一个方向。**

问 39：您对上海的房价怎么看？

朱雀投资：上海属于一线龙头城市。**长期决定房价的是人口因素，短期可能是金融，中期则是城市的定位、产业格局的变化、土地供给政策等。**上海在全国的龙头地位，支撑性还是相对强的。

关于产品布局和投资逻辑

问 40：除了常规的股票多头产品，贵公司从 2011 年开始设立量化对冲产品，这类产品现在还在运作吗？在股指期货受限的背景下，量化对冲产品能否管理较大的规模、取得较好的收益？

朱雀投资：我们其实比较早就布局了，但从 2015 年股灾之后，一个是股指开仓受限，另一个则是一直处于贴水的状态，对市场中性策略的影响比较大。坦率地说，我们量化对冲产品的规模也缩水了。包括朱雀在内，业内都在进行各种新策略的尝试，包括用量化的方式进行选股，然后做类似于指数增强，甚至量化多头，或者是一些 CTA 策略。量化多头其实体量会很大，但如果市场有波动，它跟以前的市场中性策略比，波动性会加剧，需要投资人对此有一个认知。其他一些策略，比如 CTA，规模就不容易做大。

问 41：贵公司量化对冲产品的选股，是完全用电脑量化手段完成的，还是结合研究人员的基本面分析进行选股？

朱雀投资：我们是用量化的方式来选股，选出来之后让基本面研究员也大概看一下，因为有些股票用纯量化的方式选出来，但基本面研究员知道大家对它一直有质疑，就会主观性把它筛掉。另外，我们现在也在摸索如何将主观和量化结合，这是一个长期摸索和实践的过程。

问 42：价值投资的选股方法，能否把其中一部分进行量化，由软件去执行？

朱雀投资：其实就我理解来看，多因子选股主要都是跟基本面相关。不管是财务指标，或者其他估值方面的数据，都是基本面数据。当然，市场的动量等这些因素可能偏技术或偏交易层面。**我们在做量化与主观的融合**，量化确实可以帮我们做一些初筛工作，在这个基础上，再做精细地跟踪。

问 43：贵公司有参与股权投资，请问股权投资选公司和二级市场选公司，有何相似点？有何不同点？

朱雀投资：都是选好公司，看公司的商业模式、治理结构以及财务的健康性，这些在本质上是一样的。但是，如果你**做股权投资的话，相对来说可能会偏早一点，主观判断性会更多一些。另外，二级市场投资流动性更高，纠错相对容易。**

问 44：有人说股权投资更注重企业领导人的综合素质，而二级市场买股票更注重企业盈利能力。您是否认同？

朱雀投资：从某种程度来讲，也有一定的道理。因为在股权投资中，投的企业总体是偏早中期的，在那种情况下，公司面临的不确定性会更多一些。数据给你的信息少，就要更关注公司领导人的综合素质，包括他的学习能力、调整能力以及抗压能力等。而对于已经上市的公司，在数据方面所能获得的信息会更多一些。但是当公司面对一些大的战略方向的调整和转换时，恐怕就又不是光靠数据就能支撑得了，还是需要去对公司的领导层和治理结构进行判断。

问 45：接下来一两年，股权投资方面看好哪些板块的公司？

朱雀投资：到目前为止，我们还是在二级市场上的参与更多。股权投资是我们在逐步学习和尝试的一个领域，更多的还是会结合我们在二级市场上投资和研究的行业来看。

问 46：贵公司 2015 年发行第一只新三板基金，该基金产品运作情况如何？

朱雀投资：我们第一只新三板基金基本上在退出了，可能还有个别的公司在排队 IPO 等。第一只基金的投资情况还不错，也赚了钱。**在过去一两年中，整个新三板市场发生了挺大的变化，活跃度有较大的下降。**在这种市场大背景下，我们目前还没有考虑再发行新三板基金。

问 47：新三板市场好公司的比例高不高？如何在新三板市场找到好公司？

朱雀投资：新三板市场中好公司的比例可能相对来说没有那么高。原先在发行第一只新三板基金的时候，我们就讲过，挂牌企业上万家，但是好公司比例会比较低。因为新三板大多是一些比较小的、新的公司。一方面，你可以从积极的角度想，它们的成长性更高，机会更多。但另一方面，它们的不确定性也会更高，成熟度也比较低。小公司很容易就会受到外部因素的冲击。当然，要找好公司，本质上的逻辑都差不多，只不过对小公司可能要跟踪得更细致。

问 48：朱雀在新三板的投资策略和 A 股市场相比，有何相同点？有何不同点？

朱雀投资：从本质上讲，就是找到好公司然后在合理的价位进去。但是新三板市场的流动性总体相对较弱，所以更多的，就有点接近于 PE 投资，不是那么容易进出。

问 49：新三板的股票和沪市股票、深市股票相比，有哪些优势？

朱雀投资：**和中小板、创业板比，新三板整体的估值会更低一些**。当然，低也有它的道理，毕竟公司比较小，不确定性高。还有一点就是，新三板中一些公司所处的行业相对比较新，有些可能是比较细分的行业，A 股的中小创里不一定有。从行业发展前景的角度来看，这些细分行业可能会给你一定的机会。当然，这些都是需要仔细斟酌的。

问 50：原来市场比较看好新三板的好公司的转板机制（从新三板转到主板），现在看来转板的难度比较大。对此您怎么看？

朱雀投资：主要就是看政策的变化。

问 51：投资新三板，最大的风险是什么？最需要注意的地方有哪些？

朱雀投资：其实这跟投资 PE 很像，**一旦弄错了，就没法退出或者很难退出**。

问 52：贵公司还在 2015 年发行了海外基金，贵公司的海外基金主要参与哪些市场？采用怎样的投资策略？

朱雀投资：主要还是以港股为主，但也包括美股，采用的就是自下而上的策略。**在港股和美股中，我们又主要选择和中国相关的股票**。既然是自下而上的策略，那就需要对这个公司有一定的理解。与国外的公司相比，我们肯定会对中国的公司更了解一些。

问 53：您如何看待沪港通、深港通对 A 股市场的影响？

朱雀投资：影响应该还是蛮深远的。A 股市场的投资逻辑和投资模式确实发生了一些变化，两边的融通会变得更加便利。从现在的感觉上来说，**A 股市场的分化愈发厉害，炒概念也变得越来越难**，这与海外资金的进入有一定的关系。

问 54：A 股纳入 MSCI 指数，对股市会产生哪些持续性的影响？

朱雀投资：资金的逻辑会对你的投资行为带来一定的影响。总体上看，海外来的资金主要是机构化的资金，他们对基本面以及中长期的情况看得更准。

问 55：综合来看，人民币贬值对 A 股是利多因素还是利空因素？

朱雀投资：近期人民币出现了一定的贬值，面对中美贸易摩擦的持续，适度的贬值会对冲一些不利影响，对稳定经济是有好处的。从这个角度来讲，可能会对 A 股产生一定的支撑。但是，这是跟“度”相关的。**我们倒不认为人民币会进入一个长期、持续的贬值通道。**因为如果持续贬值，可能会加剧资金外流以及市场对未来经济前景的担忧，这样倒过来也会对 A 股产生压力。这是一个正向和负向来回博弈的过程。适度的贬值，从短期来看，应该是好的。从中长期来看，大家还是要对人民币有信心。

问 56：2017 年底朱雀国际 CEO 王羽森认为“海外市场都已经被高估”，是否意味着海外的投资风险在增加，投资机会在下降？未来半年到一年，如何才能在海外市场获得较好收益？

朱雀投资：美股市场涨了很多之后，估值确实是在偏高位置。其实现在市场对美股判断的分歧还是很大的。一些比较偏自上而下策略的投资者，不管是像类似于达利欧这样的人，或者是一些比较有名的做债的投资者，觉得美股现在的估值是不低的。尤其考虑到美国处在加息周期，他们都比较谨慎。但自下而上多一些的人，主要是从龙头企业的业绩增长情况看，可能会觉得估值还算可以，当然也不能说很低。我们海外的投资是比较自下而上的，所以对我们来说，还是要争取去找一些在估值上更有吸引力、确定性更高的公司。只不过找的难度高一些，压力大一点。

问 57：目前来看，美股、港股、A 股，哪个市场更低估？哪个市场风险更低？

朱雀投资：**如果从 PE 这些角度来讲，目前港股的估值应该更低一些，接下来是 A 股，美股的估值相对来说是比较高的，但这只是一个绝对值。**另外，我们还可以从三个市场在各自历史上的相对位置来看。美股目前肯定处于历史高位，而我们其实是在一个比较低的位置。从逻辑上讲，估值低总归风险会低一些。

问 58：贵公司也曾布局定增基金，请问在现在这个时间点，按照现在 A 股的股票价格，对投资者来说，是否是投资定增基金的好时机？

朱雀投资：其实**从历史上看，往往在市场比较差的时候，二级市场的投资机会反倒比较多**。定增往往也是类似的情况，甚至是在市场不好，定增很难发的时候，可能会是一个比较好的投资定增的时期。从过往的经验来说，是这样的情况。当然现在因为对定增股份的定价以及减持有了一些新的规定，也需要根据新规对未来的情况包括收益率做一定的调整。但从大方向来说，总归是便宜的时候买入比较合适。

关于伟大的时代

问 59：十九大后，中国进入了新时代，贵公司在一篇文章中提出“近二百年以来，中华民族从未像今天这样接近民族复兴的中国梦。”就您看来，新时代在经济发展方面有何特征？

朱雀投资：我自己感觉，十八届三中全会的报告，可能更聚焦在经济层面，对中国未来的发展方向做了一个比较清晰的刻画。核心就是中国经济的转型升级，从高增长阶段走向高质量阶段。在这个过程中，要追求的是社会、政治、经济、文化、环境五位一体的协调发展。**要转变经济增长的方式，提高增长的效率和效益，就需要降低杠杆，降低对房地产的依赖。**驱动因素不能靠高投入、放水等，而是要靠内生性的优势。

现在是怎么推进和怎么做的问题，在这个过程中一定会碰到很多困难，就看怎么去化解。就是说，在这个过程中，我们既要往前走，又希望能够走得尽可能平稳一些。

问 60：对资产管理行当来说，应如何把握新时代的发展机会？

朱雀投资：要脱虚向实，要做供给侧改革。**当前，我国社会的主要矛盾是人民日益增长的美好生活需要和不平衡不充分的发展之间的矛盾。实际上，这句话就已经给了我们一个行业发展的指标。**另外，过去可能因为金融过快的膨胀，存在泡沫化的成分，现在是要打破泡沫、打破刚兑，脱虚向实。也就是说，**资产管理的本质就是你的管理能力，能否发现好的投资机会的能力以及对这些机会进行合理估值的能力。**如果你有这样的能力，那未来肯定会有很大的空间。但如果你过去并不是靠这方面的能力，而是靠通道性的业务等，存在一些虚胖的成分，那未来可能就会面临比较大的压力。

问 61：您觉得中国经济目前最大的结构性问题是什么？未来中国经济最大的发展动力来自于哪些领域？

朱雀投资：比如说，我们认为目前整体杠杆率是比较高的。一是地方政府的债务负担比较重，二是非金融企业的杠杆攀升。尤其是非金融企业的杠杆率在 160% 左右，可能在全球范围内都是很高的。然后跟杠杆率相关的，比如房地产，这些可能是目前最大的结构性问题。

如果能够解决这些问题，也就是所谓的转变经济增长方式，那**未来的机会可能在于：一、通过自主的科技进步带来的科技和技术方面的成长；二、内需和消费。**在目前的中美贸易摩擦中，一个很直观的现象就是中国是一个出口大国，顺差很大。要平衡这个问题，内需就要起来。另外，我们人口数量也放在这儿，所以内需起来是有机会和潜力的。当然，内需起来又涉及很多方面，比如说财税体制。**要让老百姓花钱，首先得让他们有钱花，其次才是敢花。**这就需要加强在养老、医疗方面的保障，房子的价格也应趋于更合理的水平。这些其实都是相互关联的。

问 62：您对中国经济持续向好发展是否有信心？为什么？

朱雀投资：所有做投资的人，在本质上都是持乐观态度的，否则就不会去做投资了。投资是什么？**投资就是压抑当下的消费，然后去追求明天一个更好的结果。**作为一个中国人，生活在当下，肯定还是对未来持有一个比较正面的期待。虽然现在大家讨论的都是各种问题，但任何事物要发展，第一步就是承认有问题，第二步是对问题进行分析和解决。现在经过这么长时间，这么多人的反复讨论，大家也承认中国既取得了巨大的成就，但同时也面临着很大的问题。我觉得现在大家对问题的认识是比较清楚的，接下来就是解决问题。在内外部情况的变化下，现在也在往解决问题的方向走，所以我们还是要持有乐观的态度。

关于私募行业和私募经营

问 63：贵公司得过数十个奖项，并且累计获得过 15 座金牛奖。这些奖项对贵公司来说意味着什么？贵公司能够持续获奖的核心原因是什么？

朱雀投资：奖项意味着市场和投资人对我们过去所做的努力的认可。但同时，这也是一个清零的过程。投资都是看未来的，我们也都是看未来。过去做得好，不管是投资人还是社会对我们有一定的认可，我们当然也很感激。但是，接下来大家都是一致看向未来的。

至于核心原因，总的来说就四个字，**不忘初心。我们的目标就是给投资者可持续地创造价值。**围绕着这样一个目标，再去构建自己的团队，不断完善投资逻辑和投资模式，保持自己的投资风格。在公司治理方面，也要合规合法地经营，做好投资中的风险管理。

问 64：贵公司的简介中有这样一句话“朱雀愿做持续创造价值的‘灵

兽'”。请问，作为一家私募机构，应为社会创造怎样的“价值”？如何才能持续创造这样的价值？

朱雀投资：首先，我们是一家私募机构，也是一家民企，主业是资产管理。如果我们做好自己的本职工作，为基金持有人创造了价值。我们的持有人都是社会的一分子，那也就是给社会创造了价值。这是一个方面。第二个方面，我们从创业之初的七八个人，到现在团队有七十多个人，如果我们变成一家可持续的、经营状况不错的企业，这么多的员工也实现了个人价值，挣到了应得的收入。而且，这背后就是七十多个家庭，这是对社会的一个小小的贡献。第三，我们的投资逻辑和投资模式总体是基于基本面，基于我们认为好的、可以持续投资的方式，那么这种模式得到大家的认可，很多人都去做价值投资，而不是胡乱炒作，这也是一种正面的引导。第四，在过去这么多年，我们也在力所能及地做一些公益性的活动，比如给母校捐款等。最终就是希望与大家一起分享，共同成长。

至于要如何持续创造上述四项价值，首先要逐步形成自己的企业文化，企业文化的落实主要体现在公司的组织结构、员工的激励制度、投资模式以及风险管理，最后是落实到制度层面。文化是比较形而上的，落实到制度上以后，就会比较具象。

问 65：合伙制团队文化是贵公司的一大特色，这一特色给贵公司带来了怎样的活力和动力？

朱雀投资：我们在创业之初就搞了合伙制，也是上海第一家有限合伙企业。**在资产管理行业，核心的资产是人，要把人聚拢起来，第一要请得来，第二要留得住，第三要用得好。**做到这些其实是要有一个机制。合伙制更强调的是人的合作，是对人的能力的尊重。合伙人等于就是把自己的能力以及长期的发展和企业紧紧捆在了一起，而且合伙人之间有着高度的信赖，大家都会把公司的事当作自己的事在做。这对企业的长期发展肯定是有利的。

问 66：朱雀成立于 2007 年 7 月，已经经营 11 个年头。就您看来，私募创业所要克服的最大困难是什么？如今的资本市场环境，是否适合新私募的创业和做大？

朱雀投资：最大的困难我觉得永远都是两个方面。一个是公司内部的，包括公司自身的管理以及公司的制度。你去投资别的上市公司，会很关注这家公司的经营情况。那么，**你怎么去研究和评估别人，也就应该用同样的标准来要求自己。**公司自己的管理是很重要的，包括合规合法的经营、团队的建设等。第二，要做好主业，尤其是在风险控制上不要出现大的问题。如果这两条能够坚持住，那总体上就可以慢慢稳下来发展。

任何时候都会有人创业，但没人能够保证你创业一定成功或者失败。在最近一两年，市场总体是处在加强监管的环境中。所以对做私募来说，可能会比早几年难度更大一点，创业的难度会加大，门槛要求会更高。但是，从另一方面来讲，国际上对冲基金从1949年大家相对公认到现在，已经有70年的时间，还是在不断发展。尤其是过去这十几年，它的发展更是加速的。尽管经过2008年的金融危机，一度出现回荡，但现在很多又创了新高。这证明，**它还是一个有活力、有前景的行业。**只不过应该怎么做大呢？关键在于有没有自己的核心竞争力。这个行业就是代人理财，你有没有能够得到别人认可的能力？在信任之外，你有没有能够帮别人保值、增值的投资能力？如果有这两条，那我觉得应该有机会成长起来。

问67：从朱雀11年的经营、超百亿的规模、良好的业绩来看，一家私募要创业成功，必须做好哪几件事情？

朱雀投资：第一，有人，人之间有共识。第二，公司的治理要有一套规则。第三，要有属于自己的完整的投资逻辑和流程。

问68：在朱雀这11年的历程中，经历的最艰难的时刻是什么时候？当时是怎么度过的？

朱雀投资：刚创业就赶上2008年，那个时候规模很小，然后就碰到了百年不遇的金融危机。那一年，虽然朱雀没有赚到钱，收益负了20%左右，但整体表现是优于指数的。那个时候最核心的就是要能够控制住风险，团队可以稳住并积极地寻找机会。2009年初，当时朱雀的团队还很小，我们到井冈山去。为什么到那儿？就是去想象当年中国共产党是怎么坚持下来的。**毛主席说过，星星之火可以燎原。要永远保持一个乐观的心态，在战略上要藐视敌人，但是在战术上要重视敌人。乐观的心态和稳健谨慎的运作之间是不矛盾的。**

其实这么多年，我们也碰到过很多较为艰难的时刻。2015—2016年初，连续三次市场大幅的震荡、股灾。2011年也是一个投资很难做的年份。在这个过程中，一个是统一思想，稳定团队，大家共渡难关。第二个是不断去打磨和提升自己的投资能力。

问69：朱雀未来有没有管理千亿的目标？十年后，您希望业界、媒体等对朱雀如何评价？

朱雀投资：我们一直讲，**管理能力应该走在管理规模前面**。所以，这么多年来，我们的投研团队一直在不断打磨和壮大，也进行了必要的更新换代。总体来说，以我们目前投研团队的能力，应该有机会把规模做得更大。但前提是外部整体的环境较为合适，以及我们能够把握住机会，用投资业绩证明给客户看。如果有这样的机会，我们也期望规模能够更大，现在也在努力中。

我们的公司愿景是可持续创造价值。如果未来人们觉得朱雀是一家靠谱的公司，能够给投资人持续地创造价值，公司的管理也给人一种稳健的正面形象，得到别人的认可和尊重，那我们就很高兴了。

问70：如果在“规模”和“业绩”这两者中必须舍弃一个，您会舍弃哪一个？为什么？

朱雀投资：肯定是追求“业绩”。因为**规模实际上是业绩的一个结果，没有业绩，再大的规模也不过是在沙上筑塔。**

问71：中国做股票为主的私募机构，难以躲避牛短熊长的现实环境。如何才能为客户创造持续盈利的业绩？

朱雀投资：从过去看，中国确实经历着牛短熊长的市场环境。但随着中

国经济这几年的发展，包括资本市场的成熟以及国际化程度的提升，我们也期待着能够走向牛长熊短。刚才讲了陆港通的问题，讲了 MSCI 的问题，包括国内一直在推进机构投资者的成长。公募基金最近也新批了养老目标型基金。一方面，本土的机构投资人得到了成长；另一方面，海外的机构投资人对中国的投资比例也进一步提升。

在自上而下的大的宏观判断的基础上，更多地自下而上，找到好的公司。然后通过内部一套自身的风险管理规则和流程降低波动性，求得一个可持续的回报。但说实话，我们也没有办法保证每一年都赚到钱。

还有一点，加强在投资上的耐心。在过去的 11 年，就像您刚才说的，是一个牛短熊长的阶段，其实牛市并没有多长时间。但是朱雀最早的产品，至今已经运行了 10 年，扣费以后的年化增长还是不错的。前提就是要持有足够长的时间，太短了有时候可能就没赚到钱。

问 72：请您谈谈百亿级私募的行业责任、社会责任。

朱雀投资：在中国，阳光私募行业从无到有，发展是非常迅速的。可能最早叫阳光私募是从 2003 年开始，但实际上大家更多的是把 2007 年作为阳光私募的元年。到 2014 年，私募被纳入监管，需要在基金业协会进行登记、备案。其实行业发展也就这么短的时间。但是从规模上看，已经到了 12 万亿，超过了公募。证券投资类的私募有 9000 家，规模在 2.6～2.7 万亿。不过，和很多二八分化的行业一样，私募行业也存在这样的情况。

在这样一个快速发展的行业中，大的机构应该为这个行业持续稳定的发展做出贡献。朱雀是基金业协会私募专业委员会的委员单位，也是陆家嘴金融城的常委单位，一定会起到表率作用。第一，是合规合法，这是必须的。现在市场也在加强监管，就算不加强监管，不管是为了自身还是为了行业，都要合规合法地经营，这是最关键的。第二，要提高自己的专业水准，能够给投资人创造价值，这样的行业和企业才有存在的意义。第三，要去参与一些公益活动，包括协会也组织我们这些机构做一些公益性的活动，朱雀自身也在积极做这件事。

刘明达

- 华尔街充斥着聪明人，为什么他们跑不赢指数
- 投资的本质是好公司能够长期可持续地带来现金流
- 消费领域是我们的投资重点，三到五年都不会改变
- 想要成为时代的受益者，第一，要长期投资；第二，要类指数化投资

刘明达

明达资产董事长

深圳市明达资产管理有限公司董事长，明达系列产品基金经理，投资决策委员会主席。工商管理硕士、湖南大学工学学士、长江商学院EMBA。

安徽人，化学工程专业毕业，曾在东莞工作，后到深圳发展，1993年第一次接触股票，1996 年真正开始股票投资，20 多年的证券投资经验。在 1999—2003 年曾写下数十本投资笔记。2005 年创办深圳市明达资产管理有限公司。

了解国内宏观经济现状，熟悉国内企业管理及资本运营，同时拥有多年境外证券市场的投资经验。坚持“积极的价值投资”理念。

刘明达：现在的股市，毫无疑问值得坚守

（2018 年 8 月 11 日　张婧雯、沈良访谈整理）

精彩观点：

华尔街充斥着聪明人，为什么他们跑不赢指数？这是人性的弱点所致。

市场情绪极度悲观的时候，可以考虑去买估值便宜的行业龙头公司。

我们的市场目前处于历史上较低估值水平。

投资的本质是好公司能够长期可持续地带来现金流。

一个公司市盈率很低，所以它是有价值的，这是一个谬论。

价值投资是要在一个长时间维度里，看到它有序的现金流给投资人创造的回报，而不是简单地计算当期的盈利水平。

积极的价值投资可以包容短期不太好的盈利能力，甚至现金流也可以有所欠缺，而从深层次、从产业竞争力和市场格局的角度去分析它中长线投资价值、护城河的提升和潜在的长期现金流价值。

成熟的行业会持续出现市场份额提高和行业利润大幅向头部企业集中的现象，这一现象在未来三到五年不会改变。

虽然价值投资很难成为主流，但是它长期的结果证明了它是投资回报率最好的。

一个企业好的生命周期在中国市场历史上来看，很难超过 5 年。美国的投资史也证明，好的企业投资周期很难超过 10 年。

西方的大部分家电企业竞争力会衰退乃至消失，因为它们根本没法和中国企业竞争。

从长期来看，中国未来必然从一个制造业大国变成制造业强国，这就是

为什么我们有信心。

对一个企业来说，超长期来看是不确定的，但是5~10年这个范围内是可以相对确定的。

未来两三年啤酒行业的利润可能会翻一番。

在我年轻的时候，巴菲特的投资案例被我放到床边，很多经典案例我看了5~10遍。

（巴菲特投资理念和投资方法的精髓）我个人认为是寡头垄断，尽管他从来没有这么说过，但他的核心投资标的基本上都反映了这一点。

作为最杰出的投资大师，巴菲特对社会经济结构有深刻、成熟的见解。他不浪费时间去参加更多的社交，不进入政治，不依赖于对政治的判断，这都是一个成熟的管理人需要具备的要素。

如果你持有一个10倍市盈率的公司，它有10%~20%的增长，那它就是非常难得的，它应该是价值成长型。

想去看的公司可能不超过100个，真正要投的公司应该在30~50个之间，而特别想投的，可能不超过10家。

互联网行业头部的公司基本上控制70%左右的市场份额，这是一个合理的寡头规模。

未来中国最大的企业，就是世界最大。

在美国，十年以上都能提供最好投资回报的公司，它们的高管的共同特点就是朴实。

我觉得茅台这个公司不需要去（实地调研），因为这公司看现金流就能看出前景。

最核心的要求是专注，如果这家公司乐意多元化发展，你一定要慎之又慎。什么公司真的需要多元化呢？就是它真的在一个行业做到了天花板。

对于短期的财务指标可以给予一定的宽容，更多要看稳定的市场份额，而不是简单地看销售规模和利润。

这一轮去杠杆不仅仅是减少负债，也是对人性过度欲望的纠正。

有时候不持有了并不是因为不看好这家公司，而是因为它不低估了，所以去买更好的标的。

对周期性行业来说，通常市盈率低的时候就是好的卖点。正常来说应该是市盈率高的时候卖，但是周期行业刚好相反。

寡头时代是指成熟行业普遍出现市场份额向头部公司集中，三到五家公司占有超过 50% 的市场份额。

从长期大规模统计来看，择时很少有成功的案例。

投资总要准备有意外情况，这也是为什么一定要做投资组合的原因。

统计数据表明，那些能够把波动做得很小的基金管理人，他的长期回报一定是很平庸的，甚至都达不到长期国债的水平。

如果一个股票真的是好股票，市场不会无视它，一般来说它最多两年不涨，第三年可能突然涨一倍。

很难保证你的投资组合的每个股票都非常便宜，那么就在它不是足够便宜的时候少买一点。

一个有一定资金规模的管理人，应该具备逆向决策的行动力，否则很难做好。

要在看起来巨大的不确定之中寻找确定性，你只能独自去承载这种确定性，因为它在公众眼里是不确定的。当公众认为它十分危险的时候，我们敢于下重注。

对那些对市场有本质性深度洞见的人来说，往往是：本来热情，却被迫孤独，但痛苦不是伤害。

目前不利因素明显有缓解迹象，但是真正完全恢复可能需要 6~9 个月，而那些最优秀的股票现在已经开始逐渐恢复了。

当前的市场背景是决策者在调整政策的关键阶段，是聪明的投资者发掘好的投资机会的时候，我们不会漠视。

我们相信，现在的股市是值得坚守的。

现在的股市处于相对底部的区域。

所谓的牛市，人们理解是涨得多，在我理解，牛市就是人们趋之若鹜，形成泡沫定价。这种时候我们就要去卖股票，尽管很难在最高点卖出。

熊市我觉得应该快结束了，从 2015 年去杠杆到现在差不多 3 年了，未来 12~18 个月可能会冒出一个结构性牛市。

过去三年以来消费的增长对经济增长的贡献已经超过了 60%，内需的强劲动力在未来很长时间是不会改变的。

经济增长的韧性，并不是靠基建，基建只是提供了一个经济稳定的支撑，核心还是靠消费。

消费领域是我们的投资重点，三到五年都不会改变。

当行业龙头公司已经获得比较稳定的市场地位的时候，股价的变化只是人心在动，其实它的价值还在那里。

想要成为时代的受益者，第一，要长期投资；第二，要类指数化投资。

未来十年对于股票组合资产长期投资，可能是历史上最好的十年。

互联网本身应该是一个工具，不能靠这个工具对绝大多数产业进行深度渗透，互联网不是万能的。

在产业更成熟的背景下，基于总供给和总需求的客观分析，人为的调控变得更有价值。

2015 年以来，与其说是去杠杆，不如说是集中地排除问题，给市场化提供更好的市场环境。

专注于自己的能力圈，不要做超越边界的事情，投资标的尽可能简单。

一个大规模的管理人绝对离不开团队的支持，但关键的决策其实是一两个人来做的。

做简单的自己，追求长期稳定的回报，追求职业成功而不是财富的膨胀。

我跟我的太太达成了共识，过多的财富对个人没有太多意义，我已参与慈善事业多年。

我的优点是乐观，缺点是太乐观。

失败让你更谨慎，成功让你更有信心。

关于价值投资和投资理念

问 1：刘总您好，感谢您和我们进行深入对话。您在 2005 年到 2008 年建立过一个“傻瓜组合”，并用实战的方式获得很高的收益率。这种“傻瓜组合”的投资方式，能否用在现在的股市环境中？为什么？

刘明达：所谓的**傻瓜投资组合，核心原理是人没有市场聪明**。最经典的例子就是像华尔街这样的全世界最发达的股票市场，巴菲特和七年业绩最好的基金经理对赌（2007年，巴菲特以50万美金作为赌注，对冲基金的基金经理选择任何基金组合，十年的收益都不会超过标普500指数基金的收益），最后那位基金经理（Protégé Partners资产管理公司Ted Seides）还是大幅输给了指数。据统计，基金经理这个群体，大部分跑不赢指数。**华尔街充斥着聪明人，为什么他们跑不赢指数？这是人性的弱点所致。**

如果我们认为自己比市场笨一点，反而容易取得更好的收益。在市场低迷的时候，就是**市场情绪极度悲观的时候，可以考虑去买估值便宜的行业龙头公司。**我觉得现在就是时机，因为**我们的市场目前处于历史上较低估值水平。**如果用国家之间的序列来看，印度的发达程度跟我们比可能还差20年，但是印度的上市公司似乎比我们的净资产回报率高。我做过一些系统的研究，发现根本原因是印度的上市公司占据更集中的市场份额，中国现在的去杠杆和供给侧改革也都加速了这一进程。所以从历史观来说，这个阶段傻瓜投资的长期投资价值确定性更高。

问2：您认为“市场不管发生什么变化，投资的本质是不变的”。请问，什么是投资的本质？

刘明达：投资的本质是好公司能够长期可持续地带来现金流，本质的背后支撑的是好公司领先的市场地位和相对稳定的市场格局，它们提供的产品和服务具有比较有序的需求。当然我们肯定会去观察这类需求的要素在某一个阶段会不会被颠覆，所以不能只看静态的现金流，也要看动态的现金流和竞争力。现在的互联网企业对产品有比较大的需求改变，我们要花很多精力去研究互联网，但不见得需要在互联网本身做太多投资，而是要看新兴的生产力要素对其他产业会产生什么样的积极或消极影响。

问3：您坚持“积极的价值投资”的理念。就您看来，何为“价值”？何为“价值投资”？何为“积极的价值投资”？

刘明达：有一种简单的说法是**一个公司市盈率很低，所以它是有价值的，这是一个谬论。**不能仅仅看市盈率高低，还要看它长期可持续的业务和竞争力。另一方面，价值也不是一定要低市盈率，有时候也可能是高市盈率。**价**

值投资是要在一个长时间维度里，看到它有序的现金流给投资人创造的回报，而不是简单地计算当期的盈利水平。

积极的价值投资，是在一个比较长的时间维度，比如说三到五年，选择投资的行业以及其中的龙头公司能够带来较高的持续潜在收益率。公众理解的价值投资就是它足够便宜，他眼前能看到的现金流给到足够好的回报。而**积极的价值投资可以包容短期不太好的盈利能力，甚至现金流也可以有所欠缺，而从深层次、从产业竞争力和市场格局的角度去分析它中长线投资价值、护城河的提升和潜在的长期现金流价值。**

问 4：您的意思是要更多地去关注未来，但如果现在的状况并没有那么好，可能意味着股价还有调整的可能性，而且幅度也可能不会小，那么在这样的过程中如何忍受波动的痛苦？

刘明达：在中国证券市场，人们对价值投资嘴上说得比较多，表面上趋之若鹜。2008 年以来，全球金融和产业过剩这一大的前提下，**2014 年我们就提出了蓝筹股的稀缺论**，国家也积极推动了供给侧改革。**成熟的行业在这一背景下，会持续出现市场份额提高和行业利润大幅向头部企业集中的现象，这一现象在未来三到五年不会改变**，这给我们提供了中长期确定的行业格局。所以我们很乐于见到这种下跌，它给我们提供了较好的投资机会。

问 5：您刚刚多次谈到长的维度，要有长期可持续的现金流。这种眼光是否很难具备呢？因为一般人一天涨或一天跌就会对他有很大的影响，不要说看一个月、一年两年了，这会非常的困难。

刘明达：股神巴菲特接近 90 岁的生涯证明了长眼光可以取得最好的投资回报，其根本原因在于人们很难捕捉短期的特殊盈利机会。我们全社会的投资回报期望已经到了一个合理偏低的水平。也就是说，过去一个公司，一年有 20%~30% 的增长是常态，5 年以前固定收益的理财都可以达到 15%~20% 的理论回报。而在今天来说，要达到无风险 5% 的理论回报也变得有点困难。这对于不到 10 倍市盈率的蓝筹股市场来说，意味着平均理论回报超过 10%，这就是价值投资最好的温床。尽管短期看起来利率可能有所上升，实际上长周期的高利率时代已经一去不复返。我们的投资逻辑里认为低利率是常态，事实上美国温和加息快两年了，才加了1%。

问6：就您看来，价值投资是不是世界上最有效、前途最广阔的投资方式？为什么？

刘明达：我的看法也是这样的，**虽然价值投资很难成为主流，但是它长期的结果证明了它是投资回报率最好的。**其实我们可以做一些数据假设，如果有一个天才50年内能取得年均30%的复利回报，他将拥有多少财富？实际上30%的复利回报是一个不可逾越的天花板。由于宏观的不确定和行业走向平均利润，15%的净资产回报率应是一个合理的中位数。

问7：有人认为一个逻辑只有在几百年后依然成立，这个逻辑才算是一个有效的强逻辑。您觉得价值投资是否属于这样的逻辑？为什么？

刘明达：我确信是这样的，但是因为人性的弱点，只能看到眼前，所以即使几百年之后证明价值投资是好的，可能那时价值投资也不会成为主流。市场有这么多中间商，如果没有交易量他们靠什么吃饭？也许他们更愿意推高频交易。

问8：在您的理解中，什么叫"低估"？什么叫"成长"？什么叫"高估"？

刘明达：即使是蓝筹的行业龙头公司也会出现高估的时候。**高估或低估参考的定价标准就是10年期国债的回报率，如果当前10年期国债利率是4%，那么对应的就是25倍市盈率。**由于长期国债信用度是非常高的，所以我们对于类比公司的护城河要求是极高的，大部分公司不能达标。就是说，如果一个公司年度的利润回报率和10年期国债相当，它的合理市盈率应该低于25倍，具体多少的市盈率合适，则要看这家公司的其他层面。

我不擅长对于成长的判断，只能凭借经验来说，比如某上市公司持续3年以上复合增长超过30%。

问 9：贵公司倡导“用产业资本的眼光探寻资本市场的价值”。请问，何为“产业资本的眼光”？用产业资本的眼光能挖掘到企业哪些较难发现的价值？

刘明达：简单来说，所谓的**产业资本的眼光就是用更多的时间聚焦于对产业本身的研究和跟踪，看到产业长期的生命力，而不是基于对短期利润的判断来进行定价。**

如果一个产业是短暂的，比如像光伏产业短周期的高增长回报，以及目前由于新能源发展，电池材料价格快速上涨导致短期的暴利，这些都是不可持续的。**我并不看好新能源汽车**。第一，新能源汽车需要太多的政府支持。光伏产业为什么波幅巨大？因为政府是不可能持续投很多钱的，要是靠政府去支撑一个产业，这个产业是做不好的。新能源汽车也是这样，政府的确投了很多钱，目的是摆脱高度依赖石油进口，政府是为了这样的战略平衡。但是我们已经到了一个阶段，需要让市场自身消化成本。目前来说，还没有看到能够靠自身盈利的企业，就算最好的公司特斯拉也没有做到。而**特斯拉到中国的投资有可能改变这一格局**，因为中国政府在新能源汽车产业公共支出投入巨大，这对行业还是比较有利的。

问 10：有人说“买股票就是买公司”，也有人说“买股票就是为了赚差价”。这两个观点似乎都有道理，您怎么看？

刘明达：其实两者之间并没有本质区别，核心在于要**用足够便宜的价格去买到这个公司股票，并在长期内含价值在股票上充分体现的时候卖出。**能够永恒投资的企业是非常难找的，**一个企业好的生命周期在中国市场历史上来看，很难超过 5 年。美国的投资史也证明，好的企业投资周期很难超过 10 年。**

柯林斯编的两本书《从优秀到卓越》《基业长青》提到的美国 10 年里投资回报最好的股票，过了 20 年之后有的公司消失了。其中典型的就是家电的连锁企业，这跟互联网的发展有很大的关系。当然这些企业自身也缺钱，存在高负债现象，如果它不高负债的话倒不容易死掉。**西方的大部分家电企业竞争力会衰退乃至消失，因为它们根本没法和中国企业竞争。**当一个产业充分走向成熟的时候，除非它拥有很多的专利技术，否则，它们都会被中国制造业颠覆。**从长期来看，中国未来必然从一个制造业大国变成制造业强国，这就是为什么我们有信心。**

问 11：有人认为金融市场是不确定的，所以必须做好各种防范措施，并且应时刻如履薄冰；也有人认为金融市场的任何一个层面都是可以被确定的，只是我们的能力和精力有限，所以只能确定其中的一小部分，而这一小部分就是值得我们操作的对象。您如何看待这两种观点？

刘明达：较多方面确实是不确定的，因为很难有百年企业。风险折价为什么期望值在 10~15 倍市盈率，就是说在 10 年这样一个相对有限的时间里，我们要通过投资这些公司把钱收回来，这个定价规律我觉得应该是永恒的。也就是说，这些企业的生命周期如果有十年以上，就能满足我们足够的定价安全边际需求。

我认为对一个企业来说，超长期来看是不确定的，但是 5~10 年这个范围内是可以相对确定的。例如啤酒行业，在很长时间内它的市场是稳定的，这个时候就能够对它偏高的资本回报有一个预期。**我认为未来两三年啤酒行业的利润可能会翻一番**，那么这个行业好公司的定价也要改变。跟别的行业不同，啤酒这个消费品的确定性 30~50 年也不会变，那么这个行业对估值的容忍度我觉得可以到 20~30 倍。所以一定要看行业的时间周期，**饮料类行业，周期是非常长的。**

问 12：2011 年 5 月 1 日，您在巴菲特的办公室待了两个小时。这两个小时，您和他主要谈了什么？这两个小时，对您后续的投资生涯有何影响？

刘明达：实话说，我和他的直接交流是短暂的。第一，我对用英语沟通是不自信的。我主要是给他送了一幅画卷，表达对他的尊重，我的问题则是给了主持人了，他跟巴菲特聊了估计有一个小时。对我本人来说，我内心中没有太多问题要问他，去见他更多是因为尊重。**在我年轻的时候，巴菲特的投资案例被我放到床边，很多经典案例我看了 5~10 遍**，以至于他现在的重大投资我都能理解。**我会理解他的成功，也会理解他的错误**，他也会犯错，他投资 Nike 就是一个典型的失败，他本来是 Nike 的大股东之一，他卖完之后，Nike 涨了 5 倍。他没有看到市场的变化，Nike 是从全球高端市场走向中端市场。**如果你不看行业格局的变化，很容易错失机会，巴菲特也不例外。**

问 13：就您看来，巴菲特投资理念和投资方法的精髓是什么？巴菲特除了在投资领域值得世人尊敬，他其他的哪些层面也同样值得我们学习？

刘明达：我个人认为是寡头垄断，尽管他从来没有这么说过，但他的核心投资标的基本上都反映了这一点。巴菲特是一个精明的投资人，他过去投资吉列，后来他把吉列也卖掉了，以后你会发现这类公司会被中国公司打败，因为它太简单了。**中国已经形成了规模优势，中国的飞科品牌现在市场份额已经遥遥领先，**这个企业只要不乱来，未来它就是几百亿市值的公司，因为它在不断地蚕食别人的市场。

作为最杰出的投资大师，巴菲特对社会经济结构有深刻、成熟的见解。他不浪费时间去参加更多的社交，不进入政治，不依赖于对政治的判断，这都是一个成熟的管理人需要具备的要素。

问 14：价值投资者常常会谈到一个词“护城河”。就您看来，一个企业的护城河由什么构成？

刘明达：这个词看起来简单，实际上是非常复杂的，它涉及必须在行业里占据足够大的规模，企业要有足够高的管理水平、经营效率、治理结构、创新投入等。所以它依赖于专业的、长期的跟踪和研究，才能比较充分去把握。

问 15：您的价值投资，偏向于集中持股，还是分散持股？偏向于买低估，还是买成长？偏向于波段换手，还是长线持仓？

刘明达：我们毫无疑问要被动去做一些波段。**我所讲的价值理念其实大部分也包含成长，**不过不是人们理解的 30%、50% 甚至 100% 的公司年利润增长。**如果你持有一个 10 倍市盈率的公司，它有 10%~20% 的增长，那它就是非常难得的，它应该是价值成长型。**

选股和持股，要找龙头公司，所以毫无疑问是高度集中的，因为可选择的对象其实很少。**想去看的公司可能不超过 100 个，真正要投的公司应该在 30~50 个之间，而特别想投的，可能不超过 10 家。**

问 16：一个公司占据多大的市场份额，可以被称为是龙头公司？

刘明达：在我年轻的时候，我会在追踪之前收集数据，比如当年长虹这些企业到了 30% 市场份额的时候，其实是一个天花板。但那个时候，企业因为经营周期比较短，它对整个产业链的控制力是不够的，规模也没有那么大。而现在格力、美的已经实现了在国内接近 70% 的市场份额，这超出我们过去的想象。**互联网使较多行业的市场集中走向极致。互联网行业头部的公司基本上控制 70% 左右的市场份额，这是一个合理的寡头规模。**

在中国工业化之前，世界的产业集中度是不高的。**未来中国最大的企业，就是世界最大。**像福耀玻璃，全球前 5 名里的另外 4 家利润总和都没有它一家多，尽管它们在全球市场份额比福耀玻璃多很多。如果不是因为贸易封锁的话，这种公司再经过 10 年的稳健扩张，它一定会达到全球市场份额的 30%~50%，当然就算有贸易封锁，它可以把工厂开到美国去，它现在在美国和俄罗斯都开办了工厂。这是一个渐进的过程，当然企业也要保持专注，并且不能满足于现在。玻璃行业是一个不容易涉及国家经济命脉的行业，华为为什么会退出美国市场，因为它涉及美国的经济命脉。

问 17：您的选股方式更多采用的是自上而下的模式（先考虑宏观，再考虑行业，然后选择个股），还是自下而上的模式（先看企业的财务指标，再看行业前景，然后看宏观格局）？

刘明达：从微观角度去看一个企业的时候，一定要追踪宏观的表现，所以我的理解应该是同时进行的。从行业的角度来看，大的格局会更清楚一些，但是你能看懂行业，并不代表你能把公司看清楚，所以**自上而下和自下而上同等重要。**

问 18：在具体分析一个上市公司时，您主要看哪些财务指标和估值指标？

刘明达：看应收和应付的相对稳定性。稳定性的前提要看扩张阶段，如果它的客户具有极高的信用，那么应收款的增加并不改变它的信用风险，第三方也会提供这方面的一些变现服务。这需要分析人员有比较丰富的财务研究基础，对行业和公司要有系统的了解。

问 19：就您看来，实地调研和参加股东会，能否有效提升基金经理和投研人员对上市公司的了解？我们在实地调研和参加股东会时，应重点关注哪些信息？

刘明达：这是必不可少的功课，但是并不见得会解决问题，核心还是对这些要素有正确、客观的看法。

调研和参加股东会时，可能一些小的细节更重要。刚才讲到柯林斯的《基业长青》，书里面有丰富的研究案例，**在美国，十年以上都能提供最好投资回报的公司，他们的高管的共同特点就是朴实。**如果一个公司的核心高管夸夸其谈，经常主动出现在媒体面前，你在投资时就需要保持谨慎。

问 20：您会不会去投资没有实地调研过的企业？为什么？

刘明达：会的，我们投资茅台十几年了，之前没去过，只有最近这一年我和研究员才去调研过。实际上**我觉得茅台这个公司不需要去，因为这公司看现金流就能看出前景。**在 2016 年拐点的时候，现金流也出现了拐点，当时它的现金流是明显变好。

问 21：有人说，一个真正优秀的企业领导人可以解决企业发展壮大过程中的所有问题。您怎么看？

刘明达：我觉得不可能。印象最深的就是 2009 年我们去日本考察了几家企业，有索尼、丰田、松下等。索尼是一个典型的技术型公司，在 2003 年之前，它一直老板当 CEO，他干了十年，我们去的时候已经退休了，但是我们把他请出来专门给我们做了一个报告。他说：我退休的时候才敢做我想做的事情，退休之前都不敢，我把索尼做成一个真正国际化的公司，财务中心设在伦敦，还请一个美国人做 CEO。你今天看现在怎么样？根本不行，一个美国人在日本，他改变不了日本人，要改变基因是非常难的。

可贵的是，因为中国始终存在就业压力、竞争过度，中国企业变革的动力是始终存在的。一方面，生存压力很大；另一方面，这是推动它变革的动力。就像今天我国的经济体制也在改革，我们的政府在不停地往前走，尽管有时候变化得慢，但向好的变化已经足够多了。

问 22：在分析一家上市公司时，哪些方面必须十分挑剔？哪些方面则可以宽容一些？

刘明达：最核心的要求是专注，如果这家公司乐意多元化发展，你一定要慎之又慎。什么公司真的需要多元化呢？就是它真的在一个行业做到了天花板，市场份额遥遥领先。实际上美国的大企业是我们学习的一个很好标的，像微软，其实它十年以前市场就到天花板了，然而它其实一直都没有多元化，所以它今天还是全球市值最大的几家公司之一。

对于短期的财务指标可以给予一定的宽容，更多要看稳定的市场份额，而不是简单地看销售规模和利润。有时候降价减少利润也是一个好的竞争手段，尽管这对消费者也不一定是有利的。

问 23：您 20 世纪 90 年代初就涉足证券市场，从您 20 多年的亲历来看，哪些商业模式的上市公司能够保持长青发展？

刘明达：其实每一个行业的情况都不太一样，**但我觉得专注的公司容易做得好。**实际上这个对中国的企业是一个很大的挑战。**这一轮去杠杆不仅仅是减少负债，也是对人性过度欲望的纠正。**你想那么多上市公司的老板已经有很多财富了，他们为什么还要用那么大的杠杆。其实他可能不知道自己要什么。

去杠杆能够坚持的时间周期长一点的话，是有广泛社会意义的。有些企业拥有者使用这么高的杠杆的时候可能都没有想到社会责任，这么高的杠杆万一破产了，公司的职工怎么办，客户怎么办？

问 24：一家上市公司的主要管理者，应如何看待自己公司的股价？

刘明达：**如果管理者对自己的股价说法太多，你要保持警惕。**很多上市公司的管理者说自己不懂公司的股票，其实他内心中比谁算得都清楚，如果对股价说得太多，就是一件危险的事情。

问 25：通过深入研究和考虑后，您买入了一只股票，您内心希望持有这只股票多长时间？是不是越长越好？

刘明达：当然是越长越好，我最长是 2003 年一直持有到 2009 年，接近 7 年的时间，而大部分是持有两到三年的时间，这也是傻瓜组合为什么是三年的原因。**市场永远是从低估到高估这样的过程，如果一个行业的公司发展态势非常好，它很难被市场真正低估。有时候不持有了并不是因为不看好这家公司，而是因为它不低估了，所以去买更好的标的。**

问 26：您曾说过“在持续成长的行业、高成长的公司中，成熟的卖出时机是市盈率比较低的时候，而不是市盈率比较高的时候”。这句话要怎么理解？

刘明达：**对周期性行业来说，通常市盈率低的时候就是好的卖点。正常来说应该是市盈率高的时候卖，但是周期行业刚好相反。**

问27：3年多之前，您提出“寡头时代”的到来。请您简单阐述一下“寡头时代”的市场特征。目前来看，市场的“寡头化”正在加剧进行，还是有所缓解？

刘明达：**寡头时代是指成熟行业普遍出现市场份额向头部公司集中，三到五家公司占有超过 50% 的市场份额。**在一个长周期里看，这些企业可能不是市场份额增加得有多高，但是利润集中度在提高。最典型的例子就是苹果，其实苹果在全球没有那么高的市场份额，但它占全球利润超过 60%。

问 28：您更偏爱已经是龙头的大公司，还是有可能成长为龙头的中小公司？

刘明达：**我更偏爱市值很大的公司和市值中等的公司。**

问 29：就您看来，大盘一个阶段的涨跌能否有效判断？操作个股时，能否依据对大盘的判断实现更好地择时？

刘明达：在小的区间判断比较难，在一个比较大的区间是可以判断的。从历史经验来看，对大盘判断非常难，最多是用估值水平来确定是不是要买更多。

问 30：就您看来，择时和选股，哪个更重要？为什么？

刘明达：一定是选股，因为一个企业该怎么估值，你专注地去做，还是能算出来的。而**从长期大规模统计来看，择时很少有成功的案例。**

问 31：当您持有的某个公司出现哪些情况时，应该把它平仓？

刘明达：当出现超出预期问题的时候。**投资总要准备有意外情况，这也是为什么一定要做投资组合的原因。**是为了让错误对投资造成的损失控制在有限的幅度，因为没有人能把所有的投资都做对。

问 32：对价值投资者而言，如何减少大盘阶段性较大幅度下跌对账户的负面影响？

刘明达：这个很难。只能让你的投资人了解你是怎么做的。**统计数据表明，那些能够把波动做得很小的基金管理人，他的长期回报一定是很平庸的，甚至都达不到长期国债的水平。**

问 33：对价值投资者而言，应当忍受最长多长时间的亏损状态？

刘明达：我觉得应该在两年左右。**如果一只股票真的是好股票，市场不会无视它，一般来说它最多两年不涨，第三年可能突然涨一倍。**

问 34：做价值投资，应该从哪些方面建立有效的风控体系？

刘明达：风控是必须做的。**很难保证你的投资组合的每只股票都非常便宜，那么就在它不是足够便宜的时候少买一点，保持一定的分散度。**

问 35：您如何看待市场参与者情绪极度亢奋和极度恐慌时对股市涨跌的影响？从中能否把握一些投资机会？

刘明达：**极度亢奋的时候市场肯定是偏贵的**。如果后期流动性收紧，对好股票也会构成伤害，也就是垃圾股跌的时候，好股票也会跟着跌，这跟市场的成熟度有关。2018 年年初，市场定价中位数第一次明显下来了，其实在今年初的时候这些股票都是贵的。我当时要是注意到这一点，年初就应该卖股票，因为这些坏股票下跌，好股票一定会跟着受到伤害。

问 36：“在大家恐慌时，敢于出手抓住廉价筹码”，这是不是在股市想要获得长期成功的一种必要能力？

刘明达：小额投资者，进出市场比较容易。**而一个有一定资金规模的管理人，应该具备逆向决策的行动力，否则很难做好。**

问 37：中国证券市场风云变幻、牛熊相替，有人从草根变成“股神”，也有人从“股神”跌下神坛。就您看来，符合哪些条件的成功投资者，可以被称为“股神”？现在的中国股市，有没有“股神”？

刘明达：**要成为股神，至少需要有二十年到三十年的职业生涯。**老虎基金的长期复利几乎是最高的，可是 2000 年它亏了 70%，基金被迫清盘，导致大部分投资人产生大额亏损。我认为**评估一个职业管理人，应该计算管理资产的累计长期回报率，而不是短期的数字。**

中国现在可能有股神，但还不知道是谁，需要时间来判断，也许十年或者二十年后就知道了。

问 38：有些投资者不知道什么是正确的，所以亏钱；而另一些投资者虽然知道什么是正确的，但做不到“知行合一”，因此也亏钱。就您看来，是“知道”更难，还是“知行合一”更难？

刘明达：**知行合一更难，其核心在于人不能控制自己的欲望。**应该秉持实事求是的精神，人的能力有限的，要做一个普通人，不能过多把财富和自己挂钩。如果你把那些巨额的财富和自己挂钩，就不能控制自己的欲望了。

问 39：您很推崇花旗集团前总裁桑迪的这句话："大部分时间我都提心吊胆，但也正是恐惧让我一往无前"。您推崇这句话的原因是什么？

刘明达：**要在看起来巨大的不确定之中寻找确定性，你只能独自去承载这种确定性，因为它在公众眼里是不确定的。当公众认为它十分危险的时候，我们敢于下重注。**

对那些对市场有本质性深度洞见的人来说，往往是：本来热情，却被迫孤独，但痛苦不是伤害。

问 40：您曾说过"利用一些公式去进行投资，是不可能得到投资真谛的"。这是否意味着您不看好量化交易的投资模式？

刘明达：如果大数据不完整的话，那肯定是忽悠人的，我确信这一点。超过10个亿规模的量化投资回报率会很差，更何况大部分的模型是有缺陷的。

关于股市和投资机会

问 41：2018 年以来，股市跌跌不休。您觉得股市下跌的主要原因是什么？目前来看，股市下跌的不利因素有没有得到有效解决？

刘明达：去杠杆和贸易战放大了人心的恐慌。目前是一个特殊的投资区域，观察人心是现在判断好买点的重要依据。

目前不利因素明显有缓解迹象，但是真正完全恢复可能需要 6~9 个月，而那些最优秀的股票现在已经开始逐渐恢复了。

问 42：有的投资人说这段时间市场不好，就干脆出去玩，少看少做就能少犯错。您在这样的非常时期是怎么样去应对的？

刘明达：在我的职业生涯中，2008 年的美国金融危机对我的困惑是最大的。那个时候我的观点非常清晰，就是看能不能找到并不依赖于政策调整的投资机会，但是作为价值投资者也不要忽略政策制定者对于市场的影响。

当前的市场背景是决策者在调整政策的关键阶段，是聪明的投资者发掘好的投资机会的时候，我们不会漠视。

问 43：2016 年 1 月，沪指一度大跌将近 1000 点，诸多私募忍痛斩仓，但您却选择了坚守。当时您为何能做出“坚守”的决定？

刘明达：当时和现在是一样的，甚至还没有现在这么可怕。当时和我合作的几家银行资管，没有一个建议我卖股票的，因为过去五年我帮他们赚了良好的复利收益，而他们期望是很低的，可能 8% 就够了。现在这个位置，他们相信我又可以给他们赚不错的收益。

问 44：现在的股市，是不是也是值得“坚守”的时刻？是否处在底部区域？如果有闲余资金，目前是不是布局股市的良好时机？

刘明达：我们相信，现在的股市是值得坚守的。

现在的股市处于相对底部区域。

问 45：现在无论是好的股票还是坏的股票，最近都经历了大幅度的调整。您会加重自己的持仓吗？

刘明达：当然会加仓，相对于 3000 点的时候，优质股平均打了九折，何乐而不为呢？在贸易冲突的背景下，理想型企业如果有足够的安全边际，随着股票的下跌我们会持续进行加仓。

问 46：龙头蓝筹股的行情在 2017 年体现得特别明显，但是这些股票在 2018 年 1 月份到现在调整幅度也不少，在这个过程中您有什么感受？

刘明达：对于公众来说，应该能够记得一些特别的数字，**现在上证指数在 2700 点附近，事实上，上证的市盈率已经出现历史最低的水平。**上证 50 指数已经到了平均 9 倍市盈率，这是世界上最便宜的代表性指数，它的现金分红比例已经到了 3.5% 的水平，这对于公众来说，是把钱存在银行、买货币理财没法比拟的。**对于一个 9 倍市盈率的公司，如果它的现金流稳定性很好**

的话，那它对应的就是每年超过15%的公司价值回报，当公众充分了解这一点之后，我相信它会成为公众长期的投资选择。这就是为什么在市场持续下跌和所谓的不确定经济变化过程中，外资在持续地加仓这些蓝筹股的原因。

问47：您似乎对牛市和熊市都有较好的嗅觉，曾多次在市场转势之前"先知先觉"。您觉得这样的能力是天生的，还是后天通过某些努力获得的？

刘明达：这是因为长期的职业训练，对合理的定价和泡沫定价有客观的认识。**所谓的牛市，人们理解是涨得多，在我理解，牛市就是人们趋之若鹜，形成泡沫定价。这种时候我们就要去卖股票，**尽管很难在最高点卖出。

问48：就您的体会和总结来看，一波牛市到来之前，市场一般有何特征？一波熊市到来之前，市场又会有哪些表现？

刘明达：过去由于货币政策、经济增长等因素，特征会比较明显。而未来，经济增长从快速增长进入中速甚至偏低的增速，特征就不会那么明显。可能要通过一些优质股的长时间上涨之后，才能看到市场整体指数出现明显上涨，而那个时候估值就没那么便宜了，所以我们不会对牛市本身做觉察判断。

熊市我觉得应该快结束了，从2015年去杠杆到现在差不多3年了，未来12~18个月可能会冒出一个结构性牛市。

问49：以往的中国股市，是牛短熊长的循环，未来的中国股市，会延续这个循环，还是会变成牛长熊短的新格局？为什么？

刘明达：我觉得未来6~12个月后，去杠杆态势不发生逆转的话，也就是坚持去杠杆从量变到质变的话，各个行业库存去得比较彻底，是具备中长期的慢牛基础的。

问50：您非常擅长对国内宏观经济形势的研究，说到国内的宏观经济形势，有一个焦点，就是加大基础设施建设的投资。这条消息宣布的时候，股市的反应不明显，还是延续下跌的态势。对于这一点您怎么看？

刘明达：对于中国整个经济结构的看法要从长周期来看，三年以前经济的增长靠三驾马车，但是**过去三年以来消费的增长对经济增长的贡献已经超过了 60%，内需的强劲动力在未来很长时间是不会改变的**。在去杠杆和贸易战的背景下，人们对经济的增长有了很多的忧虑，的确，去杠杆对企业的投资产生了不确定性的影响。在这一背景下面，政府增加基础设施投资来应对经济增长的不确定性。我认为**经济增长的韧性，并不是靠基建，基建只是提供了一个经济稳定的支撑，核心还是靠消费**。我相信未来在促进消费方面会有更多的举措。

问 51：您在行业布局的时候也是关注消费领域吗？

刘明达：过去两到三年消费类公司看上去涨幅偏大，这些龙头公司市值偏大，市场对它们是用滤色镜来看的。我认为大公司其实估值比小公司便宜，因为大公司能获得持续稳定的市场份额，利润逐渐向头部集中。还有一点，我们这代人积累了比较多的财富，过去我们生活节奏、工作节奏太强，人们还没有时间去考虑更好更充分地进行消费，所以消费升级是一个在长周期里面渐进式的过程。**消费领域是我们的投资重点，三到五年都不会改变。**

问 52：您觉得对宏观经济形势的研究对股票投资有帮助吗？

刘明达：要更多去关注宏观对产业的影响，而不是由宏观决定具体的投资。如果每天都关心宏观变化的话，要想长期投资就会无所适从，更多的时间还是要集中在行业研究和个股研究上，尤其是对消费服务类的公司研究。**当行业龙头公司已经获得比较稳定的市场地位的时候，股价的变化只是人心在动，其实它的价值还在那里**。作为价值投资者，要做好充分的市场情绪和心理评估，向下大波动的时候，就是我们比较好的投资机会。

关于时代和事业

问 53：目前，世界经济的发展模式和十年前有何不同？中国经济的发展模式和十年前有何不同？

刘明达：成熟的制造业已经向人口集中的以中国为代表的亚洲国家聚集，全球分工合作更充分。由于互联网提供信息和交流的便捷性，全球化的趋势是不可逆的。

中国从原始的初级工业阶段已经发展到制造升级阶段，在效率上有了明显提升，**中国从制造大国变成制造强国是一个必然的结果。**

问 54：在当下国际国内经济发展特征和各国竞争博弈特征的环境下，哪些类型的企业会成为时代的受益者？哪些类型的投资者会成为时代的受益者？

刘明达：如果企业的产品具有很强的生命力和广泛性的话，那么它必然会受益于制造业的升级和全球化。

我认为大部分投资者都不会成为受益者，因为他们看不到长期性。**想要成为时代的受益者，第一，要长期投资；第二，要类指数化投资。**主动投资大部分人都会输给指数，尽管大部分投资者都很自信，他们可能在过去三四十年积累了大量的财富，但他们的经验可能就是失败的根本原因。

问 55：巴菲特的持续成功，和美国经济的发展息息相关。以中国目前的经济发展状况来看，未来十年、二十年或三十年内，中国有没有可能出现像巴菲特这样伟大的投资家？为什么？

刘明达：巴菲特我不敢去谈，但我觉得**未来十年对于股票组合资产长期投资，可能是历史上最好的十年**，也就是说具有很好的长期投资的环境。

问 56：你怎么看待现在的互联网巨头企业不断挑战和取代其他各个行业？

刘明达：我觉得基于流量持续增长的需求，未来几年他们可能会变得审慎一些。**互联网本身应该是一个工具，不能靠这个工具对绝大多数产业进行深度渗透，互联网不是万能的。**

问 57：您做投资时，善于把西方传统经济理论与中国国情结合起来。请问，西方传统经济理论的哪些层面用在中国市场是有效的？哪些层面是无效的？和西方发达国家相比，中国的经济发展模式和股市运行模式，有何独特之处？

刘明达：对于总供给和总需求的判断，东西方是没有差别的。西方自由经济理论强调的是被动接受，尽管如此，凯恩斯的经济思想也在很多时候发挥了作用。我认为**在产业更成熟的背景下，基于总供给和总需求的客观分析，人为的调控变得更有价值**，这跟市场经济的成熟度有关系。中国市场经济成熟度不够，更需要人为进行调控。

中国的股市，由于国有企业占有更多的金融资源，要素效率不高。一方面，需要更多金融资源的产业得不到充分竞争；另一方面，对于充分竞争的行业，它的产业更健康，因为它是在缺乏资源和资本支持的背景下实现充分竞争的。

问 58：有人认为中国股市是典型的政策市，您是否认同？您如何看待国家相关经济政策对股市的影响？

刘明达：过去是这样的，但未来我觉得应该会改变。**2015 年以来，与其说是去杠杆，不如说是集中地排除问题，给市场化提供更好的市场环境。**

问 59：贵公司“明达资产”是用您的名字命名的，这更多体现的是一份自信，还是一份责任？

刘明达：其实创立公司的时候，使用这个名字是被动选择，因为当时别人根本不知道这个公司是干什么的，更多是表达一种信用。而在今天，由于公司的名字和我联结在一起，我自然会承担更多的责任。

问 60：业界把明达资产誉为私募界的“常青树”。就您看来，明达资产这些年主要做对了什么，从而实现了在市场中的“永不倒下”和“持续发展”？

刘明达：**专注于自己的能力圈，不要做超越边界的事情，投资标的尽可能简单。**事实上我们大部分投资标的都是非常简单的。

问 61：某些私募机构突显个人投资能力，另一些私募机构则突显团队协作能力。就您看来，突显个人投资能力的私募机构，需要解决哪些问题，才能发展壮大？而突显团队协作能力的私募机构，又应该克服哪些问题，才能持续盈利？

刘明达：**一个大规模的管理人绝对离不开团队的支持，但关键的决策其实是一两个人来做的。**东方资管在2015年股灾中表现得非常好，我后来问他们，他们就一个人说了算，那时候还能做股指期货，他们就是进场卖空对冲，因为一个大规模的资产管理公司，股票在短期内是很难掉的。

问62：有人认为基金经理应当专心管好客户的资产，自己的钱最好不参与股票投资，以免盈亏影响自己的状态；也有人认为基金经理应当把自己的钱也买在产品中，和客户共同进退。您怎么看？

刘明达：毫无疑问，要把自己的钱放在基金里，不过确信的一点是不能使用杠杆。如果你自己投钱进去还加杠杆，这种时候是不可能保持平衡心态的。

问63：就您看来，对一位基金经理而言，“大格局观”更重要，还是“细节处理能力”更重要？

刘明达：一般来讲，**大局观是很重要的，但是往往有时候重要的地方在于细节，不能简单地非此即彼。**

问64：如果要给明达资产贴上几个标签，以此体现品牌特性。您会给出哪几个标签？

刘明达：**做简单的自己，追求长期稳定的回报，追求职业成功而不是财富的膨胀。**

问65：十年后，您希望明达资产发展成为一家怎样的公司？

刘明达：十年之后明达资产还在就好。

问 66：请您谈谈百亿级私募的行业责任、社会责任。

刘明达：在中国当前的市场面前，守法是第一位的。私募是管理有钱人的钱，谈不上太多的社会责任。我跟我的太太达成了共识，过多的财富对个人和家庭没有太多意义，我已参与慈善事业多年。

关于人生和财富

问 67：有个媒体对您的评价是“明心见性”，您觉得这个词用在您身上是否合适？为什么？

刘明达：这个词挺好的，看起来很透明，跟我的名字也有映射关系，感谢我的父母给我起了一个好的名字，这也是公司用这个名字的原因。

问 68：2007 年 6 月，您去西藏住了 20 多天，据说当时的理由是“需要冷静思考”。请问，您当时在西藏主要思考了哪些投资问题或人生问题、哲学问题？现在回头来看，当时面临的那些问题是否已经想通，是否真正得到了解决？

刘明达：我去西藏待那么久是因为不懂为什么股票那么贵，那一年我赚得很少。当时的疑问没有根本性解决。不过我庆幸在 2007 年我上了长江商学院，2008 年由于在金融危机面前遭受了重挫，而在全球发达国家的游学让我具备了全球化视野的思考。

问 69：您如何评估或定义自己的性格？您觉得自己的性格在投资中有哪些优势？有哪些劣势？

刘明达：**我的优点是乐观，缺点是太乐观。**年轻时乐观是对的，但到了我这个年龄似乎应该不那么乐观才更好。乐观也会有一些劣势，因为我会比较早就把钱都买进股票。

问 70：您觉得自己是一个偏理性的人，还是一个偏感性的人？或者说，您觉得自己在哪些方面、什么时候偏理性？在哪些方面、什么时候偏感性？

刘明达：更多的时候是感性的，但是做重大决策的时候我是很理性的，因为我会停下来思考。不是本身更理性或更感性，而是要停下来充分地思考，这是最重要的。

问 71：您本人经历的最失败的一次投资是哪一次？您觉得自己在成功中进步更快，还是在失败中进步更快？

刘明达：我没有认真地用数量统计过，只能按照对我的影响来说。最失败的是早年对香港凤凰卫视的投资，核心不是亏了多少赚了多少，而是对于边界的判断错误，就是完全搞错了。过去十几年了，凤凰卫视的市场边界都没有改变，可是那时候我认为是会必然改变的，错误就在这里。

成功和失败都有进步，失败让你更谨慎，成功让你更有信心。

问 72：明达资产是阿拉善 SEE 生态协会最早的一批成员之一，您虽然工作繁忙，但对于阿拉善 SEE 生态协会的会议基本从不缺席。请问，贵公司参与阿拉善 SEE 生态协会的“发心”是什么？您在“给予”的过程中，自己“获得”了什么？

刘明达：阿拉善的规则是十年后成为终身会员，而我们可能会成为投资行业的第一个终身会员。我在这个领域其实没有做太多贡献，我们是致力于从中学习并做一些力所能及的事情。

在付出的过程中学到了很多，包括对中国经济各个层面的了解，因为这是一个广泛的企业家组织。

问 73：您如何看待您拥有的财富和您管理的财富？

刘明达：财富本身只是职业的附属，在我们满足生活的需求之后，其他都是多余的。我跟我的太太达成共识，未来我们留给孩子的财富会很少，大部分会捐掉，这不是有多伟大，是为了减少负担，因为**财富有时候会成为一种负担。我从来就没有真正地渴望过拥有很多财富。**

李驰

- 投机是预测价格的波动，投资是预测公司未来的盈利
- 投资就像是做模具工，要靠经验的积累
- 赛道比什么都重要
- 未来，龙头的估值要高于它所在行业的平均数
- 价值和成长切换的轮动，上百年没有变化
- 只要抓住两三次大机会，就富足一生了

李　驰

同威投资创始人、总裁

深圳市同威投资管理有限公司创始人、总裁。江苏镇江人，浙江大学硕士。被《证券市场周刊》誉为在中国“复制巴菲特”最成功的三位投资人之一。

二十六年内地证券市场投资经验，二十二年香港金融市场投资经验。在创办同威资产之前，担任香港怡东国际财务投资有限公司总经理，历时五年；此前先后任职于招商局蛇口工业区、中租公司深圳分公司、宝安集团。

投资之余，喜爱旅游和潜水，每年用约四分之一的时间游历于世界各地。

著有《白话投资 1》《白话投资 2》《中国式价值投资》《投资是一场长途旅行》《投资傲行》等书籍。

李驰：买什么股票比什么时候买更重要

（2018 年 9 月 26 日　张婧雯、沈良访谈整理）

精彩观点：

投机是预测价格的波动，投资是预测公司未来的盈利情况。

芒格是做投资的，但他告诉你：不管是做投机还是投资，想毕业至少要二十年。

投资就像是做模具工，要靠经验的积累。

我一直对外强调多元化凶多吉少。

索罗斯的父亲告诉他：无论做什么事，安全第一。

如果你买了被套住，而你对它的回升没有任何信念，那你就一股都不要买。

人性很难改变，恐惧和贪婪不断交织，再加上人类喜新厌旧的特点，导致价值和成长的周期轮换。

准确地讲巴菲特是投"寡头"，行业垄断是只有一家，而寡头可以是两三家。

小公司靠领导人，大公司靠制度。

我认为中国目前制度最好的公司是华为。

科技股未来盈利的折现公式很难处理，不像白酒企业的未来盈利折现公式很容易算。

当时很多人看好李宁，我却更看好安踏，十年之后安踏比李宁大五倍。

赛道比什么都重要。

你会发现，保险公司有百年老店，银行也有百年老店。但别的领域大多是各领风骚一段时间，比如科技股就是这样。十年前美国科技股的市值前十名跟现在的前十名相比较，已经不是一回事了。

资本市场对资产的定价从来都不是精确的，而只是一个估计，不是高估就是低估，不过有一点可以确定，那就是低估完了会走向高估，高估结束会回到低估。

现在平安是低估，我相信它会走向高估，要到高估之后我才会卖。

未来，龙头的估值要高于它所在行业的平均数。

卖点太难掌握，所以好多人坐过山车。

很多人做投机失败，就是因为不懂知止。

对于普通股民来说，有时候持币等待比持股等待更难。

也许我 1 元钱买入以后变 5 角了，但是我卖的时候是 3~7 元，这就叫永远不输。

集中持股，一般持股 1~5 个。

投资的最高境界：牛熊都可以持有，不论牛熊也都可以买卖。

巴菲特去年买苹果的时候，苹果什么价？苹果的股价现在又到了什么水平？所以，这和抄底有什么关系？和研究美国指数有什么关系？和有人说美国股市要崩盘有什么关系？

我善于找出好的公司，不善于买说故事的公司。我已经很多年没有买过说故事公司的股票了。

自己曾经犯过的每一次错误，在以后几乎都还会再犯，只能争取减少再犯的次数。

我认为像攀登珠峰一样难的事就是买在右侧。

万众一心，投资股票的时代将要来临。

买什么股票比什么时候买更重要。

买什么股票才是你该关注、关心的，而不是以投机者的思路，总是想买在底部。

投机最早的意思是烽火台，打仗时站得高，看得远，知道敌人来了能有所准备，意思是要及时应对、随机应变。

价值和成长概念是一波接一波的周期轮动，一波价值，一波成长，再一波价值，再一波成长，上百年没有变化。

2010年到2015年是成长股的天下，下一轮应该是价值股的天下。

中国式价值投资的终极目标就是用巴菲特那一套选股，用索罗斯那一套选时。

对一个公司的业绩，一定要有自信能看得准，如果连一个公司都看不准，怎么去看准两个、三个的公司业绩？

我们或许也可以展望一下中国这一轮牛市会长一点。

投资需要融会贯通，把平常所知道的各种东西融会在一起，在脑子里形成一个知识体系，然后信手拈来用于投资。

人的一生，只要抓住两三次大机会，就富足一生了。

多出去旅行，才知道自己的渺小，知道人类的渺小。

旅行对完善自我投资理念肯定有很大的好处，尤其是对宏观的看法。

人生最宝贵的财富是自由。

我最欣赏的一句话是“善有善报，恶有恶报，不是不报，时候未到”，优秀的公司就是行善的公司，优秀的公司股价被低估了就是时候未到。

“道”能贯穿所有，用“道”来投资，用“道”来指导自己所为。

我最欣赏的一部电影是《天下无贼》，影片中，最后刘德华扮演的恶势力代表死了，而善的化身王宝强扮演的傻根的钱完好无损。

善和恶，在于你内心如何看待世界，当你看到的善多，善就环绕着你。

在几千只股票里，我不去理会那些下跌和不涨的股票，我只要找到一只上涨的股票买入持有就行了。

关于价值投资和投资理念

问1：李总您好，感谢您和我们进行深入对话。在金融市场，有两个词老是打架，那就是“投资”和“投机”。您对它们两个是如何理解的？

李驰：投机和投资都是预测，**投机是预测价格的波动，投资是预测公司未来的盈利情况。**我们没有办法掌握价格的变化，但是可以掌握公司盈利的变化。价值是基础，没有价值支撑的投机都是空中楼阁。

芒格是做投资的，但他告诉你：不管是做投机还是投资，想毕业至少要二十年。

问 2：为什么要二十年？

李驰：投资就如同技术型蓝领的工资越来越高这个现象。在加拿大，修路工人的工资比白领高多了，当时我就很纳闷，后来我去模具厂考察的时候，发现那里顶级工人的工资简直是天文数字。于是我总结出：**投资就像是做模具工，要靠经验的积累**，无论是交易层面还是心态层面，没有时间的磨炼就无法积累经验。

如果你是第一次被套，那内心绝对是煎熬的，但被套六七次之后，你就已经麻木了，因为上几次也是这样熬过来的。**二十年间至少有三四次牛熊市转换，当你经历过这些后，你的心智就会变得不一样。**所以我非常能理解芒格这句话背后的含义，现在甚至有人说最聪明的人是芒格。巴菲特一直认为自己不聪明，他说："我可以用我的智商来换你的钱"。他的意思是指投资不需要很高的智商，所以，**投资并不是拼智商。**

问 3：投资拼的不是智商，是拼经验吗？

李驰：投资人的经验、感觉和思维逻辑都很重要。我的第一本书写得行云流水，因为书的内容是我新浪博客的集锦，是我随心所欲写的，其实这样的表达才是最准确的，刻意去写反而会弄巧成拙。就像我书里所写：**投资有小学学历足以。**十年前我最喜爱的股票是万科，2004 年我就认为它要涨，当时上证指数 1000 多点，结果在两年不到的时间里它涨了十几倍。现在我的新浪博客累计有 4000 万阅读量，像抓住万科这样的股票，投资方法越简单越好，不需要高学历。

现在科技股转眼就变换大行情，2000 年和 2010 年的市值前十名完全不同。所以巴菲特说的每一句话都很简单却有道理："作为个人投资者，如果不懂个股就买指数，因为指数会把涨的股票给你纳入，把不涨的剔除"。比如前段时间美国把通用从道琼斯工业平均指数中剔除了，直到它被拿走，该指数的洗牌彻底完成，也就是说一百年后的指数里，没有一只股票是原来的股票了。曾经名声大振的韦尔奇，他头顶的聚光灯是在通用的股票达到最高价时形成的，在他手上通用的股票连涨了好多年。他推进通用实现多元化和综合金融，但多元化是很难持续的。**我一直对外强调多元化凶多吉少。**

问 4：您被《证券市场周刊》誉为最成功“复制巴菲特”的投资人之一。请您分享一下巴菲特价值投资理念最核心的内容。

李驰：巴菲特投资理念最核心的内容是：“用四折的价格去买同等价值的股权”。我的理解就是去买打四折的具备高性价比的资产。**用便宜的价格去买好的股票，巴菲特的理念就是这么简单。**

问 5：在中国股市，价值投资经常会被质疑，很多人认为价值投资不适用于中国股市。您觉得这些投资者不认可价值投资的主要原因是什么？

李驰：不仅在中国，其实在全球范围内都有较多人不认可价值投资。尽管现在有 4~5 万人在参加巴菲特的股东大会，而且这个数字年年增加，但并不是参加的人都在按价值投资的理念去买股票。这次去我发现一些当地人也来了，但凑热闹的人就占了相当一部分。**许多人不认可价值投资，是因为价值投资赚钱太慢了，**“赚钱慢”也是巴菲特自己说的。

问 6：2009 年 6 月，您在一次朋友组织的私人宴会中向索罗斯当面请教了一些问题。请问，您从索罗斯先生身上学到了什么？

李驰：两个字，安全。原先大家都觉得“投机”是高风险高回报，这是一个被大众认同的概念。当我问他这个问题时，他告诉我这是错的。他同我讲了他父亲的故事，他父亲原来是被德国人抓到集中营里的犹太人，他从里面逃出来后面对一边是同盟区一边是战区的境地，他分不清，只能像掷骰子一样去选，结果命大逃到了同盟区，出来之后才有了他。**索罗斯的父亲告诉他：无论做什么事，安全第一。**我原来以为做投机的人都是高风险高回报，结果索罗斯依旧信奉安全第一。**殊途同归，其实投机和投资是同道的。**巴菲特也强调安全第一，他概括了另外几个字：“第一，不输；第二，记住第一”。我用了十几年才弄懂这十来个字。**如果你买了被套住，而你对它的回升没有任何信念，那你就一股都不要买。你买进去前必须考虑清楚，虽然你想做右**

侧交易，但若你买在了左侧会怎样？你要是无法接受这一点就别买，因为你无法确保你一定能买在右侧。

问 7：您提出“中国式价值投资”——以价值投资方法精选值得投资的股票，用周期投机理论指导买卖时机，在中国证券市场中打一套自成一体的“巴索组合拳”。您的意思是不是选股要用巴菲特的方法，而具体的买卖股票则要用索罗斯的方法？

李驰：是的。用巴菲特的方法选股，用索罗斯的方法选时，这是很难很难的事情，很少有人能做到，即使能做到往往也是偶尔做到而已。

问 8：您所理解的“周期投机理论”的精髓是什么？

李驰：从猿到人的进化已经上万年，这个过程异常缓慢。人性很难改变，恐惧和贪婪不断交织，再加上人类喜新厌旧的特点，导致价值和成长的周期轮换。当价值没有了想象力，就换个故事讲，于是大家不约而同地开始讲成长的故事。成长的故事讲了一段时间又发现大多是空中楼阁，举贾跃亭的例子最为合适。他总是编故事，还编出一些新词语，而这些词在全球都没有，竟然也有不少人相信。历史上有三大泡沫：南海泡沫，密西西比泡沫和郁金香泡沫。发生地点分别在英国、法国和荷兰，它们代表着全球资本主义金融史上的最大疯狂和坍塌。最新的泡沫其实就是比特币，巴菲特说买没有创造实际收益的东西就是赌博，后买的比先买的贵，这就是一个击鼓传花的游戏。结果他讲了不到两个月，有人跑到巴菲特的办公楼挂横幅：“你也错过了微软，你也会错”。在中国有人不信巴菲特，在美国也照样有人不信。

问 9：您的“中国式价值投资”实践下来效果如何？是否符合中国 A 股市场？

李驰：这跟共产主义一样，是个美好的愿景和目标，但我们还是社会主义初级阶段，离实现它确实还远。

问 10：有做价值投资的朋友认为，选股一定要选“垄断型企业”，就是选品牌垄断、资源垄断或技术垄断的企业。您怎么看？

李驰：我认可这句话。巴菲特就是这么做的，他一直不看好航空股，结果在2016年却大幅增持美国航空股，就是因为垄断。所有美国航空公司的大股东都变成了几大基金，他们相对垄断之后不再竞相降价，巴菲特就动手了。就像可口可乐和百事可乐绝对不会互相削价竞争。**准确地讲巴菲特是投“寡头”，行业垄断是只有一家，而寡头可以是两三家。**航空公司不只有一个，但多个航空公司的股东很集中，这就是变相的寡头。

问11：有人说企业文化是企业的核心竞争力，也有人说核心竞争力是盈利能力，或是企业领导层、科研能力、市场销售能力等。就您看来，企业的核心竞争力主要来源于哪里？

李驰：制度。**小公司靠领导人，大公司靠制度。**美国能有这么长时期的资本主义繁荣，就是靠它的制度，所以它能从一战后经济称霸全球直到现在，这就是制度保障。**我认为中国目前制度最好的公司是华为。**

问12：对您来说，是不是越会赚钱的企业越好？您会不会买不赚钱的企业？

李驰：从科技股公司来说，早期投资没有赚钱的企业是常态。**如果没有各类风险投资者的资金去投资这些不赚钱的公司，就几乎没有美国所有伟大的公司，**Facebook、Google等一开始都是不盈利的，但这类事情是给风险投资者做的，价值投资者一般都不会买。这也是为什么巴菲特与比尔·盖茨关系很好却不买微软公司股票的原因。他认为科技股有点不着边际，盈利的波动性很大，或者说会随时关门，就像柯达和诺基亚的结果一样，变换很剧烈，**科技股未来盈利的折现公式很难处理，不像白酒企业的未来盈利折现公式很容易算，**只要模拟一下酒的价格，不输于通胀，那未来茅台能赚几千亿是可以预测的，可以按某一个通胀比例折算能算出来，但科技股算不出来。**我们要投资大概率赢的事情，科技股不能拿身家去压，**要投的话可以少投一点，用这个方法来控制风险。比如拥有一个亿的人可以投几百万给这些公司，失败了也不影响吃喝。资本主义能让美国社会繁荣到今天，因为从荷兰开始，很早就在玩这个游戏了。当初一批人聚集起来，弄船到海外去掠夺，十条船中会有七条都回不来，投下这七条的人都输光了，但那三条回来的船赢的却不只是 10 ∶ 3 的比例，而是要大得多，所以才会有人参与这个游戏，这是一种博弈。

问 13：一个企业的领导人，对这个企业来说，有多重要？

李驰：对小公司而言是非常重要的，领导人不行，公司就不行了。但领导人因素只能对大公司造成中短期影响，**大公司就像一个国家一样，最重要的应该是制度。**

问 14：当一个好企业出现哪些问题或哪些现象时，它可能在往坏的方向变化？

李驰：我个人觉得如果公司产品发生问题，**销售额不增长，这是需要把它的股票卖掉的时候。**比如李宁的拐点是在 2008 年的奥运，首先是它把目标定得太高，想要超越或者等同于耐克、阿迪等品牌，它当时的定价是不合理的。第二是它与代理商发生了较大的分歧，代理商赚不到钱，纷纷逃离。所以当时很多人看好李宁，**我却更看好安踏，十年之后安踏比李宁大五倍。**当时我把这个趋势预测得还算精准。

问 15：就您看来，怎样的企业，在十年、二十年后，依然还是优秀的企业？

李驰：还是要在好的赛道上。十多年前，万科、招行起步的时候我就很看好，2005 年到 2007 年涨了 5~10 倍。再到现在的保险，这些都是出百年老店的地方，茅台也一样。所以**赛道比什么都重要。**

你会发现，保险公司有百年老店，银行也有百年老店。但别的领域大多是各领风骚一段时间，比如科技股就是这样。十年前美国科技股的市值前十名跟现在的前十名相比较，已经不是一回事了。

问 16：有人认为大盘的涨跌可以预判，也有人认为不可预判。请问，大盘的涨跌周期能够分析预判吗？

李驰：无数人穷极一生在研究这个东西，我们只能说它有一定的规律性。但诚如牛顿所说，他可以算出天体运行的各种轨迹，但他弄不清股票价格的波动。股市是体现人性的地方，我们无法完全理解悲观的一群人能有多悲观，也无法准确知晓乐观的一群人能有多乐观。**资本市场对资产的定价从来都不是精确的，而只是一个估计，不是高估就是低估。**除非一家公司彻底倒闭，可以得到一个很精确的估值，那就是残值，其他时候永远不会精准。所以，你说它到底是高估还是低估很容易判断，但高估之后还能继续高估到什么程度，低估之后又能低估到什么程度，我们就无从知晓了。**不过有一点可以确定，那就是低估完了会走向高估，高估结束后会回到低估。**这都是被历史验证过的，永远没有错。

现在平安是低估的，我相信它会走向高估，等到高估之后我才会卖。现在才 11 倍的 PE，0.5 的 PEG，这是非常好的公司。如果大家突然一下亢奋起来了，那随时卖掉都没问题。但你要想卖在最高位，肯定比登天还难。刚刚我们讲了，人性疯狂起来能有多疯狂，不知道；悲观起来能有多悲观，不知道。这么好的一家公司，竟然一坐就坐了将近 7 年的冷板凳。

问 17：我们要怎么去评判整个股市或一只股票是高估还是低估了？

李驰：就是看刚刚提到的 PE、PEG、PB 这些数据。低估之后还可能继续低估，高估之后也许会接着高估。你会发现，悲观和乐观的情绪完美地体现在每个牛熊周期里。

问 18：哪些类型的股票，我们可以适当高估一些？

李驰：这就是我所期望的未来，**龙头的估值要高于它所在行业的平均数，**但中国股市历史上很少发生。我认为，未来中国应该走这样一个行情，不管在哪个行业，行业龙头的估值在业内就是最高的，这是我所希望的，我认为一定能实现。可能中国式价值投资一辈子都实现不了，但这个有望在几年之内就实现。比如民企海天味业，它的估值一点都不低，调味品行业是只有第一没有第二的。国企恒顺的市值和它差了 23 倍之巨。龙头的估值要高于它所在行业的平均数这件事，已经在发生。

问19：您在“用周期投机理论指导买卖时机”时，这四个层面的周期“(1)整个股市的周期、(2)行业板块的周期、(3)个股股价的周期、(4)股票技术图形的周期”，您会分析其中哪几个？

李驰：我们都会分析，但真正最有用的应该还是研究企业本身。

问20：当您“以价值投资方法精选值得投资的股票”后，如何具体结合“周期投机理论”进行买卖操作？

李驰：这个其实就是我为中国式价值投资所做的努力，结果发现没有完全实现。多数人的买股目标都是右侧交易。“周期投机理论”就是在企业的基本面向好的时候，敢于买进。我认为中国平安的基本面从来没有不好过，结果它照样多年不涨，这也证明了做右侧交易的目标其实没成功。所以说，它很难。

问21：有人说“会买的是徒弟，会卖的是师傅”，也有人说“买最重要，如果买的位置好，怎么卖都是赚的”。您如何看待这两种观点？

李驰：我认为会卖的是师傅。因为**卖点太难掌握，所以好多人坐过山车**。基金经理的业绩从第一名变成倒数几名是经常的事，这也就证明他没有做好卖出这件事。**会卖很难，会买相对容易点**。有的人胆子大，看趋势，真的买对了，结果等到趋势结束了他也没有卖，那就等于白买对了。特别是在保证金交易市场，这样的人特别多。有一年，据说期货市场有个人从10万做到2000万，然后又回到原位。这也证明了，会卖是师傅。**很多人做投机失败，就是因为不懂知止**。把这个话用于操作股票上，用到徐翔身上也是一模一样。不是说他不会买股票，而是他不懂知止。不单单是股票，做人也是一样，做股票就是做人。

问22：“耐心”和“坚守”在投资中是否非常重要？为什么？

李驰：是的。其实还有很重要的一点，**对于普通股民来说，有时候持币**

等待比持股等待更难。在现在的市场形势下，空仓的投资者心里不一定比手上有仓位的投资者好受，所以都难。参与多了你就会找到这种所谓的市场感觉。

问 23：每一笔投资都会有风险，您如何评估和控制投资风险？

李驰：用巴菲特的一句话说：第一，不输；第二，记住第一。**也许我 1 元钱买入以后变 5 角了，但是我卖的时候是 3~7 元，这就叫永远不输。**右侧交易，难于上青天。**能熬出来的公司一定是基本面非常好的，你买了乐视，能熬出来吗？**这就是为什么巴菲特只选择有价值的公司，因为这种公司在我们有生之年倒闭的概率小。

问 24：您更偏好集中持股还是分散持股？

李驰：集中，一般持股 1~5 个。

问 25：您如何看待那些不管牛市还是熊市，只要选到了好企业，就始终持有不动的投资者（可能持有五年、十年，甚至二十年、三十年）？

李驰：这应该是**投资的最高境界**。你讲了**不论牛熊都可以持有，我还想再加一句，不论牛熊也都可以买卖。**这也是巴菲特在我们眼皮底下做出的演示，他 **2017 年买苹果的时候苹果什么价？苹果的股价现在又到了什么水平？所以，这和抄底有什么关系？和研究美国指数有什么关系？和有人说美国股市要崩盘有什么关系？**我们一定要把投资和投机区分开，把研究个股和研究大盘区分开。同理，如果在中国平安创新高时买入，假设买入是对的，就和巴菲特买苹果一样，在股价高位买一家便宜的公司，以后则是更高位。所以说，我们不能不去研究个案，不能不去研究一个公司的未来，不能老是去说一个理论，理论和实践是相结合的。

问 26：您曾在书中写道，“面对珠峰，我一下子明白了那个道理：‘知道自己不善于做什么，远比知道自己善于做什么来得重要’。”请问，在投资方面，您善于做什么，不善于做什么？

李驰：我善于找出好的公司，不善于买说故事的公司。我已经很多年没有买过说故事公司的股票了。

问27：您还在书中写道，“投资就是用一生的时间，去攀登金融投资市场上的珠峰。”请问，对您来说，“金融投资市场上的珠峰”是什么？

李驰：我还真没有想过这个问题。现在来看，可能还是希望做到买在右侧，买了就涨。当然，我刚刚也说了，这不是那么容易实现的，或许真比攀登珠峰都难。

问28：在投资中，您觉得分析和决策水平更重要，还是交易者的心境更重要？

李驰：我认为心境更重要，这就是巴菲特所讲的，投资不需要智商。分析和决策需要智商，心境不是智商。所以巴菲特说愿意用自己的智商来换人家的钱。他这句话的意思是说对投资而言智商不是最重要的。放到中国来讲，可能是情商更显重要。处变不惊、越跌越买等，这些讲的都是心境。

问29：您如何看待您在股市中曾经犯过的错？

李驰：我认为自己曾经犯过的每一次错误，在以后几乎都还会再犯，只能争取减少再犯的次数。所以我认为像攀登珠峰一样难的事就是买在右侧。这样的机会每隔好多年才会遇到一次，现在这个机会终于在眼前了，大家又都悲观到不行。就目前的市场来说，整个市场都是悲观一片。其实我本人对投机还是很有心得的，悲观到头了就会反向走，不需要任何利好。不要去指望政府出利好，这种利好带来的上涨是苍白无力的。当初上证指数从6000点掉下来以后，第一次大涨就是在政府颁布降印花税那一天，涨了没几天又往下掉了约2000点。所以不需要政府专门出利好，让它该跌就跌，这样最好。比如这次，不用出利好，直接买更有效。

问30：就您看来，价值投资的方法，是否有助于提高一个人的生活质量？是否有助于增长一个人的生理寿命？价值投资是不是可以“一条路走到底”的“正道”？

李驰：绝对，永不退休，这是最好的一个行当。

我是学理工科的，而且是学流体力学的。我的股市连通器理论就是：全世界的钱都像水一样到处流，哪里低就往哪里流。现在中国是一个很特别的地方，跟全世界的水不太相通，所以中国内部这一池水怎么流？上一轮我买早了价值股，总结了一下为什么它们不涨，发现当时水流到了信托，信托固收类产品每年给12%、15%甚至超过20%的回报，这样的情况持续了将近七八年，在很长的时间里竟然没有一单违约。当时那个地方最低，水全往那儿流了。用比较学术的语言来说就是**无风险回报率是最重要的**。中国那时的无风险回报率达到20%以上，那对应的倒数就是市盈率5倍以下。果然，银行股这些风险资产的PE值跌到了3~4倍。估值的回归，竟然是PE从20倍跌到3倍。如果一家公司的盈利没增长的话就意味着股价从20元跌到3元，但为什么没有跌到3元？因为那几年银行的盈利每年都有着30%左右的成长，盈利在放大，估值在缩小，结果股价还是跌了，只不过没有从20元跌到3元，而是从20元跌到10元，原理很简单，这个现象是可以解释的。我的第一本书叫《白话投资》，投资是可以用简单的语言说清楚的，就像我今天讲的话，应该没有一句是听不懂的。

讲回眼前，P2P爆了，地方城投债也有违约，企业债违约更多，房地产在降价销售，房闹新闻不断，信托渠道也被大大限制。根据我的股市连通器理论，资金是逐利的，总会从利率低处往高处流，而目前因为违约风险大大高过以前，企业债违约渐成常态，水没有太多地方可流了。最近银行间利率跌到二点几，原来是三点几，那就等于无风险回报的市盈率在40倍以上了，而有风险的回报市盈率才10倍。股票是有风险的回报，但那是10倍PE的大股票，而存银行是40倍的PE，通俗一点来讲就是2.5%的利息，需要40年才回本。由此，你会发现，**万众一心，投资股票的时代将要来临。**

关于股市和投资机会

问31：对于现在的A股，您怎么看？现在是不是买入时机？

李驰：现在A股中一定有值得价值投资者去买入的股票，但具体买哪一个很重要。大家都会看新闻，可能经常关注巴菲特什么时候买？什么时候卖？买了什么？卖了什么？巴菲特2017年到2018年最大交易是买入“苹果”，在连续2年多时间里买了苹果超过5%的股权。苹果的月线图，大部分时候是上涨的，巴菲特每次买到的都是历史新高位置。从年K线上来看，已经上涨了十几年，而巴菲特这两年才开始买。

买什么股票比什么时候买更重要。多数人问的问题是A股跌了这么久，可不可以抄底？实际上，抄底跟做价值投资没有任何关系。**买什么股票才是你该关注、关心的，而不是以投机者的思路，总是想买在底部**。所以说，如果问现在是不是买入时机，回答起来很难。

问32：关于买什么的问题，对于大盘股、价值蓝筹股，以及成长性高的小盘股来说，经过三年的连续调整，成长仍然很高的小盘股估值降到了一定的水平，而大盘股2018年上半年表现也不佳，贵州茅台上半年的跌幅超过了20%。您觉得现在这个时机，买哪个领域的公司会更好？

李驰：并不是因为小盘股跌幅已经很深，调整很充分，甚至连基本面、市盈率、市净率都不错了，就判定这是买入的理由，单纯这样看还有所欠缺的。

如果单纯看指标就能赚钱，那财务总监应该会比任何投资人都更会赚钱。实际上看指标是容易学会的，而想做好投资或投机，则需经过多年的历练。查理·芒格有一句话：“40岁以前没有真正的价值投资者”。意思是你要学个几十年，**比如你20岁开始学投资，20年后才算合格，能够称作价值投资者**。很多初入市场的人跟赌徒没有太大区别，他们的投机实际上是赌。**投机最早的意思是烽火台，打仗时站得高，看得远，知道敌人来了能有所准备，意思是要及时应对、随机应变**，我认为投机不是负面词，一般来说投机抓取的是市场价格的短期波动。

我的观点非常明确，**价值和成长概念是一波接一波的周期轮动，一波价值，一波成长，再一波价值，再一波成长，上百年没有变化**。中国资本市场短短的二十多年，都是按照这个规律在运行。

2010 年到 2015 年是成长股的天下，下一轮应该是价值股的天下。

问 33：也就是说，大盘价值股跟小盘成长股会有周期性的切换，那么您觉得切换周期大概是几年？

李驰：这个周期很难判断，我记得有一个人说过一句话："股价与价值的背离，在他有生之年没有见过超过 9 年的"。所以你问我**切换周期，我觉得应该也不超过 9 年。**

价格不是人定的，是随行就市的，股票的价格也一样。用我的理解来说，就像钟一样，一台停了的钟，每天有两次时间是准的。**价格和价值完全匹配的瞬间，是在其价格从被高估往被低估或从被低估往被高估的运行过程中发生的，某一刻的价格正好等于价值，其余任何时间，价格不是被高估就是被低估。**

问 34：在漫长的投资过程中，您内心煎熬的过程有多长时间？

李驰：买入早期不能说煎熬，早期是希望满满，而到了股价不涨的最后一两年开始有一些煎熬，但是内心越煎熬我越认定牛市要来。我的一本书叫作《投资是一场长途旅行》，2014 年 9 月出版。这本书出版后股市就迎来一大波井喷行情。书的封面就写着："市场重新估值的征途已悄然上路"。写这本书的时候我内心是最煎熬的，煎熬的时间不到两年，但是感觉时间特别长，时间刻度好像跟正常时候不一样了。为什么？因为**如果你和你身边所有的朋友买的股票都一样跌，你不会有特别感受。难就难在别人的股票在涨，你的却在跌，而且你还认为自己的判断没有错误。**

2000 年科技股泡沫时期，美国《时代》杂志封面上刊登了一句话"沃伦，你怎么了"，没过几个月后".com"行情就开始崩溃（互联网泡沫破灭）。当所有的舆论都反对你的时候，能坚持到最后是很难的。商学院里有一门课就讲到"封面理论"，指的是当某个人经常上封面的时候，事态就会向他所想的相反方向发展了。私募基金明显是符合封面理论的，比如多个私募冠军基本上第二年或第三年就从榜单上消失了。

问35：对于一个产业来说，在行业提前布局5年时间，等风来。往往你等不到风来，企业就经营不下去了。而对于做投资，把钱投进去，只要没有加杠杆，可以一直放在里面，放10年都没有问题。那么花5年时间等一只股票价格涨上来，你觉得投入产出比是不是太低了？

李驰：现在就把股票卖掉是一笔小买卖。如果股价在未来的两年能涨到了让人瞠目结舌的话，大家就不会以现在的眼光来评判这个问题了。评判的标准与投资回报有关，比如等10年赚2倍和等10年赚50倍，你觉得赚2倍就是白等了，赚50倍是绝对值得的。但是50倍的涨幅可能是前8年涨2倍，后2年涨25倍的节奏。

主持人：听您这么说，我感觉右侧交易更加靠谱。比如说一只股票已经涨了2倍的价格，这个时候去加大研究，未来可以收获25倍的利润，而不用去经历长时间的煎熬。

李驰：我在2010年写了《中国式价值投资》，2014年又写了《投资是一场长途旅行》。在《中国式价值投资》这本书中，我写的序主要是想告诉读者书名是什么意思。价值投资不用讲了，就是巴菲特那一套投资理论。而“中国式”就是加入索罗斯那一套，中国式是选时，价值投资是选股。总结下来，中国式价值投资的终极目标就是用巴菲特那一套选股，用索罗斯那一套选时。我跟索罗斯在北京吃过一次饭，当时我问他选时可不可行，他说可以，由此增加了我的信心。《中国式价值投资》这本书是我2010年写的，写完之后我对价值股是充满希望的，然后是希望仅存，最后几乎变成绝望。所以说要做到中国式这三个字，难于上青天。

所有的人都希望能做右侧投资，某些价值股可能已经到了右侧，比如前面八年涨了2倍，后两年可能是再涨25倍，这是标准的右侧。但是那时候的市场情绪可能十分悲观，根本看不出它在右侧了。

我最大的特点就是什么时候都没有真正绝望过，所以我才能把一只股票持有五六年，甚至十几年，**用一次特大的泡沫来收获坐冷板凳后的愉悦。**

主持人：所以最理想的状态是好公司加好时间，但是选时难于上青天。

李驰：比如我认为最近是右侧交易的时期，你会不会信呢？但很多人认为由于贸易战的影响，股价没有见底，现在负面声音很多，在这个时候，很多人感觉跌的概率比涨的概率大。

问 36：是不是看准一个公司未来的业绩，比看准股价容易一些？

李驰：我在 2009 年平安收购富通失败的时候说过，中国平安以后一年赚五百亿是小菜一碟。2017 年中国平安的利润是 1000 亿左右，事实证明看准公司的业绩容易，看准短期股价走势几乎是不可能完成的任务。

对一个公司的业绩，一定要有自信能看得准，如果连一个公司都看不准，怎么去看准两个、三个的公司业绩？股价的波动是一方面，最主要的是业绩，能看准业绩，才能去研究投资价值，否则就是投机者。如果是比较差的投机者，基本等于赌徒。虽然国内早期把投机叫作投机倒把，但我不把投机当作负面的词，投机成功也是高瞻远瞩。我是投资，高瞻远瞩看的是未来的公司业绩而不是股价，我看股价走眼过五六年了，但看业绩没有错过。

问 37：那在指数上，您比较看好上证 50 还是沪深 300？

李驰：上证 50 成分股里超过 30 家左右集中在金融、地产、建筑、能源等领域，尤其是金融占了 22 家，相比之下，沪深 300 的代表性和结构会更好。抛开指数看个股，在大家都悲观的时候，有些股票早就已经涨了很多了，只不过没有人告诉你，或者即便你知道了也不相信它会涨。现在事实证明万科成为了地产龙头，而我在它三元多的时候就这么讲了。另外最近中国平安也不知不觉跑赢市场较多了。

问 38：为什么您觉得中国平安是好公司？

李驰：因为它的业绩表现在我的预判中，十年前我就测算过了。另外我再讲个数据，中国全部上市公司市值排名（包括境内外所有上市公司），去除所有国企成分，前三名就是腾讯、阿里、平安。而其中腾讯、阿里都是成长股，价值股只有一个，那就是平安，它是龙头，这是数据告诉我们的。成长股和价值股的轮动已经上百年了，来回切换非常精准，上一次乐视是没有业绩的故事股的崩溃，这一次腾讯的大幅调整是有业绩的成长股的估值回归。

问 39：您刚才说成长和价值的风格切换最长是 9 年，那么最短是几年？

李驰：最短是 4 年不到。2001 年是科技股的顶峰时期，港股调整到 2003 年就见底了，A 股基本是 2004 年或 2005 年见底，但茅台在 2003 年就开始创新高了，领先于正常指数。

主持人：您说风格的切换是很重要的，但是像茅台这样的股票似乎远远领先于大周期的切换。

李驰：所以腾讯比乐视晚跌两年，它们都在成长范畴内，乐视在 2015 年就栽下去了，但腾讯是有业绩的，就像茅台也有业绩，所以不代表腾讯会继续往下栽。中国的股市历史上一贯的特点都是牛短熊长，靠天吃饭的时间往往是很短暂的。但这一次，美国在 2008 年之后走出了一个十年的长牛，这在其历史上都是少见的，所以**我们或许也可以展望一下中国这一轮牛市会长一点，主要表现为大盘价值股会慢慢涨**。当然如果继续牛短，再过两年涨个一两倍行情就结束了，但慢慢涨就能涨好多年。

关于伟大的时代

问 40：“本世纪属于中国”，这是您书中的一句小标题。就您看来，十年、二十年后，我们所热爱的中国会变成一个怎样的国家？

李驰：如果没有重大的意外发生，中国的 GDP 超过美国这个愿景应该是可以展望的，其他方面我不太善于展望。**在中国 GDP 超过美国的这个过程中，应该会和股市密切相关，股市会迎来很多机会。**

问 41：未来的中国，价值投资的土壤会不会更加肥沃？

李驰：短期内价值投资的土壤将越来越肥沃，但是绝对不会一直肥沃，当价值股上涨到一定程度，只要这些价值股大跌开始，又会像 2007 年一样，开始风格切换。

问 42：您如何看待深圳的房价和全国的房价？

李驰：这是一个很敏感的话题，很考验判断力，我只能说经济发达的地区的房价都很高，这在全球都是有数据去验证的。

例如伦敦的房价高，是因为全球很多富豪都居住在伦敦，税收上会有一些优惠。每件事件背后的深层次原因都很简单，没有虚幻的东西。华尔街的房价高，是因为那里有很多做金融的人；硅谷的房价高，是因为那里有很多做高科技的人；曾经好莱坞的房价高，是因为那里有很多拍电影的人，现在好莱坞房价相对没有那么高了，或许说明电影不再是一个很好的行业。在中国，深圳既是高科技中心，金融业也高度发达，例如深圳有深交所、腾讯和华为等公司，所以深圳房价高一点是正常的。但是对于深圳房价的涨跌，我真不能判断，这不是我的强项。

关于人生和财富

问 43：您似乎轻松又严谨，似乎豁达又理性，似乎博学又专注……如果要让您给自己几个标签，您会用哪些词？

李驰：我给自己贴的标签是“浅尝辄止”，不需要把每一行都钻透。查理·芒格专门出版过一本书叫作《投资的格栅理论》，我觉得他表达的理念与我的挺像的，**上知天文地理，下知鸡毛蒜皮，但是每一个都不太精通**。这本书所表达的理论是**投资需要融会贯通，把平常所知道的各种东西融会在一起，在脑子里形成一个知识体系，然后信手拈来用于投资**。我发现我自己也有这样的特点，不管什么东西我都能套到投资上。一篇文章，可能有些人觉得它与投资没有关系，但我也会将它归类到投资中，例如这两天西安秦岭拆别墅，我的看法是龙脊上不能负重，拆完之后，股票就要涨一段了。这两件事没有直接联系，我也会把它们融合在一起，我想表达的意思就是浅尝辄止，但要融会贯通。

问 44：您说过您是个永恒的乐天派。那么，在股市大跌时，您也乐观吗？

李驰：我基本上都是乐观的，不过前面也有谈到，已经坦荡迎接了几年下跌的我，到后面几年也会觉得内心有点煎熬，因为时间太长了。因此我找了一些依据，例如前面提到的周期切换最长需要 9 年的时间，目前为止发现真没有超过这个时间的。有这样一个技术术语：横起来有多长，竖起来就有多高。这句话未来也可能继续被验证。

问 45：您是一位旅行家，每年大约四分之一的时间在世界各地游历。就您看来，旅行能否开阔自己的人生？在旅行的过程中，您更多是用眼睛去观察这个世界，还是用心去感受这个世界？

李驰：旅行肯定能开阔自己的视野，见多才能识广。**在旅行的过程中，我更多的是用思考来感受世界。**先比较差异，再发现机会。**人的一生，只要抓住两三次大机会，就富足一生了。**当确定性机会来临的时候，就像钱堆在墙角一样，你要做的事就是慢慢走过去将它捡起来。但是这太难了，如果说有这样的机会，应该也没有几个人会相信。把握这样的机会虽然不是那么容易，但相对而言，阅历多了，你就越能察觉到机会就在眼前。

问 46：在旅行的过程中，是否一切都如您微博中的照片那么美好？有没有一些艰辛或痛苦的时刻？

李驰：**多出去旅行，才知道自己的渺小，知道人类的渺小，**这是非常重要的，其实就是知道自己能做什么和不能做什么。去世界各地多走走，走得越多，阅历越丰富，看世界也就越客观。

问 47：旅行会不会对您的投资产生负面影响？比如占用了您分析市场、分析企业的时间？还是说，旅行对您的投资有正面促进？

李驰：**旅行对完善自我投资理念肯定有很大的好处，尤其是对宏观的看法，**信心不是盲目的，罗杰斯在跑了 120 多个国家之后得出一个结论：19 世纪是英国的、20 世纪是美国的、21 世纪是中国的。目前来看这句话越来越正确。这句话是他在 2000 年写的，18 年后的今天，中国 GDP 升到全世界第二，多么的震撼人心，作为中国人我真的很自豪。

问 48：茫茫红尘，每个人都在追逐自己认为有价值的事物。对您而言，人生中最宝贵的“财富”是什么？

李驰：人生最宝贵的财富是自由，有这么一首诗：“生命诚可贵，爱情价更高，若为自由故，二者皆可抛。”没有自由是很痛苦的一件事，没有自由，什么都无意义。

当然，自由不是一个无政府的自由，而是在法律控制内的自由，不是无法无天。

问 49：您说过“投资人与行者，这二者对我而言区别并不大，无非是一种生命的两种表达。”就您看来，是否有一种“道”同时适用于投资和旅行这两个领域？是否有一种“道”同时适用于任何领域？

李驰：大道相通，做人和做投资是一样的。**我最欣赏的一句话是“善有善报，恶有恶报，不是不报，时候未到”，优秀的公司就是行善的公司，优秀的公司股价被低估了就是时候未到。**大道不单用于做人和筛选公司，放之四海也皆准，这也是规范我们自我行为的一个准则。所以，上市公司中，作恶的公司一定会有恶报，股价会不断往下跌，前期再怎么涨，后面还是会跌下去。现在创业板离最低点也就一根周线，我当时说创业板不值 700 点，结果它涨到 4000 点，现在 1400 点，昨天我们统计了一下，用市盈率来衡量，现在 1400 点的估值都已经低于当初的 700 点了。所以**“道”能贯穿所有，用“道”来投资，用“道”来指导自己所为。**

无论是旅行还是生活中也是一样的道理，用善心去看待和对待事物，就会有善报。**我最欣赏的一部电影是《天下无贼》，影片中，最后刘德华扮演的恶势力代表死了，而善的化身王宝强扮演的傻根的钱完好无损。**这其实就是善有善报，恶有恶报。

《天下无贼》说的是一个很简单的故事，但其中道理贯穿整个中国社会，傻根很傻，认为天下没有贼，其实一个贼被另一个贼杀死了，只是他不知道，以为天下没有贼。我所有认可的东西几乎全部在《天下无贼》这部片子里，整个故事揭露了“道”的层面。**善与恶，在于你内心如何看待世界，当你看到的善多，善就环绕着你。**所以，因为我们乐观，我们就能做多，如果我们总悲观，我们只能做空。这些理解拿来指导投资都非常有效果，在几千只股票里，我不去理会那些下跌和不涨的股票，我只要找到一只上涨的股票买入持有就行了。我只关注纯净的地方，别的地方有多脏，与我关系不大。这似乎不算是一个特别积极的思路，但是对我而言很有效果。

愿价值投资为您创造奇迹！

本书所有内容只作为理念探讨，不作为投资参考，不作为基金推荐。